全国卫生职业教育康复治疗类应用技能型
人才培养"十三五"规划教材

供康复治疗技术、社区康复、中医学、针灸技术及相关专业使用

中国传统康复技术

主　编 崔剑平　黄　毅　许　智　马国红

副主编 范秀英　肖　娟　李　鸾　牛　琳　张志明

编　者（按姓氏笔画为序）

马　红　滨州医学院

马国红　天门职业学院

王　冉　仙桃职业学院

牛　琳　郑州铁路职业技术学院

刘婷婷　江苏医药职业学院

许　智　湖北职业技术学院

李　鸾　长春医学高等专科学校

李少娴　顺德职业技术学院

李继锋　昆明卫生职业学院

杨丽莹　昆明卫生职业学院

肖　娟　随州职业技术学院

沈羽思　湖北医药学院

张志明　顺德职业技术学院

范秀英　聊城职业技术学院

林煜芬　泉州医学高等专科学校

黄　毅　长春医学高等专科学校

黄承伟　昆明卫生职业学院

崔剑平　邢台医学高等专科学校

焦　磊　邢台医学高等专科学校

学术秘书

崔昊天　河北中医学院

华中科技大学出版社
http://www.hustp.com
中国·武汉

内 容 提 要

本书是全国卫生职业教育康复治疗类应用技能型人才培养"十三五"规划教材。

本书分为九章,主要内容包括经络腧穴、推拿技术、针疗技术、艾灸技术、拔罐技术、刮痧技术、中药外治技术、神经系统常见病的传统康复、运动系统常见病的传统康复等。本书在编写过程中强调科学性、先进性、实用性和准确性,采用"案例引导"的方式引入案例,结合临床,可读性强。同时,本书配套网络增值服务。

本书适合康复治疗技术、社区康复、中医学、针灸技术及相关专业使用。

图书在版编目(CIP)数据

中国传统康复技术/崔剑平等主编. —武汉:华中科技大学出版社,2018.8(2025.1 重印)
全国卫生职业教育康复治疗类应用技能型人才培养"十三五"规划教材
ISBN 978-7-5680-4286-4

Ⅰ. ①中… Ⅱ. ①崔… Ⅲ. ①中医学-康复医学-高等职业教育-教材 Ⅳ. ①R247.9

中国版本图书馆 CIP 数据核字(2018)第 182969 号

中国传统康复技术   崔剑平 黄 毅 许 智 马国红 主编
Zhongguo Chuantong Kangfu Jishu

策划编辑:罗 伟
责任编辑:孙基寿
封面设计:原色设计
责任校对:何 欢
责任监印:周治超
出版发行:华中科技大学出版社(中国·武汉)   电话:(027)81321913
         武汉市东湖新技术开发区华工科技园   邮编:430223
录　　排:华中科技大学惠友文印中心
印　　刷:武汉科源印刷设计有限公司
开　　本:880mm×1230mm　1/16
印　　张:13.75
字　　数:348 千字
版　　次:2025 年 1 月第 1 版第 8 次印刷
定　　价:52.00 元

全国卫生职业教育康复治疗类
应用技能型人才培养"十三五"规划教材
编委会

网络增值服务使用说明

欢迎使用华中科技大学出版社医学资源服务网yixue.hustp.com

1.教师使用流程

（1）登录网址：http://yixue.hustp.com （注册时请选择教师用户）

注册 → 登录 → 完善个人信息 → 等待审核

（2）审核通过后，您可以在网站使用以下功能：

管理学生

建立课程　　　　　　　　　　布置作业

下载教学资源　　　　教师　　　　查询学生学习记录等

2.学员使用流程

建议学员在PC端完成注册、登录、完善个人信息的操作。

（1）PC端学员操作步骤

①登录网址：http://yixue.hustp.com （注册时请选择普通用户）

注册 → 登录 → 完善个人信息

② 查看课程资源

如有学习码，请在个人中心-学习码验证中先验证，再进行操作。

首页课程 ——选择课程→ 课程详情页 —→ 查看课程资源

（2）手机端扫码操作步骤

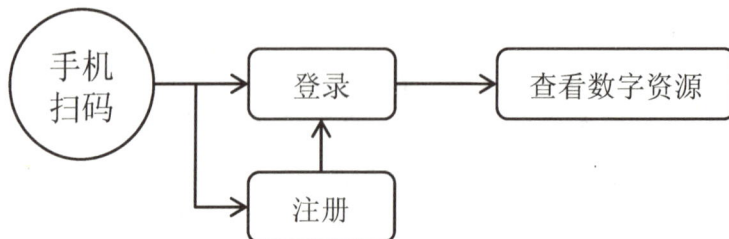

手机扫码 → 登录 → 查看数字资源

手机扫码 → 注册 → 登录

中国传统康复技术

网络增值服务（数字配套教材）编者名单

主　编　许　智　黄　毅　马　红

副主编　牛　琳　林煜芬　刘婷婷　王　冉　沈羽思

编　委（以姓氏笔画排序）

马　红　滨州医学院

马国红　天门职业学院

王　冉　仙桃职业学院

牛　琳　郑州铁路职业技术学院

刘婷婷　江苏医药职业学院

许　智　湖北职业技术学院

李少娴　顺德职业技术学院

李继锋　昆明卫生职业学院

杨丽莹　昆明卫生职业学院

肖　娟　随州职业技术学院

沈羽思　湖北医药学院

张志明　顺德职业技术学院

范秀英　聊城职业技术学院

林煜芬　泉州医学高等专科学校

黄　毅　长春医学高等专科学校

黄承伟　昆明卫生职业学院

焦　磊　邢台医学高等专科学校

Introduction | 总　序

随着我国经济的持续发展和教育体系、结构的重大调整，职业教育办学思想、培养目标随之发生了重大变化，人们对职业教育的认识也发生了本质性的转变。我国已将发展职业教育作为重要的国家战略之一，高等职业教育成为高等教育的重要组成部分。作为高等职业教育重要组成部分的高等卫生职业教育也取得了长足的发展，为国家输送了大批高素质技能型、应用型医疗卫生人才。

康复医学现已与保健医学、预防医学、临床医学并列成为现代医学的四大分支之一。现代康复医学在我国发展有 30 多年历史，是一个年轻但涉及众多专业的医学学科，在我国虽然起步较晚，但发展很快，势头良好，在维护人民群众身体健康、提高生存质量等方面起到了不可替代的作用。

2017 年国务院办公厅发布的《关于深化医教协同进一步推进医学教育改革与发展的意见》中明确指出，高等医学教育必须"坚持质量为上，紧紧围绕人才培养质量要素，深化教育教学改革，注重临床实践能力培养"，"以基层为重点，以岗位胜任能力为核心，围绕各类人才职业发展需求，分层分类制订继续医学教育指南，遴选开发优质教材"。高等卫生职业教育发展的新形势使得目前使用的教材与新形势下的教学要求不相适应的矛盾日益突出，加强高职高专医学教材建设成为各院校的迫切要求，新一轮教材建设迫在眉睫。

为了更好地顺应我国高等卫生职业教育教学与医疗卫生事业的新形势和新要求，贯彻落实《国家中长期教育改革和发展规划纲要（2010—2020 年）》中"以服务为宗旨，以就业为导向"的思想精神，以及国家《职业教育与继续教育 2017 年工作要点》的要求，充分发挥教材建设在提高人才培养质量中的基础性作用，同时，也为了配合教育部"十三五"规划教材建设，进一步提高教材质量，在认真、细致调研的基础上，在全国卫生职业教育教学指导委员会专家和部分高职高专示范院校领导的指导下,我们组织了全国近40所高职高专医药院校的近200位老师编写了这套以医教协同为特点的全国卫生职业教育康复治疗类应用技能型人才培养"十三五"规划教材,并得到了参编院校的大力支持。

本套教材充分体现新一轮教学计划的特色,强调以就业为导向、以能力为本位、以岗位需求为标准的原则,按照技能型、服务型高素质劳动者的培养目标,坚持"五性"(思想性、科学性、先进性、启发性、适用性)和"三基"(基本理论、基本知识、基本技能)要求,着重突出以下编写特点:

(1)紧扣最新专业目录、教学计划和教学大纲,科学、规范,具有鲜明的高等卫生职业教育特色。

(2)密切结合最新高等职业教育康复治疗技术专业教育基本标准,紧密围绕执业资格标准和工作岗位需要,与康复治疗师资格考试相衔接。

(3)突出体现"医教协同"的人才培养模式,以及课程建设与教学改革的最新成果。

(4)基础课教材以"必需、够用"为原则,专业课程重点强调"针对性"和"适用性"。

(5)内容体系整体优化,注重相关教材内容的联系和衔接,避免遗漏和不必要的重复。

(6)探索案例式教学方法,倡导主动学习,科学设置章节(学习情境),努力提高教材的趣味性、可读性和简约性。

(7)采用"互联网+"思维的教材编写理念,增加大量数字资源,构建信息量丰富、学习手段灵活、学习方式多元的立体化教材,实现纸媒教材与富媒体资源的融合。

这套新一轮规划教材得到了各院校的大力支持和高度关注,它将为新时期高等卫生职业教育的发展作出贡献。我们衷心希望这套教材能在相关课程的教学中发挥积极作用,并得到读者的青睐。我们也相信这套教材在使用过程中,通过教学实践的检验和实际问题的解决,能不断得到改进、完善和提高。

全国卫生职业教育康复治疗类应用技能型人才培养
"十三五"规划教材编写委员会

　　中国传统康复技术是中国传统医学的重要组成部分,其历史悠久,内容丰富,是具有独特的康复理论、技术和方法的一门应用型临床学科。中国传统的推拿、针法、艾灸、拔罐、刮痧、养生功法等技术在康复领域的显著作用和特色已为世界康复医学界所瞩目。我国自20世纪80年代初引进现代康复医学以来,康复医学事业发展迅速,康复技术人才的社会需求迅速增加,相关院校纷纷开设康复专业,尤其是,许多院校教学中逐渐融入了中国传统康复技术内容,并逐步形成了中西交融的中国特色的"现代康复医学"。高职高专康复治疗技术专业教育也得到了快速发展,全国开设康复治疗技术专业的高职高专院校也逐年增加,专科层次康复治疗师的就业面也更加广阔,不仅面向基层和社区,而且不少三级医院康复科室也招聘专科层次康复技术人才,再加上老龄社会来临对康复的需求,使得康复治疗技术人才的社会需求量会在相当长一段时间里居高不下。

　　本书是在教育部批复的《康复治疗技术专业建设方案》背景下而启动的"全国卫生职业教育康复治疗类应用技能型人才培养'十三五'规划教材",是专门为专科层次康复治疗技术专业学生设计编写的,介绍中国传统康复技术知识和技能的实用性教材。本书有以下几个特点。一是准确定位,突出适用性。对于拥有西医思维及知识结构的康复治疗技术专业学生来说,想深层、全面地向其讲解中医传统康复内容是不容易被接纳的,因此,必须去繁就简,抓住中医的理念和技能特色,以吸引学生的兴趣,使学生感受到,结合了中国传统康复后的康复技术是最具中国特色的"现代康复"。二是突出实用性和操作性。根据高职高专学生的认知特点,必要的理论部分以"必需、够用"为度,重点强调学生对传统康复技术的技能掌握及其实际应用。例如,第一章"经络腧穴"一改以往经络与腧穴分述的形式,使经络与腧穴的知识顺递接续,更显简洁。技术内容除常用的传统推拿、针灸、拔罐外,还介绍了小儿推拿、保健按摩、刮痧、中药外治等其他传统康复保健方法及其在常见疾病康复中的应用。考虑到针刺技术属于国家管控专业内容，需相应的执业资格才能上临床，故有意淡化针疗章节内容，并对学生做到有效提示。三是突出"医教协同"，引导就业。不少医院的康复科都是中西医结合的架构，利用各自的优势服务于病患。比如小儿推拿对于脑瘫康复有显著疗效，临床的技术需求较大，也是康复治疗师需具备的特长技能，因此，教材纳入了相关的知识和技能。四是突出"双证书"制度，实现学历证书与职业资格证书对接。例如，保健按摩章节对于学生取得按摩师上岗资格或中医理疗师资格有直接帮助。

为更好地体现中国传统康复技术的特色，我们博取众家之长，在此一并表示感谢，同时也诚恳期望广大师生和读者提出宝贵意见，发现错误及时告知，以便在今后修订时加以改进。

编　者

目 录

MULU

第五章　拔罐技术

第六章　刮痧技术

第七章　中药外治技术

第八章　神经系统常见病的传统康复

第九章　运动系统常见病的传统康复

第一章 经络腧穴

📥 学习目标

熟悉十四经脉的走向交接规律、常用经穴的定位和主治。

了解奇穴和特定穴的含义。

基本具备能在十四经脉上循经点常用腧穴的能力。

案例引导

患者,女,32 岁,月经量多已半年,加重 2 个月。患者半年前因劳累过度致经量多而经期延长,以后每潮如此,近 2 个月来病情加重,经期持续 10 天,全身困倦无力,动则心慌气短,曾服中西药治疗,疗效不显,此次来潮经量多色淡,经期持续 12 天不止而就诊。患者面色㿠白,四肢不温,舌淡苔白,脉沉细无力。诊为月经过多。问题:

1. 患者疾病与哪些经脉有关?
2. 针刺如何选穴?

第一节 经络腧穴总论

一、经络概述

经络是人体组织结构的重要组成部分。经络学说是从经络的角度上研究人体的生理功能、病理变化的学说,是中医理论体系的重要组成部分,同针灸的关系最为密切。它主要以腧穴的临床应用为依据,阐述人体各部之间的联系,即体表之间、内脏之间以及体表与内脏之间的联系。

(一)经络的概念

经络是人体运行气血、联络脏腑官窍肢节、沟通上下内外的通道。

经络是经脉和络脉的总称。经,有路径之意,是经络系统的主干,多纵行分布;络,有网络之意,络脉是经脉的分支,纵横交错状网络全身。经脉和络脉相互联系,将人体所有

数字课件 111

Note

1

的脏腑、肢节、官窍等部分紧密地连接成一个统一的有机整体。

(二)经络系统的组成

经络系统是由经脉和络脉组成的,其中经脉包括十二经脉和奇经八脉,以及附属于十二经脉的十二经别、十二经筋、十二皮部;络脉包括十五别络、浮络、孙络等(图1-1-1)。《灵枢·脉度》中说:经脉为里,支而横者为络,络之别者为孙。

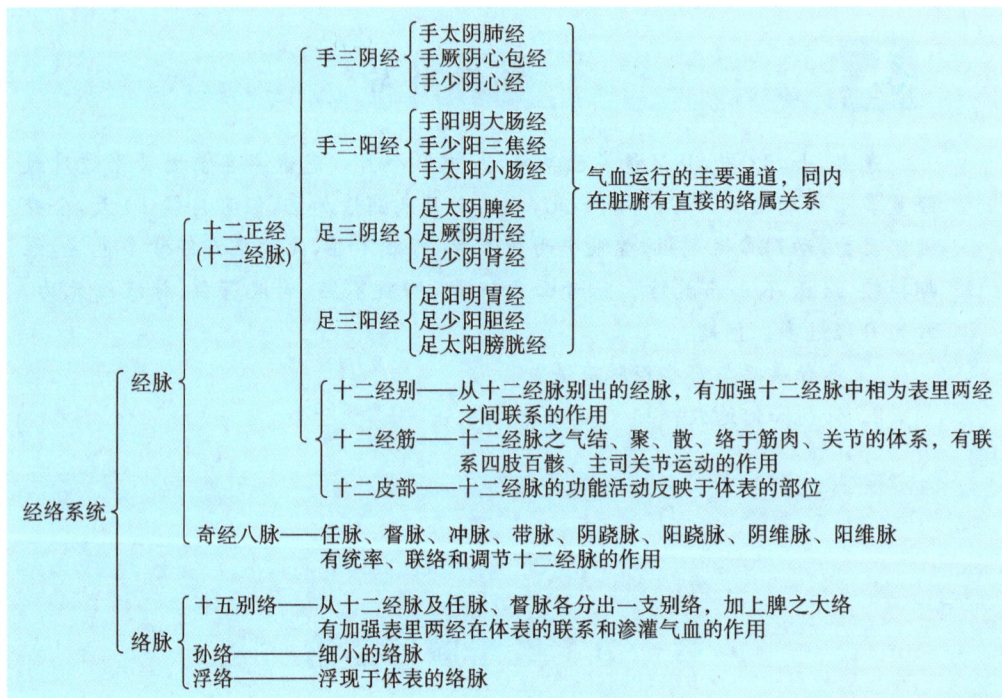

图1-1-1　经络系统简表

1. 十二经脉　是经络系统的主体,包括手三阴经(手太阴肺经、手厥阴心包经、手少阴心经)、手三阳经(手阳明大肠经、手少阳三焦经、手太阳小肠经)、足三阳经(足阳明胃经、足少阳胆经、足太阳膀胱经)、足三阴经(足太阴脾经、足厥阴肝经、足少阴肾经)。十二经脉具有表里经脉相合,与相应脏腑络属的特征,故也称“十二正经”。

2. 奇经八脉　共有八条,即督脉、任脉、冲脉、带脉、阴跷脉、阳跷脉、阴维脉、阳维脉,合称“奇经八脉”。它们与十二正经不同,既不直属脏腑,又无表里配合关系,因其“别道奇行”,故称“奇经”。除督、任、带三脉外,其他五脉均左右对称分布。

奇经八脉交错地循行分布于十二经之间,其作用主要体现于两个方面。其一,沟通了十二经脉之间的联系。奇经八脉将部位相近、功能相似的经脉联系起来,达到统摄有

关经脉气血、协调阴阳的作用。督脉与六阳经有密切联系,称为"阳脉之海",具有调节全身阳经经气的作用;任脉与六阴经有密切联系,称为"阴脉之海",具有调节全身诸阴经经气的作用;冲脉与任、督脉,足阳明、足少阴等经有密切联系,故有"十二经之海""血海"之称,具有涵蓄十二经气血的作用;带脉约束联系了纵行躯干部的诸条足经;阴维脉、阳维脉联系阴经与阳经,分别主管一身之表里;阴跷脉、阳跷脉主持阳动阴静,共司下肢运动与寤寐。其二,奇经八脉对十二经气血有蓄积和渗灌的调节作用。当十二经脉及脏腑气血旺盛时,奇经八脉能加以蓄积,当人体功能活动需要时,奇经八脉又能渗灌供应。

奇经八脉中的督、任、冲脉皆起于胞中,同出会阴而异行,称为"一源三歧"。冲、带、跷、维六脉腧穴,都寄附于十二经与任、督脉之中,唯任、督二脉各有其所属腧穴,故与十二经相提并论,合称为"十四经"。十四经具有一定的循行路线、病候及所属腧穴,是经络系统的主要部分,在临床上是针灸治疗及药物归经的基础。

3. 十五络脉　络脉是由经脉分出行于浅层的支脉。十二经脉和任、督二脉各自别出一络,加上脾之大络,总称十五络脉,或十五别络。当络脉从经脉上的一定腧穴分出之后,这支络脉就以分出之处的腧穴而定名。

十五络脉的分布规律是:十二经脉的别络均从本经四肢肘膝关节以下的络穴分出,走向其相表里的经脉,即阴经别络于阳经,阳经别络于阴经,因此,十二经脉别络加强了阴阳表里经之间的联系。任脉的别络从鸠尾穴分出以后散布于腹部,沟通了腹部的经气;督脉的别络从长强穴分出经背部向上散布于头,左右别走足太阳经,沟通了背部的经气;脾之大络从大包穴分出以后散布于胸胁,沟通了两侧胸腹部的经气。

此外,还有从络脉分出的浮行于浅表部位的浮络和细小的孙络,遍及全身,难以计数。

(三) 十二经脉

十二经脉是经络学说的主要内容。"十二经脉者,内属于府藏,外络于肢节",这概括说明了十二经脉的分布特点:内部,隶属于脏腑;外部,分布于躯体。经脉的循行有一定方向,所谓"脉行之逆顺",后来称为"流注";各经脉之间还通过分支互相联系,就是所说的"外内之应,皆有表里"。

1. 十二经脉的体表分布规律　十二经脉在体表左右对称地分布于头面、躯干和四肢,纵贯全身。其分布的规律是:手经循行于上肢,足经循行于下肢。阴经分布于四肢内侧和胸腹部,阳经分布于四肢外侧和头面、躯干部,唯独足阳明经循行于胸腹部。手足三阳经在四肢外侧的分布是阳明在前、少阳在中、太阳在后;手足三阴经在四肢内侧的分布是,太阴在前、厥阴在中、少阴在后,唯独在内踝上八寸以下,足太阴循行于足厥阴之后,因而,其分布为厥阴在前、太阴在中、少阴在后(表1-1-1)。

表 1-1-1　十二经循行分布规律

部　位		内　侧	外　侧
手	前	太阴肺经	阳明大肠经
	中	厥阴心包经	少阳三焦经
	后	少阴心经	太阳小肠经
足	前	太阴脾经	阳明胃经
	中	厥阴肝经	少阳胆经
	后	少阴肾经	太阳膀胱经

2. 十二经脉的走向交接规律

（1）十二经脉的走向规律：手三阴经从胸走手，手三阳经从手走头，足三阳经从头走足，足三阴经从足走腹（胸）。

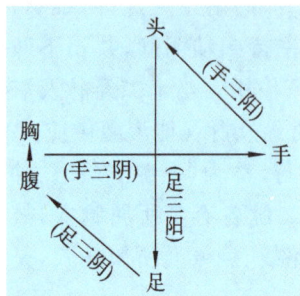

图 1-1-2 十二经脉走向与交接规律示意图

（2）十二经脉的交接规律：阴经与阳经（互为表里）多在手足末端相交，阳经与阳经（同名经）多在头面部相交，阴经与阴经多在胸部相交（图 1-1-2）。

（3）十二经脉的表里络属关系：十二经脉在体内与脏腑相互连属，其中阴经属脏络腑，阳经属腑络脏，一脏配一腑，一阴配一阳，形成了脏腑阴阳表里属络关系。如手太阴肺经与手阳明大肠经相表里，手太阴肺经属肺络大肠，手阳明大肠经属大肠络肺；手厥阴心包经与手少阳三焦经相表里，手厥阴心包经属心包络三焦，手少阳三焦经属三焦络心包。余经脉仿此。由于互为表里的经脉在生理上密切联系，在病理上常相互影响，所以在治疗时也常相互为用。

（4）十二经脉的流注次序：十二经脉的流注是从手太阴肺经开始，阴阳相贯，首尾相接，逐经相传，到肝经为止，从而构成了周而复始、如环无休的流注系统。将气血周流全身，起到濡养的作用。其流注次序如图 1-1-3。

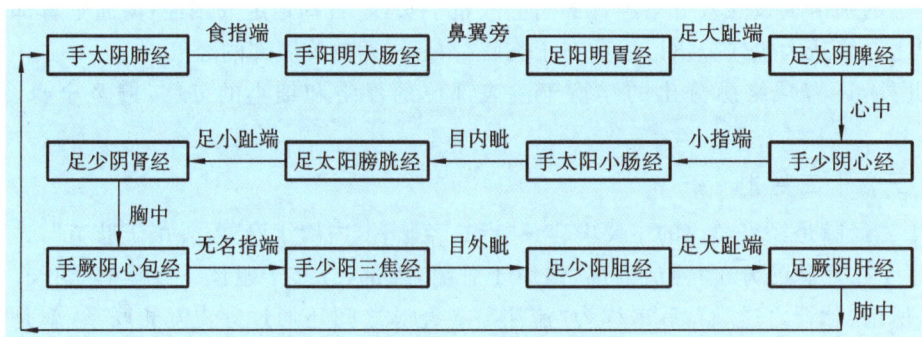

图 1-1-3 十二经脉流注次序

（四）经络的功能及应用

1. 经络的功能

（1）沟通上下内外，联络脏腑器官：十二经及其分支纵横交错、出入表里、通达上下、联络脏腑及体表各个组织器官，从而加强了内外表里、左右上下彼此之间的紧密联系，构成了一个协调统一的有机整体。

（2）运行全身气血，濡养脏腑组织：气血是人体生命活动的动力和物质基础，气血必须通过经络的传注，才能传输到全身各处，以"内溉脏腑，外濡腠理"，并发挥抗御外邪，保卫机体的作用。

（3）感应传导信息，调节机体平衡：经络系统还是人体信息的传导网络，通过对各种信息的接收、传递、变换等作用，自行调节气血的运行，协调脏腑的关系，以维持人体内外环境的相对平衡。而在疾病发生时，采用针灸、按摩或药物治疗来激发经络的调节自律作用，又可达到调节人体阴阳平衡的作用。

2. 经络的应用

（1）反映病理：生理情况下，经络可发挥运行气血、感应传导的作用；病理情况下，经

络又可传注病邪、反映病候。其一,经络是病邪传注的途径,病邪通过经络可由表入里,使病情加重,又可由里出表,使病情减轻;其二,脏腑的病变常常沿着经络的通路反映到体表,如某些疾病可在经络循行通路上出现明显的压痛、结节、条索状反应,或相应的部位皮肤色泽、形态、温度、电阻等出现异常变化。

（2）协助诊断:由于经络有一定的循行部位及所络属的脏腑和组织器官,故根据体表相关部位发生的病理变化,可推断疾病的经脉和病位所在。临床上可根据所出现的证候,结合其所联系的脏腑,进行辨证归经。

（3）指导治疗:经络学说可以指导临床各科的治疗,特别是针灸、按摩治疗。针灸治病是通过针刺和艾灸体表腧穴,以疏通经气,调节人体脏腑气血功能,从而达到治疗疾病的目的。经络内属脏腑,外络肢节,因而在临床治疗时,常须根据经脉循行和主治特点采用循经取穴的方法进行治疗。

（4）预防保健:临床上常用调理经络的方法预防疾病。如养生学家将足三里穴作为防病治病的保健要穴,常通过针刺或艾灸的方法达到强身健体的目的。

二、腧穴概述

（一）腧穴的概念

腧穴是脏腑经络气血输注于躯体外部的特殊部位,也是针灸、推拿等施术的位置。"腧"通"输",又从简为"俞"。近代针灸著作对三字做了区分:"腧"泛指全身所有穴位,即广义"腧穴";"输"指五输穴中的第三个穴位"输穴";"俞"指脏腑之气输注于背腰部的穴位,即背俞穴。"穴"是空隙的意思。"输通"是双向的,从内通向外,反映病痛,从外通向内,接受刺激,防治疾病。从这个意义上说,腧穴也是疾病的反应点和针灸等治法的刺激点。

（二）腧穴与经络的关系

腧穴归于经络,经络属于脏腑,腧穴通过经络系统与人体各部发生联系,故腧穴与脏腑脉气相通。脏腑病变可使某些相应的腧穴出现异常反应,在体表的穴位上施以针或灸,能够治疗相应病证。

（三）腧穴分类

腧穴是我国古代劳动人民在长期与疾病作斗争的实践中逐渐发现的。从最初的"以痛为腧"没有固定的位置及特定的名称,到以后的定名、定位、充实、归纳、整理而形成。

人体的腧穴很多,大体上可以分为十四经穴、经外奇穴、阿是穴。一般将归属于十四经系统的称为"经穴",未归入十四经的穴位称为"经外奇穴",按压痛点称为"阿是穴"。

1. 十四经穴　凡归属于十二经脉和任、督脉的腧穴,亦即归属于十四经的穴位,总称"经穴"。经穴有具体的穴名和固定的位置,分布在十四经循行路线上,有明确的针灸主治证。

2. 经外奇穴　凡未归入十四经穴范围,而有具体的位置和名称的经验效穴,统称"经外奇穴",简称"奇穴"。奇穴是在"阿是穴"的基础上发展起来的,这类腧穴的主治范围比较单一,如四缝治小儿疳积。

3. 阿是穴　阿是穴又称天应穴、不定穴,这类腧穴既无具体名称,又无固定位置,通常是指该处既不是经穴,又不是奇穴,而是将按压痛点作为穴位,即《灵枢·经筋》所说的"以痛为腧"。临床上阿是穴多用于治疗局部疼痛性病证。

数字课件 112

（四）特定穴

特定穴是指十四经中具有特殊治疗作用，并有特定称号的腧穴。由于它们各有不同的主治功能，因此各有特定的名称和含义。

特定穴分为：五输穴、原穴、络穴、郄穴、八脉交会穴、下合穴、背俞穴、募穴、八会穴、交会穴。

1. 五输穴 十二经脉在肘膝关节以下各有称为井、荥、输、经、合的五个腧穴，合称"五输穴"。

古人把经气运行过程用自然界的水流由小到大，由浅入深的变化来形容，把五输穴按井、荥、输、经、合的顺序，从四肢末端向肘、膝方向依次排列。有关记载首见于《灵枢·九针十二原》：所出为井，所溜为荥，所注为输，所行为经，所入为合。

五输穴又配属五行，《灵枢·本输》"阴井属木，阳井属金"，均依五行相生的顺序排列（表1-1-2、表1-1-3）。

> **知识链接**
>
> 　　五输穴的五行属性，阴经与阳经的配合次序是不同的，《难经·六十六难》说：阴井木，阳井金，阴荥火，阳荥水，阴输土，阳输木，阴经金，阳经火，阴合水，阳合土。

表 1-1-2　六阴经五输穴与五行配属表

六阴经	井（木）	荥（火）	输（土）	经（金）	合（水）
肺（金）	少商	鱼际	太渊	经渠	尺泽
肾（水）	涌泉	然谷	太溪	复溜	阴谷
肝（木）	大敦	行间	太冲	中封	曲泉
心（火）	少冲	少府	神门	灵道	少海
脾（土）	隐白	大都	太白	商丘	阴陵泉
心包（相火）	中冲	劳宫	大陵	间使	曲泽

表 1-1-3　六阳经五输穴与五行配属表

六阳经	井（金）	荥（水）	输（木）	经（火）	合（土）
大肠（金）	商阳	二间	三间	阳溪	曲池
膀胱（水）	至阴	通谷	束骨	昆仑	委中
胆（木）	足窍阴	侠溪	足临泣	阳辅	阳陵泉
小肠（火）	少泽	前谷	后溪	阳谷	小海
胃（土）	历兑	内庭	陷谷	解溪	足三里
三焦（相火）	关冲	液门	中渚	支沟	天井

五输穴的应用十分广泛。按五行生克关系应用：根据"虚则补其母，实则泻其子"的原则，虚证用母穴，实证用子穴。按时应用：一是按季节应用，《难经·七十四难》"春刺

井,夏刺荥,季夏刺输,秋刺经,冬刺合";二是根据一日之中十二经脉气血盛衰开合的时间,选用不同的五输穴,即子午流注针法。

　　五输穴主病。井:"所出为井",多位于手足之端,井主心下满,治疗神志昏迷。荥:"所溜为荥",多位于掌指或跖趾关节之前,荥主身热,治疗热病。输:"所注为输",多位于掌指或跖趾关节之后,输主体重节痛,治疗关节痛。经:"所行为经",多位于腕踝关节以上,经主喘咳寒热,治疗喘咳。合:"所入为合",多位于肘膝关节附近,合主逆气而泄,治疗六腑病证。

　　2. 原穴　　十二经脉在腕、踝关节附近各有一个腧穴,是脏腑原气留止的部位,称为"原穴",合称"十二原"。"原"即本原、原气之意,是人体生命活动的原动力。

　　六阴经"以输为原",六阳经原穴排在五输穴的输穴之后、经穴之前。《难经》说:三焦行诸阳,故置一输名曰原。意义为三焦原气行于外,阳经脉气盛长,故于输穴之外,另有原穴(表1-1-4)。

表1-1-4　十二原穴表

经脉	肺经	大肠经	胃经	脾经	心经	小肠经	膀胱经	肾经	心包经	三焦经	胆经	肝经
原穴	太渊	合谷	冲阳	太白	神门	腕骨	京骨	太溪	大陵	阳池	丘墟	太冲

　　《灵枢·九针十二原》"五脏有疾也,应出十二原,十二原各有所出,明知其原,睹其应而知五脏之害矣",是说原穴主要反映脏腑变化,推断脏腑功能的盛衰。"五脏有疾也,应取之十二原",即说原穴在临床上主要用于治疗所属的脏腑病证。

十二原穴歌

肺原太渊肾太溪,心包大陵太白脾;

心原神门肝太冲,小肠腕骨焦阳池;

膀胱京骨冲阳胃,大肠合谷胆丘墟。

　　3. 络穴　　十二经在肘膝关节以下各有一络穴,加上躯干前的任脉络穴、躯干后的督脉络穴和躯干侧的脾之大络,合称"十五络穴"。十二经的络穴分布于肘膝关节以下,任脉、督脉及脾之大络位于躯干部(表1-1-5)。

表1-1-5　十五络穴表

经脉	肺经	大肠经	胃经	脾经	心经	小肠经	膀胱经	肾经	心包经	三焦经	胆经	肝经	任脉	督脉	脾之大络
络穴	列缺	偏历	丰隆	公孙	通里	支正	飞扬	大钟	内关	外关	光明	蠡沟	鸠尾	长强	大包

　　络穴的名称与本经络脉的名称相同,络穴有加强表里两经之间的联系的作用。十二络穴能沟通表里两经,故有"一络通两经"之说。故络穴不仅能治本经病,也能治其相表里之经的病证。

　　络穴主治病证,一是主治相应络脉病证、本经病、与其相表里的经脉病证;二是主

客原络配穴法,原穴和络穴常配合治疗表里两经病变,相表里脏腑先病为主取原穴,后病为客取络穴,两者配伍治疗疾病,称"原络配穴法""主客配穴法",是表里配穴法的代表。

4. 郄穴 郄穴是各经脉在四肢部经气深聚的部位,郄与"隙"通,是空隙、间隙的意思。大多分布于四肢肘膝关节以下。十二经脉、阴阳跷脉和阴阳维脉各有一郄穴,合为十六郄穴(表1-1-6)。

表1-1-6 十六郄穴表

经脉	手太阴	手阳明	足阳明	足太阴	手少阴	手太阳	足太阳	足少阴	手厥阴	手少阳	足少阳	足厥阴	阴跷	阳跷	阴维	阳维
郄穴	孔最	温溜	梁丘	地机	阴郄	养老	金门	水泉	郄门	会宗	外丘	中都	交信	跗阳	筑宾	阳交

临床上郄穴常用来治疗本经循行部位及所属脏腑的急性病证,如梁丘治疗胃脘痛。阴经郄穴多治血证,如孔最治疗咯血,阳经郄穴多治急性疼痛。另外,亦可按压郄穴进行检查,作协助诊断之用。

5. 背俞穴 背俞穴,是脏腑之气输注于背腰部的腧穴,又称为"俞穴"。五脏六腑各有一个背俞穴,共12穴。背俞穴位于背腰部足太阳膀胱经的第一侧线上,大体依脏腑位置而上下排列。十二背俞穴的名称除"厥阴俞"外,其余均冠以脏腑名称(表1-1-7)。

表1-1-7 脏腑背俞穴表

六脏	背俞	六腑	背俞
肺	肺俞	大肠	大肠俞
肾	肾俞	膀胱	膀胱俞
肝	肝俞	胆	胆俞
心	心俞	小肠	小肠俞
脾	脾俞	胃	胃俞
心包	厥阴俞	三焦	三焦俞

《灵枢·背腧》说:则欲得而验之按其处,应在其中而痛解(懈),乃其俞也。说明背俞穴在临床上最能反映五脏六腑的虚实盛衰。背俞穴不但可以治疗与其相应的脏腑病证,如肝俞除治疗黄疸、胸胁痛等也可治疗目赤、眩晕、视物不明、四肢抽搐、月经不调等,也可以与募穴配伍,称俞募配穴法,用以治疗与五脏相关的五官九窍、皮肉筋骨等病证。亦可协助诊断疾病。

6. 募穴 脏腑之气结聚于胸腹部的腧穴,称募穴。五脏六腑各有一募穴,共12个。募穴部位都接近其脏腑所在,有在本经者,有在他经者,在正中任脉者为单穴,在两侧者为双穴,募穴在胸腹部的位置与相关脏腑所在部位的高低相一致(表1-1-8)。

脏腑之气与(俞)募穴是相互贯通的。当脏腑发生病变时,常在其相应的(俞)募穴出现疼痛或过敏等病理反应。观察、触扪(俞)募穴的异常变化,协助诊断其相应脏腑疾病。募穴的主治性能与背俞穴有共同之处,募穴对于脏腑病证属于邻近取穴,临床上多与四肢远端穴配用,如脏病配用原穴,腑病配用合穴等,又可与背俞穴配合使用,俞募同用属"前后配穴",俞在背部属阳,募在腹部属阴。《难经》"阴病行阳,阳病行阴",治宜(《素

Note

问》）"从阴引阳,从阳引阴",故五脏有病反映于背俞,六腑有疾多反映于募穴。因此,五脏有疾多取背俞,六腑有病多取募穴。

表 1-1-8　募穴表

两　侧		正　中	
脏腑	募穴	募穴	脏腑
肺	中府	膻中	心包
肝	期门	巨阙	心
胆	日月	中脘	胃
脾	章门	石门	三焦
肾	京门	关元	小肠
大肠	天枢	中极	膀胱

7. 八会穴　八会穴是指脏、腑、气、血、筋、脉、骨、髓所会聚的八个腧穴。八会穴分布于躯干和四肢部。最早由《难经·四十五难》提出:府会太仓,藏会季胁,筋会阳陵泉,髓会绝骨,血会膈俞,骨会大杼,脉会太渊,气会三焦。即脏会章门,腑会中脘,气会膻中,血会膈俞,筋会阳陵泉,脉会太渊,骨会大杼,髓会绝骨。

八会穴临床多治疗其相关的病证,如六腑病证选中脘,五脏病证选章门等。

8. 八脉交会穴　八脉交会穴,原称"交经八穴""流注八穴"和"八脉八穴"。这是指奇经八脉与十二正经脉气相通的 8 个经穴,八穴均分布于肘膝以下。

八脉交会穴在临床上应用甚为广泛,可作为远端取穴单独选用,再配上头身部的邻近穴,成为远近配穴,又可上下配合应用。如:公孙配内关治疗胃、心、胸部病证;后溪配申脉治内眼角、耳、项、肩胛部位疾病及发热恶寒等表证;外关配足临泣治疗外眼角、耳、颊、颈、肩部疾病及寒热往来证;列缺配照海治咽喉、胸膈、肺病和阴虚内热等证(表1-1-9)。

表 1-1-9　八脉交会穴

经　属	八　穴	通八脉	会合部位
足太阴	公孙	冲脉	胃、心、胸
手厥阴	内关	阴维	
手少阳	外关	阳维	目外眦、颊、颈、耳后、肩
足少阳	足临泣	带脉	
手太阳	后溪	督脉	目内眦、颈、耳、肩胛
足太阳	申脉	阳跷	
手太阴	列缺	任脉	胸、肺、膈、喉咙
足少阴	照海	阴跷	

9. 下合穴　下合穴,即六腑下合穴,是六腑之气下合于足三阳经的 6 个腧穴,均位于膝关节以下或附近。《灵枢·邪气脏腑病形》有"合治内府"的论述,表明下合穴是治疗六

Note

腑病的重要穴位。

胃、胆、膀胱三腑的下合穴，即本经五输穴中的合穴，而大肠、小肠、三焦三腑在下肢则另有合穴。"大肠、小肠皆属于胃"，下合于胃经；膀胱主藏津液，三焦主水液代谢，二者关系密切，三焦下合于膀胱经。大肠的下合穴(上巨虚)、小肠的下合穴(下巨虚)均在胃经，三焦的下合穴(委阳)在膀胱经(表 1-1-10)。

表 1-1-10　下合穴

六　腑	下　合　穴	所属经脉
胃	足三里	足阳明经
大肠	上巨虚	足阳明经
小肠	下巨虚	足阳明经
膀胱	委中	足太阳经
三焦	委阳	足太阳经
胆	阳陵泉	足少阳经

10．交会穴　交会穴是指两经或数经相交会合的腧穴。多分布于头面、躯干部。一般阳经与阳经相交会，阴经与阴经相交会。始见于《灵枢•寒热病》。

交会穴不但能治本经病，还能兼治所交经脉的病证。如大椎是督脉的经穴，与手足三阳经相交会，它既可治疗督脉的疾病，又可治疗诸阳经的疾病。

(五)腧穴定位法

腧穴的定位方法又称取穴法。历代医家都非常重视腧穴的定位方法，如《千金要方》"肌肉纹理，节解缝会宛陷之中，乃以手按之，病者快然"；《标幽赋》"取穴之法，必有分寸"。腧穴的定位方法一般分为体表解剖标志法、骨度分寸法、手指同身寸法、简便取穴法。

1．体表解剖标志法

(1)固定标志　利用五官、毛发、爪甲、乳头、脐窝以及骨节凸起和凹陷、肌肉隆起等部位作为取穴标志的取穴法。比较明显的标志，如：鼻尖取素髎；两眉中间取印堂；两乳中间取膻中；脐旁二寸取天枢；腓骨小头前下缘取阳陵泉；俯首显示最高的第 7 颈椎棘突下取大椎。在两骨分歧处，如：锁骨肩峰端与肩胛冈分歧处取巨骨；胸骨下端与肋软骨分歧处取中庭。此外，可依肩胛冈平第三胸椎棘突，肩胛骨下角平第 7 胸椎棘突，髂嵴平第 4 腰椎棘突为标志取背腰部腧穴。

(2)活动标志　利用关节、肌肉、皮肤，随活动而出现的孔隙、凹陷、皱纹等作为取穴标志的取穴法。如：取耳门、听宫、听会等应张口；取下关应闭口；曲池必屈肘于横纹头处取之；取肩髃时应将上臂外展至水平位，当肩峰与肱骨粗隆间出现两个凹陷，在前方小凹陷中是穴；取阳溪穴时应将拇指翘起，在拇长、短伸肌腱之间的凹陷处取穴；取养老穴时，正坐屈肘掌心向胸，当尺骨茎突之桡侧骨缝中取穴。这些都是在动态情况下作为取穴定位的标志，故称活动标志。

2．骨度分寸法　骨度分寸法古称"骨度法"，即以骨节为主要标志测量周身各部的大小、长短，并依其尺寸按比例折算作为定穴的标准(图 1-1-4，表 1-1-11)。

Note

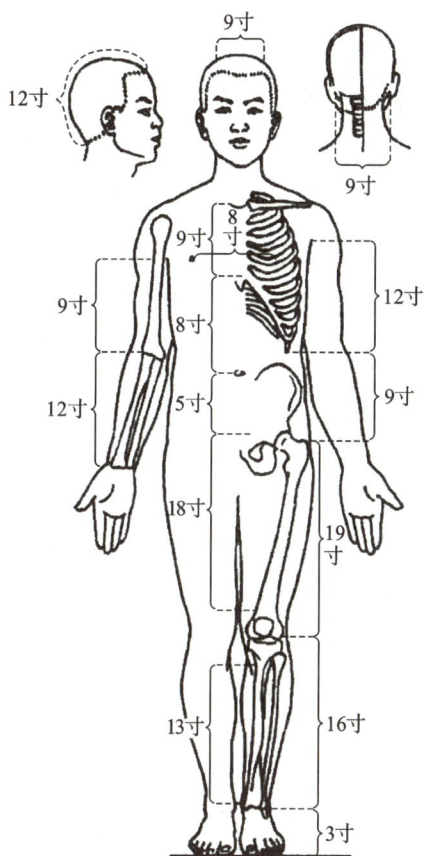

图 1-1-4　骨度分寸

表 1-1-11　骨度分寸表

部位	起 止 点	骨度	度量	说 明
头部	前额两头角（头维）之间	9寸	横寸	头前部横向
	耳后两完骨（乳突）之间	9寸	横寸	用于量头部的横寸
	前发际至后发际	12寸	直寸	头部纵向
	眉间（印堂）至前发际正中	3寸	直寸	头前部纵向
	第7颈椎棘突下（大椎）至后发际正中	3寸	直寸	后项部纵向
	眉间（印堂）至第7颈椎棘突下（大椎）	18寸	直寸	头部纵向
胸腹部	天突（胸骨上窝）至歧骨（胸剑联合）	9寸	直寸	1. 胸部与肋部取穴直寸，一般根据肋骨计算，每一肋骨折作1寸6分；2."天突"指穴名的部位
	歧骨（胸剑联合中点）至脐中	8寸		
	脐中至横骨上廉（耻骨联合上缘）	5寸		
	两乳头之间	8寸	横寸	胸腹部取穴的横寸，可根据两乳头之间的距离折量。女性可用左右缺盆穴之间的宽度来代替两乳头之间的横寸
背腰部	肩胛骨内缘至后正中线	3寸	横寸	背部腧穴根据脊椎定穴
	肩峰缘至后正中线	8寸		

续表

部位	起　止　点	骨度	度量	说　　明
侧胸部	腋以下至季胁	12寸	直寸	"季胁"是指第11肋端下方
上肢部	腋前、后纹头（腋前皱襞）至肘横纹	9寸	直寸	用于手三阴、手三阳经的骨度分寸
	肘横纹（平肘尖）至腕掌（背）横纹	12寸		
下肢部	耻骨联合上缘至股骨内上髁上缘	18寸	直寸	用于足三阴经的骨度分寸
	胫骨内侧髁下方至内踝尖	13寸		
	股骨大转子至腘横纹	19寸	直寸	1. 用于足三阴经的骨度分寸； 2. "膝中"的水平线，前面相当于犊鼻穴，后面相当于委中穴
	股骨内上髁上缘至胫骨内侧髁下	3寸		
	腘横纹到外踝尖	16寸		
	臀沟至腘横纹	14寸		

3. 手指同身寸法　原是指以患者本人的手指为标准度量取穴，称为"同身寸"。应在骨度分寸法基础上运用。

（1）中指同身寸　以中指中节的长度为1寸。即以患者的中指屈曲时，中节桡侧两端纹头之间作为1寸。这种方法适用于以四肢及脊背作为横寸折算（图1-1-5）。

（2）拇指同身寸　此法见于《千金方》，说："中指上第一节为一寸，亦有长短不定者，即取于大拇指第一节横为一寸。"即拇指指关节之横度作为1寸（图1-1-6）。

（3）横指同身寸　又称"一夫法"，也就是将食、中、无名、小指相并，四横指为一夫，即四横指相并，以其中指第2节为准，量取四指之横度作为3寸。此法多用于下肢、下腹部和背部的横寸（图1-1-7）。

图 1-1-5　中指同身寸　　　图 1-1-6　拇指同身寸　　　图 1-1-7　横指同身寸

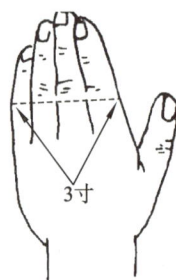

4. 简便取穴法　简便取穴法是"手指比量"或"活动标志"范围的扩展，是一种体位姿势和动作的配合。作为取穴法的参考，同样要以骨度标志为准。

（六）腧穴的作用

1. 腧穴的主治作用

（1）近治作用　任何腧穴都能治疗其所在位置局部及其范围大小不等的邻近组织、器官病证的作用，是所有腧穴所共有的主治作用，一般不受经脉循行分布的限制，即腧穴所在，主治所在。

（2）远治作用　这是经穴，尤其是十二经脉肘、膝关节以下的腧穴所具有的特点，即这些腧穴不仅能治疗局部病证，而且还能治疗本经循行所涉及的远隔部位的组织、器官

的病证,有的甚至有影响全身的作用。

远治作用为十四经穴主治的基本规律,它受经脉循行的限制。如合谷治口齿、颜面部疾病及外感发热,即"经脉所通,主治所及"。

(3)特殊作用 针刺某些腧穴时,可对机体的不同状态起着双向的良性调整作用。如:心动过速时,针刺内关能减慢心率;心动过缓时针刺内关可加快心率。大便秘结时针刺天枢穴,能通便;腹泻时针刺天枢穴,能止泻。

2. 腧穴的主治规律 "经脉所通,主治所及"是十四经穴主治的基本规律。

(1)分经主治规律(表 1-1-12 至表 1-1-16)

表 1-1-12 手三阴经穴主治规律

经　名	本经主病	二经相同	三经相同
手太阴经	肺、喉病		
手厥阴经	心、胃病	神志病	胸部病
手少阴经	心病		

表 1-1-13 手三阳经穴主治规律

经　名	本经主病	二经相同	三经相同
手阳明经	前头、鼻、口齿病		
手少阳经	侧头、胁肋病	耳病	眼病、咽喉病、热病
手太阳经	后头、肩胛、神志病		

表 1-1-14 足三阳经穴主治规律

经　名	本经主病	二经相同	三经相同
足阳明经	前头、口、齿、咽喉、胃肠病		
足少阳经	侧头、耳病、项、胁肋、胆病	眼病	神志病、热病
足太阳经	后头、项、背腰、肛肠病		

表 1-1-15 足三阴经穴主治规律

经　名	本经主病	二经相同	三经相同
足太阴经	脾胃病		腹部病
足厥阴经	肝病	前阴病	
足少阴经	肾、肺、咽喉病		

表 1-1-16 任督二脉经穴主治规律

经　名	本经主病	二经相同
任脉	中风脱证、虚寒、下焦病	神志病、脏腑病、妇科病
督脉	中风昏迷、热病、头部病	

（2）分部主治规律（表 1-1-17，表 1-1-18）

表 1-1-17　头面颈项部经穴主治规律

分　部	主　治
前头、侧头区	眼、鼻病
后头区	神志
项区	神志、咽喉、眼、头项病
眼区	眼病
鼻区	鼻病
颈区	舌、咽喉、气管、颈部病

表 1-1-18　胸腹背腰部经穴主治规律

前	后	主　治
胸膺部	上背部	肺、心（上焦病）
胁腹部	下背部	肝、胆、脾、胃（中焦病）
少腹部	腰尻部	前后阴、肾、肠、膀胱（下焦病）

第二节　手太阴和手阳明经脉与腧穴

一、手太阴肺经

（一）经脉循行

起始于中焦，向下联络大肠，回过来沿着胃上口，穿过膈肌，属于肺脏。从肺系（气管与喉咙联系部位）横行出来，沿上臂内侧下行，走手少阴、手厥阴经之前，下向肘中，沿前臂内侧桡骨边缘（孔最），进入寸口（桡动脉搏动处），走向大鱼际部，沿边际（鱼际），出大指的末端（图1-2-1）。

支脉：从腕后（列缺）走向食指内（桡）侧，出其末端，接手阳明大肠经。

（二）主治概要

咳、喘、咳血、咽喉痛等肺系疾病，及经脉循行部位的其他病证。

脏腑病：咳喘，上气，烦心，肺胀满，小便数而欠。

经脉病：胸满，缺盆痛，臑臂内前廉痛厥，掌中热。

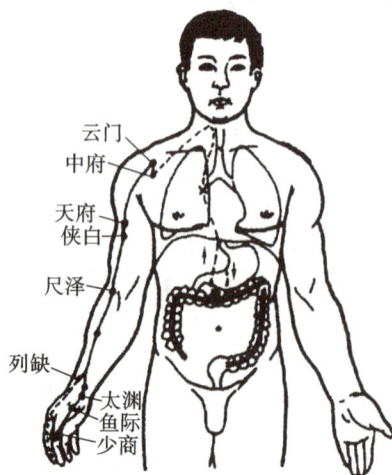

云门
中府
天府
侠白
尺泽
列缺
太渊
鱼际
少商

图 1-2-1　手太阴肺经

（三）本经腧穴

中府、云门、天府、侠白、尺泽、孔最、列缺、经渠、太渊、鱼际、少商,共 11 穴,左右合 22 穴。

（四）常用腧穴

1. 中府

【定位】　在胸前壁的外上方,云门下 1 寸,平第 1 肋间隙,距前正中线 6 寸。

【主治】　咳嗽,气喘,胸中烦满,疼痛,呃逆。

【操作】　针刺直刺 0.5～0.8 寸,不可向内深刺;可灸。

【特点】　本穴为肺之募穴,当肺有病变时,该穴可有压痛。具有调理肺气的功能。

2. 尺泽

【定位】　肘横纹中,肱二头肌肌腱桡侧缘。

【主治】　咳嗽,咳血,潮热,气喘,咽喉肿痛,胸部胀满,小儿惊风,肘臂挛痛等。

【操作】　针刺直刺 0.8～1.2 寸或点刺出血;慎用灸法。

【特点】　常用于肺气上逆之咳喘。

3. 孔最

【定位】　尺泽与太渊连线上,腕横纹上 7 寸处。

【主治】　热病汗不出,咳嗽,哮喘,咯血,咽肿,失音,肘臂冷痛、不能屈伸,腕部疼痛。

【操作】　直刺 0.5～1 寸;直接灸 3～5 壮,悬灸 5～10 min。

【特点】　对血证效佳,可治疗咯血、咳唾脓血、痔疮出血等。

4. 列缺

【定位】　桡骨茎突上方,腕横纹上 1.5 寸。简便取穴法:两虎口自然平直交叉,食指尖下所指的凹陷处。

【主治】　头痛,项强,咽痛,伤风,齿痛,半身不遂,口眼歪斜,手腕无力。

【操作】　向上或向下斜刺 0.3～0.8 寸;可灸。

【特点】　本穴为络穴,是头项强痛的常用穴。"头项寻列缺"。

5. 太渊

【定位】　掌后腕横纹桡侧端,桡动脉的桡侧凹陷中。

【主治】　胸痹,逆气,肺胀满,喘不得息,咳嗽,无脉证。

【操作】　避开动脉,直刺 0.3～0.5 寸;直接灸 3～5 壮;悬灸 10 min。

【特点】　配人迎治疗无脉证。

6. 鱼际

【定位】　在手拇指本节(第一掌指关节)后凹陷处,约当第一掌骨中点桡侧,赤白肉际处。

【主治】　咳嗽,哮喘,咳血,咽喉肿痛,失音,发热。

【操作】　直刺 0.5～0.8 寸。

【特点】　本穴治疗发热、咳喘效果良好。配廉泉、天突治失音。

7. 少商

【定位】　在手拇指末节桡侧,距指甲角 0.1 寸。

【主治】　咽喉肿痛,发热,咳嗽,失音,鼻衄,昏迷,癫狂,指肿,麻木。

【操作】　浅刺 0.1～0.2 寸,或点刺出血。

【特点】　常用来治疗咽喉肿痛、发热、中风昏迷。

Note

二、手阳明大肠经

（一）经脉循行

从食指末端起始，沿食指桡侧缘，出第一、二掌骨间，进入两筋（拇长伸肌腱和拇短伸肌腱）之间，沿前臂桡侧，进入肘外侧（曲池、肘髎），经上臂外侧前边，上肩，出肩峰部前边，向上交会颈部，下入缺盆（锁骨上窝），络于肺，通过横膈，属于大肠。

支脉：从锁骨上窝上行颈旁，通过面颊，进入下齿槽，出来挟口旁，交会人中部，左边的向右，右边的向左，上挟鼻孔旁，接于足阳明胃经（图 1-2-2）。

图 1-2-2　手阳明大肠经

（二）主治概要

头面五官疾病、咽喉病、热病、皮肤病、肠胃病、神志病等及经脉循行部位的其他病证。

虚证：腹痛，腹鸣腹泻、大肠功能减弱、肩膀僵硬、皮肤无光泽、肩酸、喉干、喘息、宿便等。

实证：腹胀、易便秘、易患痔疮、肩背部不适或疼痛、牙痛、皮肤异常、上脘异常等。

（三）本经腧穴

商阳、二间、三间、合谷、阳溪、偏历、温溜、下廉、上廉、手三里、曲池、肘髎、手五里、臂臑、肩髃、巨骨、天鼎、扶突、禾髎、迎香，共 20 穴，左右合 40 穴。

（四）常用腧穴

1. 商阳

【定位】　在手食指末节桡侧，距指甲角 0.1 寸。

【主治】　咽喉肿痛，齿痛，耳聋，热病，昏迷，手指麻木。

【操作】　浅刺 0.1～0.2 寸，或点刺出血。

【特点】　本穴具有开窍醒神、解表清热的功能。

2. 合谷

【定位】　手背，第一、二掌骨之间，约平第二掌骨中点处；拇、食指并拢，两指掌骨间有一肌肉隆起（骨间背侧肌），隆起肌肉之顶端即是本穴。

【主治】　头痛，目赤肿痛，鼻衄，耳聋，面肿，咽喉肿痛，牙关紧闭，口眼歪斜，热病无汗或多汗，腹痛，便秘，经闭，滞产，痄腮。

【操作】　直刺 0.5～1 寸（孕妇忌针），直接灸 3～5 壮，悬灸 5～10 min。

【特点】　本穴是治疗头面五官诸疾的常用穴。"面口合谷收"。本穴又具有开闭、泻热、镇惊、止痛的作用。与太冲相配，名曰"四关穴"。

> **知识链接**
>
> 《临证指南医案》记载一案例：一家中儿媳怀胎 10 个月后生下一女婴，产后妇女十分虚弱，脸色苍白后转青甚至发暗。6 日后，请郎中再来诊治，知晓病情后，郎中针刺该妇女两个合谷穴。刺后不久妇人腹痛难忍又产下一死婴。产后调理数月复如常人。

3．阳溪

【定位】　在腕背横纹桡侧，手拇指向上翘起时，当拇长伸肌腱与拇短伸肌腱之间的凹陷中。

【主治】　头痛，目赤肿痛，齿痛，咽喉肿痛，手腕痛。

【操作】　直刺 0.5～0.8 寸。

【特点】　本穴最善缓解头痛及眼痛酸胀。

4．手三里

【定位】　在阳溪与曲池连线上，曲池下 2 寸处。

【主治】　齿痛，上肢麻痹，腹痛，腹泻，消化不良等。

【操作】　直刺 0.8～1 寸；直接灸 3～5 壮；悬灸 5～10 min。

【特点】　本穴具有通经活络、调理肠胃的功能。

5．曲池

【定位】　屈肘，成直角，当肘横纹外端与肱骨外上髁连线的中点。

【主治】　上肢关节痛，偏瘫，高血压，皮肤病等。

【操作】　直刺 1～1.5 寸；直接灸 5～7 壮，悬灸 10～15 min。

【特点】　本穴具有清热、散风、解毒、调理肠胃的功能，为临床常用穴之一。

6．肩髃

【定位】　肩峰端下缘，当肩峰与肱骨大结节之间，三角肌上部中央，上臂外展或向前平举时，肩峰前下方凹陷处。

【主治】　肩臂痛，上肢瘫痪，项强瘰疬等。

【操作】　直刺或斜刺 0.5～0.8 寸；直接灸 3～5 壮，悬灸 5～15 min。

【特点】　本穴主要治疗肩臂疼痛、半身不遂等。

7．迎香

【定位】　鼻翼外缘中点，当鼻唇沟中。

【主治】　口歪，鼻塞，胆道蛔虫症等。

【操作】　斜刺或平刺 0.3～0.5 寸；不宜直接灸，可悬灸。

【特点】　本穴常用于治疗与鼻有关的疾病。

第三节　足阳明和足太阴经脉与腧穴

一、足阳明胃经

（一）经脉循行

起于鼻翼旁，挟鼻上行，左右侧交会于鼻根部，旁行入目内眦，与足太阳经相交，向下沿鼻柱外侧，入上齿中，还出，挟口两旁，环绕嘴唇，在颏唇沟承浆穴处左右相交，退回沿下颌骨后下缘到大迎穴处，沿下颌角上行过耳前，经过上关穴，沿发际，到额前（图 1-3-1，图 1-3-2）。

面部分支：从大迎穴前方下行到人迎穴，沿喉咙向下后行至大椎，折向前行，入缺盆，下行穿过膈肌，属胃，络脾。直行向下一支是从缺盆出体表，沿乳中线下行，挟脐两旁（旁

数字课件 131

Note

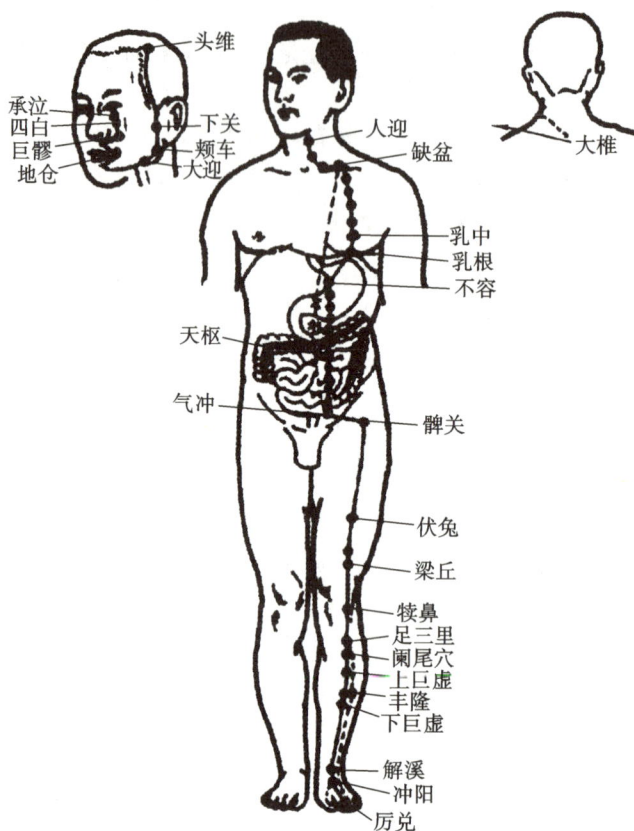

图 1-3-1　足阳明胃经

图 1-3-2　足阳明胃经

开 2 寸），下行至腹股沟外的气街穴。

胃口部支脉：从胃下口幽门处分出，沿腹腔内下行到气街穴，与直行之脉会合，而后下行大腿前侧，至膝髌沿下肢胫骨前缘下行至足背，入足第二趾外侧端。

胫部支脉：从膝下 3 寸处分出，下行入中趾外侧端。

足部支脉：从足背上冲阳穴分出，前行入足大趾内侧端，交于足太阴脾经。

（二）主治概要

消化系统、神经系统、呼吸系统、循环系统某些病证和咽喉、头面、口、牙、鼻等器官病证，以及本经脉所经过部位之病证。

（三）本经腧穴

承泣、四白、巨髎、地仓、大迎、颊车、下关、头维、人迎、水突、气舍、缺盆、气户、库房、屋翳、膺窗、乳中、乳根、不容、承满、梁门、关门、太乙、滑肉门、天枢、外陵、大巨、水道、归来、气冲、髀关、伏兔、阴市、梁丘、犊鼻、足三里、上巨虚、条口、下巨虚、丰隆、解溪、冲阳、陷谷、内庭、厉兑，共 45 穴，左右合 90 穴。

（四）常用腧穴

1. 承泣

【定位】　目正视，瞳孔直下，当眶下缘与眼球之间。

【主治】　目赤肿痛，流泪，近视。

【操作】　目上视，直刺 0.5～1 寸，不宜施行手法。禁灸。

【特点】　本穴主要用于治疗眼底病变。

2. 四白

【定位】　在面部，目正视，瞳孔直下，当眶下孔凹陷处。

【主治】　目赤肿痛，目翳，眼睑瞤动，近视，面痛，口歪，胆道蛔虫症，头痛、眩晕。

【操作】　直刺 0.3～0.5 寸；或沿皮透刺睛明；或向外上方斜刺 0.5 寸入眶下孔。

【特点】　本穴主要用于治疗眼睛相关的疾病。

3. 地仓

【定位】　在面部，口角外侧，上直对瞳孔。

【主治】　口歪，流涎；眼睑瞤动。

【操作】　斜刺或平刺 0.5～0.8 寸，或向迎香、颊车方向透刺 1.0～2.0 寸。

【特点】　本穴主要用于治疗口眼歪斜、流涎等。常用透刺法。

4. 颊车

【定位】　在面颊部，下颌角前上方约一横指，当咀嚼时咬肌隆起，按之凹陷处。

【主治】　口歪，颊肿，齿痛，口噤不语。

【操作】　直刺 0.3～0.5 寸，或向地仓方向透刺 1.5～2.0 寸。

【特点】　本穴有通经活络、散风清热的作用。

5. 下关

【定位】　在面部耳前方，当颧弓与下颌切迹所形成的凹陷中。

【主治】　口歪，口噤；齿痛，口噤不语，牙关开合不利，耳鸣，耳聋。

【操作】　直刺 0.5～0.8 寸，可灸。

【特点】　本穴有通经活络止痛的作用，可治疗上牙痛、下颌关节炎等。

6. 头维

【定位】　在头侧部，当额角发际上 0.5 寸，头正中线旁开 4.5 寸。

【主治】　头痛，目眩，目赤肿痛，迎风流泪。

【操作】　向下或向后平刺 0.5～1 寸。

【特点】　本穴可治疗各种原因导致的偏头痛，亦可治疗各种目疾。

7. 梁门

【定位】　在上腹部，当脐中上 4 寸，距前正中线 2 寸。

【主治】　胃痛，呕吐，腹胀，泄泻，食欲不振。

【操作】　直刺 0.5～1 寸，可灸。

【特点】　本穴可治疗纳少、胃痛、呕吐等胃疾。

8. 天枢

【定位】　肚脐旁 2 寸。

【主治】　脐周痛，腹胀，泄泻，便秘，月经不调。

【操作】　直刺 1～1.5 寸,直接灸 5～15 壮,悬灸 5～15 min。

【特点】　为大肠募穴,凡各种大肠疾病皆以本穴为主穴。本穴对腹泻与便秘有双向调节作用。

9. 归来

【定位】　在下腹部,当脐中下 4 寸,距前正中线 2 寸。

【主治】　小腹疼痛,疝气,月经不调,经闭,白带,阴挺。

【操作】　直刺 0.8～1.2 寸,可灸。

【特点】　本穴可治疗各种妇科病证。

10. 梁丘

【定位】　屈膝,在大腿前面,当髂前上棘与髌底外侧端的连线上,髌底上 2 寸。

【主治】　胃痛,膝部肿痛,下肢不遂,乳痈。

【操作】　直刺 0.8～1.2 寸,可灸。

【特点】　本穴对急慢性胃痛疗效较好。

11. 犊鼻

【定位】　髌骨下缘,髌韧带外侧凹陷中。

【主治】　膝关节肿痛,屈伸不利,麻木,脚气。

【操作】　直刺 0.5～1 寸,直接灸 5～7 壮,悬灸 5～10 min。

【特点】　本穴具有通经活络、疏风散寒的作用。

12. 足三里

【定位】　犊鼻穴下 3 寸,胫骨前嵴外一横指处。

【主治】　胃痛,腹胀,呕吐,泄泻,下肢痿痹及强身保健。

【操作】　直刺 1～2 寸,直接灸 5～10 壮,悬灸 5～15 min 保健。

【特点】　本穴具有健脾胃以补后天之本,益气血之源的功效。故各种脾胃疾病,及脾胃功能失调导致的各种病证,皆以本穴为主。本穴是重要的补穴之一。此外,本穴还具有活血化瘀、泻热解毒的作用。

知识链接

　　相传日本德川幕府时代江户有一老寿星名万平,寿 174 岁,其妻 173 岁,其子 153 岁,其孙 105 岁,个个精神矍铄,健步如飞。问其长生之术,答曰:祖传每月初一至初八连续灸足三里穴,始终不渝,仅此而已。在气候寒冷的日本北部,人人都喜欢灸足三里作为补身长寿之术,有"勿以不灸足三里者为伍"和"不灸足三里勿作旅人"的说法。又有"按摩足三里,胜吃老母鸡"的说法。

13. 上巨虚

【定位】　足三里穴下 3 寸。

【主治】　腹痛,痢疾,便秘,下肢痿痹。

【操作】　直刺 1～1.5 寸,直接灸 3～7 壮,悬灸 5～10 min。

【特点】　凡腹痛、腹胀、肠痈等大肠诸疾,皆以本穴为主穴之一。

14. 丰隆

【定位】　外踝尖上 8 寸,距胫骨前缘外二横指。

【主治】　胃脘痛,胸痛,咽喉肿痛,癫狂病,眩晕。

【操作】　直刺 1～2 寸,直接灸 5～15 壮,悬灸 5～15 min。

【特点】　本穴功能,一是化痰,二是通便。

15．内庭

【定位】　在足背,当第 2、第 3 趾之间,趾蹼缘后方赤白肉际处。

【主治】　齿痛,咽喉肿痛,腹痛,脾胀,痢疾,便秘。

【操作】　直刺或斜刺 0.3～0.5 寸;可灸。

【特点】　本穴治疗胃经实热导致的齿痛、咽喉肿痛等。

二、足太阴脾经

(一) 经脉循行

起于足大趾内侧端,沿内侧赤白肉际,上行过内踝的前缘,沿小腿内侧正中线上行,在内踝上 8 寸处,交出足厥阴肝经之前,上行沿大腿内侧前缘,进入腹部,属脾,络胃,向上穿过膈肌,沿食管两旁,连舌本,散舌下。本经脉分支从胃别出,上行通过膈肌,注入心中,交于手少阴心经(图 1-3-3)。

数字课件 132

图 1-3-3　足太阴脾经

(二) 主治概要

胃病,妇科、前阴病及经脉循行部位的其他病证。

虚证:内分泌失调或分泌不足、胃弱、膝异常、易失眠、疲劳、食欲不振、大便异常、腹胀等。

实证:脾胃不和,消化吸收不好、易腹胀打嗝、头痛、疲倦乏力、膝关节异常、排便异常等。

（三）本经腧穴

隐白、大都、太白、公孙、商丘、三阴交、漏谷、地机、阴陵泉、血海、箕门、冲门、府舍、腹结、大横、腹哀、食窦、天溪、胸乡、周荣、大包，共 21 穴，左右合 42 穴。

（四）常用腧穴

1. 隐白

【定位】足大趾内侧趾甲角根旁约 0.1 寸。

【主治】崩漏，便血，尿血，腹胀，癫狂，惊风。

【操作】浅刺 0.1 寸或点刺出血；直接灸 5～7 壮，悬灸 10～15 min。

【特点】本穴常用于脾不统血所致的崩漏、便血、尿血。尤其是崩漏，重灸本穴效果更佳。

2. 公孙

【定位】在足内侧缘，当第 1 跖骨基底的前下方。

【主治】胃痛，呕吐，腹胀，腹痛，泄泻，痢疾，心痛，胸闷。

【操作】直刺 0.5～1.0 寸。

【特点】本穴为治疗胃痛、腹胀等消化系统疾病的常用效穴。与内关相配，为八脉交会穴中一对。二穴常相伍治疗胃心胸疾病。

3. 三阴交

【定位】小腿内侧，内踝高点上 3 寸，胫骨内侧面后缘。

【主治】腹胀肠鸣，泄泻，带下阴挺，月经不调，遗精，阳痿，早泄，遗尿，疝气，失眠；脚气，足痿，痔疮，湿疹，淋证等。

【操作】直刺 1～1.5 寸，孕妇禁针；直接灸 3～5 壮，悬灸 5～10 min。

【特点】三阴交为肝、脾、肾三经交会穴。故本穴可以治疗三经所主病证。本穴亦是妇科常用穴。

知识链接

妇科圣穴三阴交是个神奇的穴位，让女人的魅力持续绽放。常按摩三阴交，女人终身不变老，越活越年轻，对于治疗各种妇科病也有很好的调养作用。三阴交的主要功效体现在美肤、暖宫、调经和稳压。

4. 阴陵泉

【定位】小腿内侧、胫骨内侧髁后下方凹陷处。

【主治】腹胀，水肿，小便不利，黄疸，小便失禁，月经不调，带下以及膝关节肿痛等。

【操作】直刺 1～2 寸；直接灸 3 壮，悬灸 5～10 min。

【特点】本穴主要功能是健脾利湿。为治疗水肿，泄泻，痢疾，黄疸，小便不利或失禁的常用穴。

5. 血海

【定位】大腿内侧，髌骨内侧端上 2 寸。

【主治】崩漏，月经不调，闭经，瘾疹，湿疮以及股内侧痛，阴部瘙痒，贫血等。

【操作】直刺 1～1.5 寸；直接灸 3～5 壮，悬灸 5～10 min。

【特点】穴处血多如海，故名。常用以治疗各种月经病，也可治疗湿疹等。

6. 大横

【定位】 在腹中部,平脐,距脐中 4 寸。

【主治】 泻痢,便秘,腹痛。

【操作】 直刺 0.8～1.2 寸;可灸。

【特点】 本穴可以转运脾经水湿,故可治疗一切湿困脾土之证。

第四节 手少阴和手太阳经脉与腧穴

一、手少阴心经

(一) 经脉循行

起自心中,出来后归属于心系(心脏周围的组织),向下通过膈肌,联络小肠。向上的支脉从心系向上挟着食管连于目;其直行主干又从心系上肺,向下斜出于腋下,沿上肢内侧后边,至肘中,沿前臂内侧后边,到手掌后豌豆骨突起处进入掌内后边,沿小指桡侧到达其末端(图 1-4-1)。

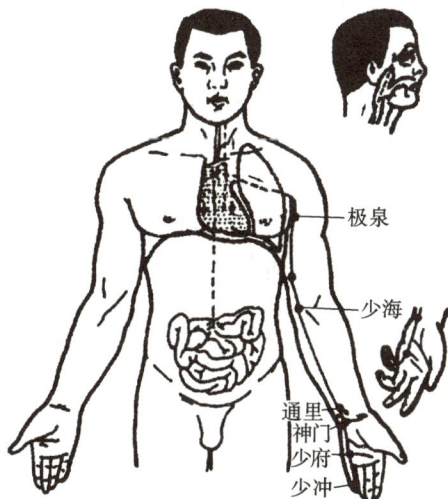

图 1-4-1 手少阴心经

(二) 主治概要

心、胸、神志及经脉循行部位的其他病证。

脏腑病:心痛,嗌干,口渴。

经脉病:目黄,胁痛,臑臂内后廉痛厥,掌中热。

(三) 本经腧穴

极泉、青灵、少海、灵道、通里、阴郄、神门、少府、少冲,共 9 穴,左右合 18 穴。

(四) 常用腧穴

1. 通里

【定位】 在前臂掌侧,当尺侧腕屈肌腱的桡侧缘,腕横纹上 1 寸。

数字课件 141

Note

【主治】 心悸,怔忡,舌强不语,暴喑,头痛目眩,腕臂痛。

【操作】 直刺 0.3~0.5 寸;可灸。

【特点】 本穴具有通心络、利舌咽的功能,常用于治疗心悸、怔忡、舌强不语等。

2. 少海

【定位】 屈肘,当肘横纹内端与肱骨内上髁连线之中点。

【主治】 心痛,瘰疬,腋胁痛,手臂挛痛,癫痫。

【操作】 直刺 0.5~1 寸;直接灸 3~5 壮(不留瘢痕);悬灸 5~10 min。

【特点】 本穴有降浊升清的功效。

3. 神门

【定位】 腕横纹尺侧端,尺侧腕屈肌腱的桡侧凹陷中。

【主治】 惊悸,怔忡,心痛,心烦,健忘,不寐,癫狂痫,痴呆,掌中热。

【操作】 直刺 0.3~0.5 寸;直接灸 3~5 壮,悬灸 10~15 min。

【特点】 神门具有调心气,养心神的作用。凡血脉及神志诸疾皆以本穴为主穴之一。

4. 少冲

【定位】 在手小指末节桡侧,距指甲角 0.1 寸。

【主治】 心悸,心痛;癫狂,热病,昏迷,胸胁痛。

【操作】 刺 0.1~0.2 寸,或点刺出血。

【特点】 本穴具有开窍醒神之功,可以治疗神昏、热病等。

二、手太阳小肠经

(一) 经脉循行

起自手小指尺侧端,沿手掌尺侧缘上行,出尺骨茎突,沿前臂后边尺侧直上,从尺骨鹰嘴和肱骨内上髁之间向上,沿上臂后内侧出行到肩关节后,绕肩胛,交于大椎(督脉)。又向前进入锁骨上窝,深入体腔,联络心脏,沿食管下行,穿膈肌,到胃部,入属小肠。其分支从锁骨上窝沿颈上面颊到外眼角,又折回进入耳中。

颊部支脉:从面颊部分出,经眶下,达鼻根部的内眼角,然后斜行到颧部。脉气由此与足太阳膀胱经相接(图 1-4-2)。

(二) 主治概要

咽痛、下颌肿、耳聋、中耳炎、眼痛、头痛、扁桃体炎、失眠、落枕、肩痛、腰扭伤、目黄以及肩部、上肢后边内侧本经脉过处疼痛等。

(三) 本经腧穴

少泽、前谷、后溪、腕骨、阳谷、养老、支正、小海、肩贞、臑俞、天宗、秉风、曲垣、肩外俞、肩中俞、天窗、天容、颧髎、听宫,共 19 穴,左右合 38 穴。

(四) 常用腧穴

1. 少泽

【定位】 小指尺侧指甲角旁约 0.1 寸。

【主治】 热病,中风昏迷,头项痛,耳鸣,耳聋,乳汁不通等。

【操作】 斜刺 0.1~0.2 寸;直接灸 3~5 壮。

【特点】 本穴通过调理小肠的功能,治疗乳少、乳痈。

数字课件 142

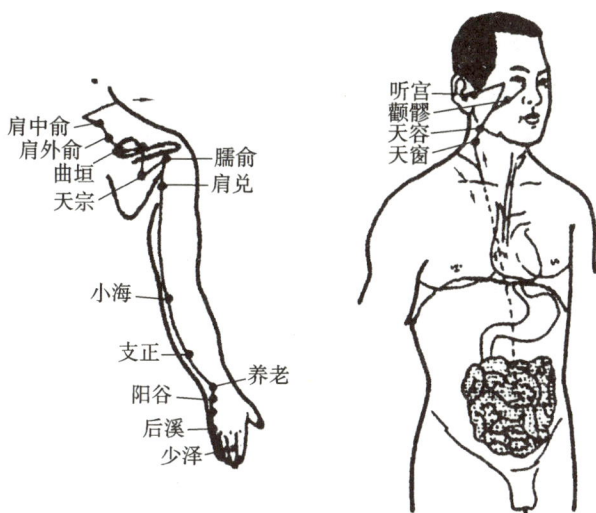

图 1-4-2 手太阳小肠经

2. 后溪

【定位】 握拳,第五指掌关节后尺侧,横纹头赤白肉际。

【主治】 头项强痛,耳鸣,耳聋,疟疾,急性腰扭伤等。

【操作】 直刺 0.5～1 寸。

【特点】 本穴是治疗头项强痛、肩背痛、目赤肿痛的常用穴,也是治疗急性腰扭伤的经验有效穴。

3. 养老

【定位】 人体的前臂背面尺侧,手掌向下时,当尺骨小头高点处,以手转向胸时,当尺骨小头近端桡侧凹缘中。

【主治】 目视不明,肩臂腰部疼痛。

【操作】 直刺 0.5～0.8 寸;可灸。

【特点】 本穴能充养阳气。

4. 小海

【定位】 人体的肘内侧,当尺骨鹰嘴与肱骨内上髁之间凹陷处。

【主治】 肘臂疼痛,癫痫。

【操作】 直刺 0.3～0.5 寸;可灸。

【特点】 本穴能升发小肠之气。

5. 肩贞

【定位】 人体的肩关节后下方,臂内收时,腋后纹头上 1 寸。

【主治】 肩臂疼痛,瘰疬,耳鸣。

【操作】 直刺 1～1.5 寸;可灸。

【特点】 本穴能散化小肠之热。

6. 天宗

【定位】 在肩胛部,当冈下窝中央凹陷处,与第 4 胸椎相平。

【主治】 肩胛疼痛,肘臂外后侧痛,气喘,乳痈。

【操作】 直刺或斜刺 0.5～1 寸;可灸。

【特点】 本穴主要用于治疗局部病证。

Note

7. 秉风

【定位】　人体的肩胛部,冈上窝中央,天宗穴直上,举臂有凹陷处。

【主治】　肩胛疼痛,上肢酸麻。

【操作】　直刺或斜刺 0.5～1 寸。

【特点】　本穴具有吸附水湿,冷降小肠经阴浊的功效。

8. 听宫

【定位】　在面部,耳屏前,下颌骨髁状突的后方,张口时呈凹陷处。

【主治】　耳鸣,耳聋,聤耳,齿痛,癫狂痫。

【操作】　张口,直刺 0.5～1 寸。

【特点】　本穴主要用于治疗耳病。

（肖　娟）

第五节　足太阳和足少阴经脉与腧穴

一、足太阳膀胱经

（一）经脉循行

起于目内眦(睛明穴),上达额部,左右交会于头顶部(百会穴)。

巅顶部支脉:从头顶部分出,到耳上角部。

直行支脉:从头顶部分别向后行至枕骨处,进入颅腔,络脑,回出分别下行到项部(天柱穴),下行交会于大椎穴,再分左右沿肩胛内侧,脊柱两旁(一寸五分),到达腰部(肾俞穴),进入脊柱两旁的肌肉,深入体腔,络肾,属膀胱。

腰部支脉:从腰部分出,沿脊柱两旁下行,穿过臀部,从大腿后侧外缘下行至腘窝中(委中穴)。

后项支脉:从项分出下行,经肩胛内侧,从附分穴挟脊(三寸)下行至髀枢,经大腿后侧至腘窝中与前一支脉会合,然后下行穿过腓肠肌,出走于足外踝后,沿足背外侧缘至小趾外侧端,交于足少阴肾经(图 1-5-1)。

（二）主治概要

脏腑、头部病证,筋病。

外经:头项强痛,眼痛多泪,鼻塞,流涕,鼻血,痔疮,经脉所过的背、腰、骶、大腿后侧、腘窝、腓肠肌等处疼痛,足小趾不能运用,疟疾。

内脏:癫狂,小便淋沥、短赤,尿失禁。

（三）本经腧穴

睛明、攒竹、眉冲、曲差、五处、承光、通天、络却、玉枕、天柱、大杼、风门、肺俞、厥阴俞、心俞、督俞、膈俞、肝俞、胆俞、脾俞、胃俞、三焦俞、肾俞、气海俞、大肠俞、关元俞、小肠俞、膀胱俞、中膂俞、白环俞、上髎、次髎、中髎、下髎、会阳、承扶、殷门、浮郄、委阳、委中、附分、魄户、膏肓俞、神堂、譩譆、膈关、魂门、阳纲、意舍、胃仓、肓门、志室、胞肓、秩边、合阳、承筋、承山、飞扬、跗阳、昆仑、仆参、申脉、金门、京骨、束骨、足通谷、至阴,共 67 穴,左

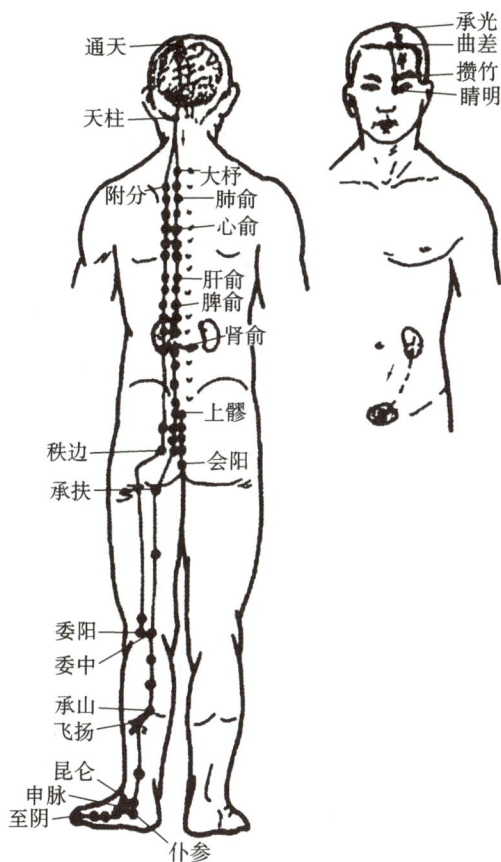

图 1-5-1　足太阳膀胱经

右合 134 穴。

（四）常用腧穴

1. 睛明

【定位】　在面部,目内眦角稍上方凹陷处。

【主治】　近视,目视不明,目赤肿痛,迎风流泪,夜盲,色盲,目翳,急性腰痛。

【操作】　嘱患者闭目,医者押手轻轻固定眼球,刺手持针,于眶缘和眼球之间缓慢直刺 0.5～1 寸,不宜提插捻转,以防刺破血管引起血肿;不宜灸。

【特点】　本穴主要用于治疗各种目疾。

2. 攒竹

【定位】　在面部,当眉头凹陷中,眶上切迹处。

【主治】　头痛目眩,眉棱骨痛,目视不明,目赤肿痛,流泪,眼睑下垂。

【操作】　治疗眼病向下斜刺 0.3～0.5 寸;禁灸。

【特点】　本穴主要用于治疗局部病证,亦可用于治疗坐骨神经痛。

3. 风门

【定位】　在背部,当第 2 胸椎棘突下,旁开 1.5 寸。

【主治】　伤风,咳嗽,发热,头痛,项强,胸背痛。

【操作】　斜刺 0.5～0.8 寸。

【特点】　本穴有疏风解表的功效。

4. 肺俞

【定位】 第3胸椎棘突下,旁开1.5寸。

【主治】 咳嗽,气喘,咳血,骨蒸潮热,盗汗。

【操作】 斜刺0.5～0.8寸;直接灸5～7壮,悬灸10～15 min。

【特点】 本穴为治疗各种肺病的常用穴。急性宜用毫针泻法,慢性宜用毫针补法。

5. 心俞

【定位】 在背部,当第5胸椎棘突下,旁开1.5寸。

【主治】 心痛,心悸,心烦,失眠,健忘,梦遗,癫狂病,咳嗽,吐血,盗汗。

【操作】 斜刺0.5～0.8寸。

【特点】 凡心痛,心悸,心烦,失眠,健忘等心神疾病,常以本穴为主穴之一。

6. 肝俞

【定位】 在背部,当第9胸椎棘突下,旁开1.5寸。

【主治】 黄疸,胁痛,眩晕,目赤,吐血,夜盲,癫狂病。

【操作】 斜刺0.5～0.8寸。

【特点】 本穴既可补肝之不足,又可泻肝之有余,凡肝胆之病皆可选用本穴。

7. 脾俞

【定位】 在背部,当第11胸椎棘突下,旁开1.5寸。

【主治】 腹胀,呕吐,泄泻,痢疾,便血,纳呆,食不化,水肿,黄疸,背痛。

【操作】 直刺0.5～1寸。

【特点】 本穴是治疗脾胃疾病的常用穴,针灸本穴可以起到健脾温阳、清利湿热的功效。

8. 胃俞

【定位】 在背部,当第12胸椎棘突下,旁开1.5寸。

【主治】 胃脘痛,胸胁痛,腹胀,呕吐,肠鸣,完谷不化。

【操作】 直刺0.5～1寸。

【特点】 本穴是治疗脾胃病的要穴之一。

9. 肾俞

【定位】 第2腰椎棘突下,旁开1.5寸。

【主治】 遗精,阳痿,月经不调,白带,肾虚腰痛,目昏,水肿。

【操作】 直刺0.5～1寸;直接灸5～7壮,悬灸10～15 min。

【特点】 凡是与生殖、肾有关病证皆可取本穴以治疗。

10. 大肠俞

【定位】 第4腰椎棘突下,旁开1.5寸。

【主治】 肠鸣,腹泻,腹胀,腹痛,腰痛,便秘,痔疮。

【操作】 直刺0.8～1.2寸;直接灸3～5壮,悬灸10～15 min。

【特点】 本穴是治疗腰痛及泄泻、便秘的有效穴。

11. 关元俞

【定位】 第5腰椎棘突下,旁开1.5寸。

【主治】 腰痛,遗尿,小便频数,腹胀泄泻,痢疾,便秘,消渴,下肢瘫痪。

【操作】 直刺0.8～1.5寸;直接灸5～7壮,悬灸10～15 min。

【特点】 本穴具有升举阳气的功效。

12．膀胱俞

【定位】　第 2 骶椎棘突下，旁开 1.5 寸。

【主治】　遗尿，尿闭，淋浊，泄泻，便秘，腰骶痛。

【操作】　直刺或斜刺 0.8～1.2 寸；直接灸 3～7 壮，悬灸 10～15 min。

【特点】　本穴以治疗小便及生育方面疾病为主。

13．承扶

【定位】　在大腿后面，臀下横纹中点。

【主治】　腰、骶、臀、股部疼痛。

【操作】　直刺 1.5～2.5 寸；可灸。

【特点】　本穴主要有近治作用。

14．殷门

【定位】　在大腿后面，当承扶与委中的连线上，承扶下 6 寸。

【主治】　腰脊强痛，下肢痿痹。

【操作】　直刺 1.5～2.5 寸；可灸。

【特点】　本穴可以治疗腰部疾病。

15．委中

【定位】　腘横纹中央。

【主治】　腰腿痛，中暑，高热抽搐，腹痛，下肢痿痹，腘筋挛急，膝关节痛。

【操作】　直刺 1～1.5 寸或用三棱针在腘静脉上点刺出血；禁灸。

【特点】　本穴是治疗腰背及下肢疼痛、半身不遂的常用穴。《四总穴歌》说："腰背委中求。"

16．承山

【定位】　在小腿后面正中，委中与昆仑之间，当伸直小腿或足跟上提时，腓肠肌肌腹下出现尖角凹陷处。

【主治】　痔疮，脚气，腰痛，腿痛转筋。

【操作】　直刺 0.8～1.2 寸；可灸。

【特点】　本穴可配二白穴治疗痔疮效果尚佳。

17．昆仑

【定位】　在足部外踝后方，当外踝尖与跟腱之间的凹陷处。

【主治】　头痛，项强，目眩，肩背拘急，腰骶疼痛，足跟痛，难产，胞衣不下。

【操作】　直刺 0.5～0.8 寸；可灸；孕妇慎用。

【特点】　本穴可治疗头痛、项强、目眩等头面部疾病。

18．申脉

【定位】　在足外侧部，外踝下缘中点之凹陷中。

【主治】　癫狂病，头痛眩晕，失眠，目赤痛，腰腿痛。

【操作】　直刺 0.3～0.5 寸；可灸。

【特点】　本穴与后溪穴是八脉交会穴中的一对，是治疗头项、肩背疼痛的有效配穴。

19．至阴

【定位】　在足小趾末节外侧，距趾甲角 0.1 寸。

【主治】　胎位不正，难产，胞衣不下，头痛，目痛，鼻塞，鼻衄。

【操作】　浅刺 0.1～0.5 寸或点刺出血，胎位不正用灸法。

【特点】　常以本穴治疗胎位不正、难产和胞衣不下。

Note

二、足少阴肾经

（一）经脉循行

起于足小趾下，斜走足心（涌泉），出于舟骨粗隆下，沿内踝后，进入足跟，再向上行于腿肚内侧，出于腘窝内侧半腱肌腱与半膜肌腱之间，上经大腿内侧后缘，通向脊柱，属于肾脏，联络膀胱，还出于前（中极，属任脉），沿腹中线旁开 0.5 寸、胸中线旁开 2 寸，到达锁骨下缘（俞府）。

肾脏直行之脉：向上通过肝和横膈，进入肺中，沿着喉咙，挟于舌根两侧。

肺部支脉：从肺出来，联络心脏，流注胸中，与手厥阴心包经相接（图 1-5-2）。

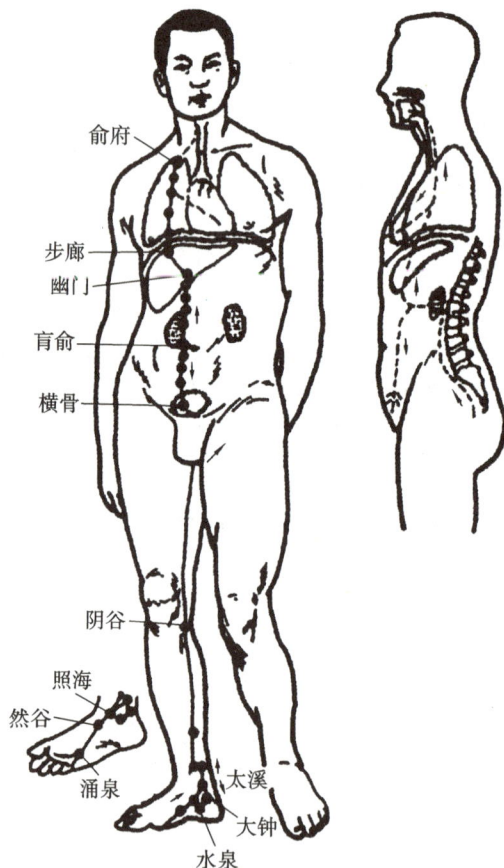

图 1-5-2 足少阴肾经

（二）主治概要

妇科、前阴、肾、肺、咽喉病证。如月经不调、阴挺、遗精、小便不利、水肿、便秘、泄泻，以及经脉循行部位的病变。

（三）本经腧穴

涌泉、然谷、太溪、大钟、水泉、照海、复溜、交信、筑宾、阴谷、横骨、大赫、气穴、四满、中注、肓俞、商曲、石关、阴都、腹通谷、幽门、步廊、神封、灵墟、神藏、彧中、俞府，共 27 穴，左右合 54 穴。

Note

（四）常用腧穴

1. 涌泉

【定位】　于足底（去趾）前 1/3 与后 2/3 交界处，足趾跖屈时呈凹陷。

【主治】　小儿惊风，癫疾，头昏目眩，头顶痛，咽痛失音，足心热痛等。

【操作】　直刺 0.5～1 寸；艾灸 3～5 壮，悬灸 5～15 min。

【特点】　本穴是全身位置最低之穴，根据上病取下的原则，本穴可以治疗头痛、眩晕之症。本穴又是急救穴，可以治疗昏迷、休克、小儿惊风诸疾。

2. 太溪

【定位】　在足内侧，内踝后方，当内踝尖与跟腱之间的凹陷处。

【主治】　月经不调，阳痿遗精，小便频数，便秘，头晕，耳鸣，耳聋，齿痛，失眠，健忘。

【操作】　直刺 0.5～0.8 寸，可灸。

【特点】　本穴为补肾要穴，但凡各种肾虚证，无不以本穴为主。

3. 照海

【定位】　在足内侧，内踝尖下方凹陷处。

【主治】　月经不调，痛经，带下，阴挺，阴痒，小便频数，癃闭，咽喉干痛，目赤肿痛，痫证，失眠。

【操作】　直刺 0.5～0.8 寸。

【特点】　本穴为八脉交会穴之一，与列缺为一组。两穴相配可以治疗咽喉肿痛、哮喘、咳嗽、咯血等。

4. 复溜

【定位】　在小腿内侧，太溪直上 2 寸，跟腱的前方。

【主治】　腹胀，泄泻，水肿，盗汗，身热无汗。

【操作】　直刺 0.5～0.8 寸；可灸。

【特点】　本穴为经穴，主喘咳寒热，故可治疗外感疾病的自汗或无汗，以及阴虚盗汗。

第六节　手厥阴和手少阳经脉与腧穴

一、手厥阴心包经

（一）经脉循行

起于胸中，出属心包络，向下穿过膈肌，依次络于上、中、下三焦。

胸部支脉：从胸中分出，沿胁肋到达腋下 3 寸处（天池穴）向上至腋窝下，沿上肢内侧中线入肘，过腕部，入掌中（劳宫穴），沿中指桡侧，出中端桡侧端（中冲穴）。

掌中支脉：从掌中分出，沿无名指出其尺侧端（关冲穴），交于手少阳三焦经（图 1-6-1）。

（二）主治概要

手心热，肘臂屈伸困难，腋下肿，胸胁胀闷，心痛，心烦，面红，目黄，喜笑无常等。

数字课件 161

31

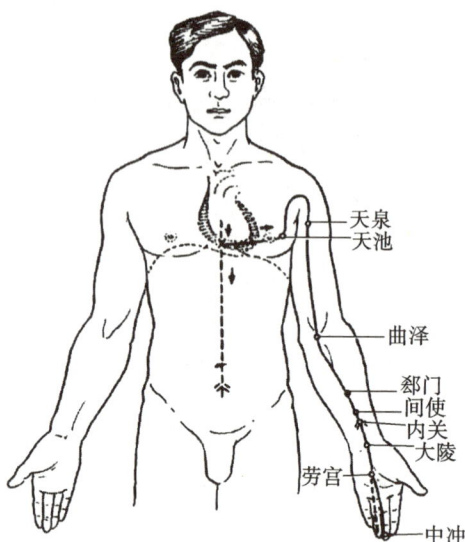

图 1-6-1　手厥阴心包经

（三）本经腧穴

天池、天泉、曲泽、郄门、间使、内关、大陵、劳宫、中冲，共 9 穴，左右合 18 穴。

（四）常用腧穴

1. 曲泽

【定位】　肘横纹中，肱二头肌腱尺侧。

【主治】　心痛，心悸，烦热，口干，肘臂酸痛，胃痛，呕吐。

【操作】　直刺 0.5～1 寸；或点刺出血；少用灸法。

【特点】　本穴主要用于治疗心痛、心悸等病。

2. 内关

【定位】　腕横纹上 2 寸，掌长肌腱与桡侧腕屈肌腱之间。

【主治】　心痛，心悸，癫狂痫，中暑，胃痛，呕吐，热病，胸胁肘臂痛。

【操作】　直刺 0.5～1 寸；直接灸 5～7 壮，悬灸 5～10 min。

【特点】　本穴是治疗心痛、心悸、胸闷、胸痛的主穴，有"心胸内关谋"之说。又是治疗中风昏迷、休克的常用效穴之一。

3. 大陵

【定位】　在腕掌横纹的中点处，当掌长肌腱与桡侧腕屈肌腱之间。

【主治】　心痛，心悸，胃痛，呕吐，癫狂，疮疡。

【操作】　直刺 0.3～0.5 寸；可灸。

【特点】　本穴治疗呕吐效果尚可。

4. 劳宫

【定位】　在手掌心，当第二、三掌骨之间偏于第三掌骨，握拳屈指时中指尖处。

【主治】　口疮，口臭，鼻衄，癫痫狂，中风昏迷，中暑，心痛，呕吐。

【操作】　直刺 0.3～0.5 寸。

【特点】　本穴具有清泻心肝之火的功用，可以治疗口疮、口臭。

5. 中冲

【定位】　在手中指末节尖端中央。

【主治】 中风昏迷,舌强肿痛,中暑昏厥,小儿惊风。

【操作】 浅刺 0.1 寸,或用三棱针点刺出血。

【特点】 本穴是急救穴之一。

二、手少阳三焦经

(一)经脉循行

起自无名指尺侧端,上出于四、五两指之间,沿手背至腕部,向上经尺、桡两骨之间通过肘尖部,沿上臂后到肩部,在大椎穴处与督脉相会;又从足少阳胆经后,前行进入锁骨上窝,分布在两乳之间,脉气散布联络心包,向下贯穿膈肌。

胸中支脉:从膻中上出缺盆,上项部,联系于耳郭后面,直行向上出于耳郭上角,自此弯曲向下到面颊部再至眼眶下部。统属于上、中、下三焦。

耳部支脉:从耳后进入耳中,出行至耳前,在面颊部与前条支脉相交,到达外眼角。脉气由此与足少阳胆经相接(图 1-6-2)。

图 1-6-2 手少阳三焦经

(二)主治概要

头、目、耳、颊、咽喉、胸胁病和热病,以及经脉循行经过部位的其他病证。主要病候:胃脘痛、腹胀、呕恶、嗳气、食不下、黄疸、小便不利、烦心、心痛、失眠,舌本强、股膝内肿、厥,足大趾不用,身体皆重。

(三)本经腧穴

关冲、液门、中渚、阳池、外关、支沟、会宗、三阳络、四渎、天井、清冷渊、消泺、臑会、肩髎、天髎、天牖、翳风、瘈脉、颅息、角孙、耳门、耳和髎、丝竹空,共 23 穴,左右两侧共46 穴。

(四)常用腧穴

1. 关冲

【定位】 手无名指末节尺侧,距指甲角 0.1 寸。

【主治】 头痛,目赤,耳鸣,耳聋,咽喉肿痛,热病。

【操作】 浅刺 0.1 寸,或用三棱针点刺出血。

数字课件 162

【特点】 本穴是急救穴之一。

2. 中渚

【定位】 俯掌,掌心向下。在手背部,当无名指掌指关节的后方,第 4 与第 5 掌骨之间的凹陷处。

【主治】 湿疹,疣,瘙痒症,面瘫,丹毒,落枕,甲状腺肿大,耳鸣,耳聋,目赤肿痛,头痛,手部冻疮。

【操作】 直刺 0.3~0.5 寸。可灸。

【特点】 具有疏风解表的功效。

3. 外关

【定位】 腕背横纹上 2 寸,桡骨与尺骨之间。

【主治】 偏头痛,颊痛,耳聋,耳鸣,目赤肿痛,肩背痛,外感风热。

【操作】 直刺 0.5~1 寸;可灸。

【特点】 本穴是八脉交会穴之一,与足临泣是一组。与足临泣相配可以治疗侧头、耳、目诸病。

4. 支沟

【定位】 在前臂背侧,当阳池与肘尖的连线上,腕背横纹上 3 寸,尺骨与桡骨之间。

【主治】 胁肋痛,便秘,耳鸣,耳聋,暴喑,热病。

【操作】 直刺 0.8~1.2 寸;可灸。

【特点】 本穴是八脉交会穴之一,与足临泣是一组。与足临泣相配可以治疗侧头、耳、目诸病。

5. 天井

【定位】 在臂外侧,屈肘时,当肘尖直上 1 寸凹陷处。

【主治】 偏头痛,耳聋,瘰疬,胁肋、颈项、肩臂痛。

【操作】 直刺 0.5~1 寸;可灸。

【特点】 本穴可以治疗偏头痛。

6. 肩髎

【定位】 在肩部,肩髃后方,当臂外展时,于肩峰后下方呈现凹陷处。

【主治】 肩臂挛痛不遂。

【操作】 直刺 0.8~1.2 寸。

【特点】 本穴可以治疗局部病证。

7. 翳风

【定位】 乳突前下方,平耳垂后下缘的凹陷中。

【主治】 口眼歪斜,颊肿,耳鸣,耳聋,齿痛等。

【操作】 直刺 0.5~1 寸;直接灸 3~5 壮,悬灸 5~10 min。

【特点】 风寒或风热所导致的面瘫,本穴是首选穴之一。

8. 角孙

【定位】 在头部,折耳郭向前,当耳尖直上入发际处。

【主治】 耳部肿痛,目赤肿痛,齿痛,项强。

【操作】 平刺 0.3~0.5 寸;可灸。

【特点】 本穴可以治疗牙齿疾病。

9. 耳门

【定位】 在面部,当耳屏上切迹的前方,下颌骨髁状突后缘,张口有凹陷处。

【主治】 耳鸣,耳聋,聤耳,齿痛。

【操作】 微张口,直刺 0.5～1.0 寸。

【特点】 本穴主要用于治疗局部病证。

10. 丝竹空

【定位】 在面部,当眉梢凹陷处。

【主治】 头痛,目赤肿痛,眩晕,眼睑瞤动。

【操作】 平刺 0.5～1 寸。

【特点】 本穴以治目疾为主。

第七节 足少阳和足厥阴经脉与腧穴

一、足少阳胆经

(一)经脉循行

起于眼外角,向上达额角部,下行至耳后,由颈侧,经肩进入锁骨上窝。直行脉再走到腋下,沿胸腹侧面,在髋关节与眼外角支脉会合,然后沿下肢外侧中线下行。经外踝前,沿足背到足第四趾外侧端(窍阴穴)。

其支脉:从耳(风池穴)穿过耳中,经耳前到眼角外;一支从外眼角分出,下走大迎穴,与手少阳三焦经会合于目眶下,下经颊车和颈部进入锁骨上窝,继续下行胸中,穿过膈肌,络肝属胆,沿胁肋到耻骨上缘阴毛边际(气冲穴),横入髋关节(环跳穴)。

足背支脉:从足背(临泣穴)分出,沿第 1～2 跖骨间到大踇指甲后(大敦穴),交于足厥阴肝经(图 1-7-1)。

(二)主治概要

侧头、眼、耳、鼻、喉、胸胁等部位病证,肝胆、神经系统疾病,发热病,以及本经所过部位的病证。

(三)本经腧穴

瞳子髎、听会、上关、颔厌、悬颅、悬厘、曲鬓、率谷、天冲、浮白、头窍阴、完骨、本神、阳白、头临泣、目窗、正营、承灵、脑空、风池、肩井、渊腋、辄筋、日月、京门、带脉、五枢、维道、居髎、环跳、风市、中渎、膝阳关、阳陵泉、阳交、外丘、光明、阳辅、悬钟、丘墟、足临泣、地五会、侠溪、足窍阴,共 44 穴,左右合 88 穴。

(四)常用腧穴

1. 瞳子髎

【定位】 在面部,目外眦旁,当眶外侧缘处。

【主治】 眼角皱纹,口眼歪斜,面肌痉挛,目赤肿痛,近视,斜视,头痛。

【操作】 向后平刺或斜刺 0.3～0.5 寸,或用三棱针点刺出血。

【特点】 本穴可以治疗偏头痛和目疾。

2. 听会

【定位】 在面部,当耳屏间切迹的前方,下颌骨髁突的后缘,张口有凹陷处。

数字课件 171

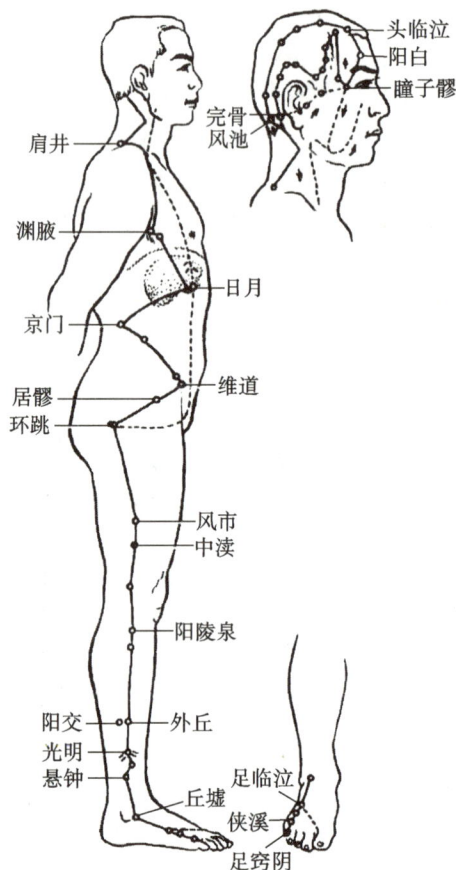

图 1-7-1　足少阳胆经

【主治】　面瘫，面肌痉挛，耳鸣，耳聋，齿痛，颞下颌关节综合征。

【操作】　直刺 0.5 寸。可灸。

【特点】　本穴为治疗耳鸣、耳聋的常用穴。

3. 阳白

【定位】　在前额部，瞳孔直上，眉上 1 寸。

【主治】　面瘫，面肌痉挛，眼睑下垂，面部皱纹，眩晕，眼科疾病。

【操作】　平刺，向左、右、下方进针 1～1.2 寸。可灸。

【特点】　本穴是治疗口眼歪斜中眼睑下垂的常用穴。

4. 风池

【定位】　胸锁乳突肌与斜方肌之间凹陷中，平风府穴处。

【主治】　头痛，眩晕，目赤肿痛，鼻渊，颈项强痛，感冒发热等。

【操作】　向鼻尖方向斜刺 0.8～1.2 寸；可灸。

【特点】　本穴具有散风解表的作用，既可治内风又可治外风。由风引起的头痛、眩晕、舌强不语，都可取本穴治疗。

5. 肩井

【定位】　大椎穴与肩峰连线的中点。

【主治】　颈项强痛，臂不举，瘰疬，乳痈，难产等。

【操作】　直刺 0.5～0.8 寸，不可深刺，以免损伤内脏；可灸。

【特点】　本穴为肩部最高位置，有"降"的作用，故有降逆化痰、催产通乳的功效。

6. 环跳

【定位】　股骨大转子高点与骶管裂孔连线的外 1/3 与中 1/3 交界处。

【主治】　坐骨神经痛,中风偏瘫,腿股酸痛,脚跟麻木,下肢瘫痪。

【操作】　直刺 2～3 寸;可灸。

【特点】　本穴为治疗下肢不遂及疼痛的常用主穴之一。

7. 风市

【定位】　在大腿外侧部的中线上,腘横纹上 7 寸。或直立垂手时,中指尖处。

【主治】　荨麻疹,风疹,湿疹,瘙痒症,脚癣。

【操作】　直刺 1～1.5 寸。可灸。

【特点】　本穴具有祛风除湿的功效。

8. 阳陵泉

【定位】　小腿外侧,腓骨小头前下方凹陷中。

【主治】　半身不遂,疟疾,胆囊炎,坐骨神经痛,胁肋痛。

【操作】　直刺 1～1.5 寸;直接灸 7 壮,悬灸 5～15 min。

【特点】　本穴为胆的下合穴,凡肝胆气郁或肝胆湿热所致的胁肋疼痛、黄疸、胆绞痛皆可用本穴治疗。

9. 光明

【定位】　在小腿外侧,当外踝尖上 5 寸,腓骨前缘。

【主治】　目痛,视物模糊,夜盲,乳房胀痛。

【操作】　直刺 0.5～1 寸;可灸。

【特点】　本穴为治疗目疾的常用穴。

10. 悬钟

【定位】　在小腿外侧,当外踝尖上 3 寸,腓骨前缘。

【主治】　湿疹,丹毒,雀斑,瘙痒,颈淋巴结结核,足癣,斜颈,落枕,踝关节及周围软组织损伤。

【操作】　直刺 1～1.2 寸。可灸。

【特点】　本穴主要用于落枕、颈项强痛等的治疗。

二、足厥阴肝经

(一) 经脉循行

起于足大趾爪甲后丛毛处(大敦穴),沿足背内侧向上,经过内踝前,上行小腿内侧(经过足太阴脾经的三阴交),至内踝上 8 寸处交出于足太阴脾经的后面,至膝内侧(曲泉穴)沿大腿内侧中线,进入阴毛中,环绕过生殖器,至小腹,挟胃两旁,属于肝脏,联络胆腑,向上通过横膈,分布于胁肋部,沿喉咙之后,向上进入鼻咽部,连接目系(眼球连系于脑的部位),向上经前额到达巅顶与督脉交会。

目系分支:从目系走向面颊的深层,下行环绕口唇之内。

肝部分支:从肝分出,穿过横膈,向上流注于肺,与手太阴肺经相接(图 1-7-2)。

(二) 主治概要

肝胆病证,泌尿生殖系统、神经系统、眼科疾病和本经经脉所过部位的疾病。如胸胁痛、少腹痛、疝气、遗尿、小便不利、遗精、月经不调、头痛目眩、下肢痹痛等。

数字课件 172

Note

图 1-7-2　足厥阴肝经

（三）本经腧穴

大敦、行间、太冲、中封、蠡沟、中都、膝关、曲泉、阴包、足五里、阴廉、急脉、章门、期门，共 14 穴，左右合 28 穴。

（四）常用腧穴

1. 大敦

【定位】　在足大趾本节外侧，距趾甲角 0.1 寸。

【主治】　疝气，遗尿，癃闭，月经不调，崩漏。

【操作】　斜刺 0.1～0.2 寸；或用三棱针点刺出血；可灸。

【特点】　本穴可治二阴的疾病。

2. 行间

【定位】　足背，当第 1、第 2 趾间，趾蹼的后方赤白肉际处。

【主治】　头痛，目眩，雀目，口歪，口渴，胁痛，疝气，小便不利，月经不调，癫痫。

【操作】　斜刺 0.5～0.8 寸；可灸。

【特点】　本穴可以治疗肝阳上亢的头痛、眩晕等，有疏泄肝火的作用。

3. 太冲

【定位】　足背，当第 1、第 2 跖骨之间，第 1、第 2 跖骨结合部前方凹陷处。

【主治】　足背、内踝前疼痛，中风，惊痫，眩晕头痛，月经不调，痛经，崩漏。

【操作】　直刺 0.5～1 寸；可灸。

【特点】　本穴为肝经原穴。凡因肝经失调所致者，皆以本穴为主。有疏理肝气、行

Note

气活血、清利湿热的作用。

4. 期门

【定位】 在胸部,当乳头直下,第 6 肋间隙,前正中线旁开 4 寸。

【主治】 胸胁胀痛,腹胀,呃逆,吐酸,乳痈,郁闷。

【操作】 斜刺 0.5～0.8 寸。

【特点】 本穴可疏通局部气血,又可理肝胆之气。

5. 章门

【定位】 在侧腹部,当第 11 肋游离端的下方。

【主治】 腹胀,腹痛,泄泻,呕吐,胸胁痛,黄疸。

【操作】 斜刺 0.5～0.8 寸;可灸。

【特点】 本穴为脾之募穴,脾脏疾病皆可以此穴为主。

第八节　奇经八脉与腧穴及常用经外奇穴

一、督脉

督,有总督的意思。督脉行于背正中,能总督一身之阳经,故又称"阳脉之海"。

（一）循行部位

起于小腹内胞宫,下出会阴部,向后行于腰背正中至尾骶部长强穴,沿脊柱上行,经项后至风府穴,入脑内,沿头部正中线,上行至巅顶百会穴,经前额下行鼻柱至鼻尖的素髎穴,过人中,至上齿正中的龈交穴。

第一支,与冲、任二脉同起于胞中,出于会阴部,在尾骨端与足少阴肾经、足太阳膀胱经的脉气会合,贯脊,属肾。

第二支,从小腹直上贯脐,向上贯心,至咽喉与冲、任二脉相会合,到下颌部,环绕口唇,至两目下中央第三支,与足太阳膀胱经同起于眼内角,上行至前额,于巅顶交会,入络于脑,再别出下项,沿肩胛骨内,脊柱两旁,到达腰中,进入脊柱两侧的肌肉,与肾脏相联络(图 1-8-1)。

（二）主治概要

角弓反张,项背强直,牙关紧闭,头痛,四肢抽搐,甚则神志昏迷,发热,苔白或黄,脉弦或数。

（三）本经腧穴

长强、腰俞、腰阳关、命门、悬枢、脊中、中枢、筋缩、至阳、灵台、神道、身柱、陶道、大椎、哑门、风府、脑户、强间、后顶、百会、前顶、囟会、上星、神庭、印堂、素髎、水沟、兑端、龈交,共 29 穴。

（四）常用腧穴

1. 长强

【定位】 尾骨尖下 0.5 寸,约当尾骨尖端与肛门的中点。

【主治】 痔疮,便血,脱肛,腰脊痛。

数字课件 181

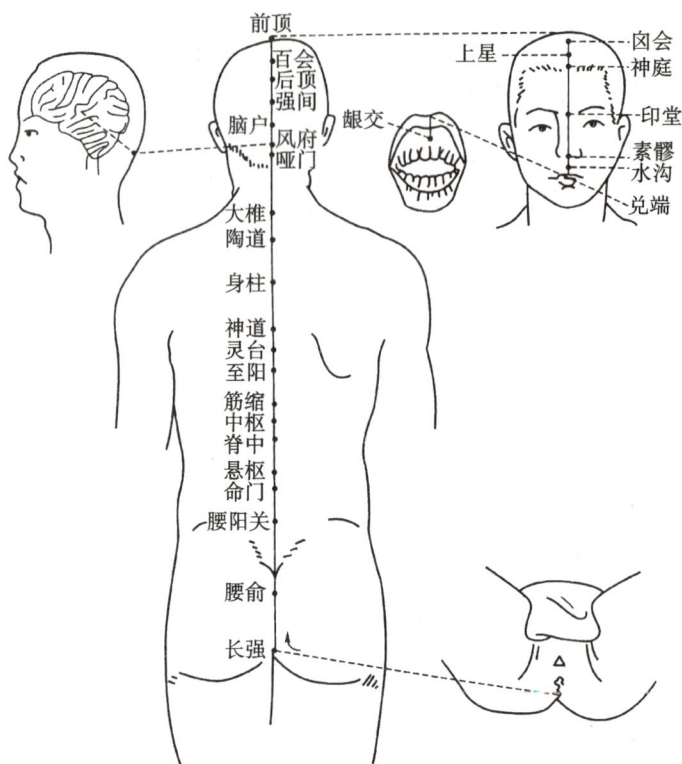

图 1-8-1　督脉

【操作】　针尖靠尾骨前面向上斜刺 0.5～1 寸,勿直刺,以免伤直肠;可灸。

【特点】　穴当肛门处,故治疗痔疮、便血等大肠疾病。

2. 腰阳关

【定位】　第 4 腰椎棘突下。

【主治】　遗精,阳痿,月经不调,腰骶痛。

【操作】　针尖稍斜向上刺 0.5～0.8 寸;可灸。

【特点】　穴当腰部,故以治疗腰骶疼痛为主。

3. 命门

【定位】　在腰部,当后正中线上,第 2 腰椎棘突下。

【主治】　阳痿,遗精,月经不调,带下,遗尿,尿频,泄泻。

【操作】　直刺 0.5～1 寸;可灸。

【特点】　穴当两肾之间,故本穴有壮命门之火的作用。

4. 至阳

【定位】　在背部,当后正中线上,第 7 腰椎棘突下。

【主治】　胸胁胀满,黄疸,咳喘,脊背强痛。

【操作】　直刺 0.5～1 寸;可灸。

【特点】　历代均用此穴治疗黄疸,并指出灸 7 壮,以黄汗出有效。

5. 大椎

【定位】　第 7 颈椎棘突下。

【主治】　热病,疟疾,咳喘,癫狂痫,头项强痛。

【操作】　向上斜刺 0.5～1 寸,有酸、麻胀感向下或向两边扩散应立即退针;可灸。

【特点】 本穴为六阳经交会穴,纯阳主表,故为治疗表证、热证的主穴之一。

6. 风府

【定位】 后发际正中直上 1 寸。

【主治】 发热,头痛,颈项痛,目眩,鼻衄,咽喉肿痛,中风,癫狂痫。

【操作】 直刺或向下斜刺 0.5～1 寸,禁深刺,以免刺入小脑延髓池及延髓,并严禁捣刺;不宜艾灸。

【特点】 本穴具有散风清热、开窍醒神之功。既是风邪易侵之地,又是散风之所。

7. 百会

【定位】 后发际正中直上 7 寸。

【主治】 头痛,头晕,中风,癫狂,脱肛,阴挺。

【操作】 沿皮刺 0.5～0.8 寸;可灸。

【特点】 百会有提升阳气的作用。

8. 神庭

【定位】 在头部,当前发际正中直上 0.5 寸。

【主治】 头痛,眩晕,鼻渊,失眠,癫痫。

【操作】 平刺 0.5～0.8 寸;可灸。

【特点】 神庭有提升阳气的作用。

9. 印堂

【定位】 在两眉内侧端中点。

【主治】 头重头痛,目赤肿痛,鼻衄,晕厥,小儿惊风。

【操作】 向下平刺 0.3～0.5 寸或点刺出血;直接灸 3～5 壮。

注:印堂穴在原 1990 年版经穴国家标准及 1991 年版国际标准中均归在奇穴,在 2006 年版经穴国家标准中归入督脉。

10. 水沟(人中)

【定位】 在人中沟的上 1/3 与中 1/3 交界处。

【主治】 昏迷,晕厥,中暑,小儿惊风,癫狂痫,面瘫面肿,急性腰脊痛。

【操作】 向上斜刺 0.3～0.5 寸。

【特点】 本穴为急救穴之一。针刺时用雀啄法,以流眼泪或眼球湿润为度。

二、任脉

任,即担任。任脉行于胸腹部的正中,能总任一身之阴经,故有"阴脉之海"的称号。

(一) 循行部位

起于小腹内胞宫,下出会阴毛部,经阴阜,沿腹部正中线向上到达咽喉部,再上行到达下唇内,环绕口唇,交会于督脉之龈交穴,再分别通过鼻翼两旁,上至眼眶下(承泣穴),交于足阳明(图 1-8-2)。

(二) 主治概要

任脉不通:月经不调,经闭不孕,带下色白,小腹积块,胀满疼痛,游走不定,睾丸胀痛,疝气等证。

任脉虚衰:胎动不安,小腹坠胀,阴道下血,甚或滑胎,月经愆期或经闭,或月经淋漓不尽,头晕眼花,腰膝酸软,舌淡,脉细无力等。

数字课件 182

41

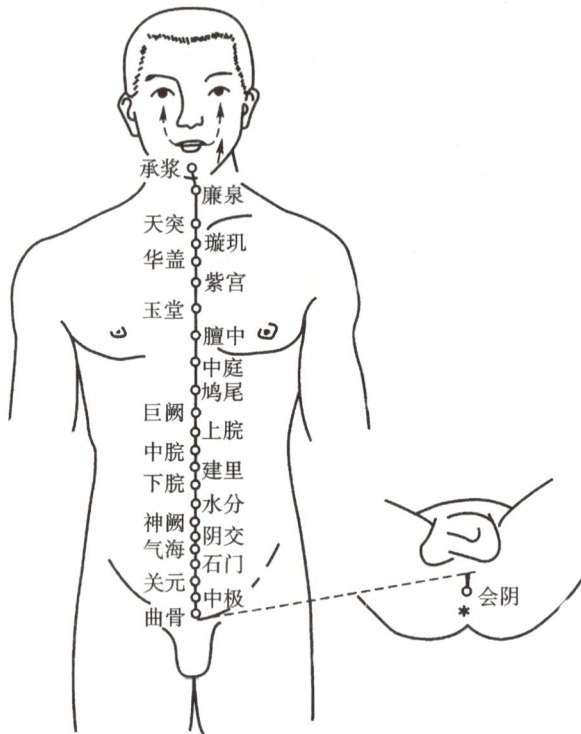

图 1-8-2 任脉

（三）本经腧穴

会阴、曲骨、中极、关元、石门、气海、阴交、神阙、水分、下脘、建里、中脘、上脘、巨阙、鸠尾、中庭、膻中、玉堂、紫宫、华盖、璇玑、天突、廉泉、承浆，共 24 穴。

（四）常用腧穴

1. 中极

【定位】　下腹部前正中线上，脐下 4 寸。

【主治】　遗尿，尿频，尿闭，遗精，阳痿，月经不调，崩漏，阴挺，不孕，带下。

【操作】　直刺 1～1.5 寸，针前嘱患者排便，孕妇慎用；可灸。

【特点】　本穴为膀胱募穴，又为足三阴交会穴。可治疗与生殖泌尿功能关系密切的疾病。

2. 关元

【定位】　脐下 3 寸。

【主治】　遗精，疝气，遗尿，尿频，月经不调，带下，不孕，中风脱证，虚劳羸瘦。

【操作】　直刺 1～1.5 寸；直接灸 10～15 壮，悬灸 10～20 min。

【特点】　本穴为元气出入之所，补元气是本穴最大的特点。

3. 气海

【定位】　脐下 1.5 寸。

【主治】　遗精，阳痿，月经不调，崩漏，产后恶露不绝，痛经，不孕，中风脱证，脱肛等。

【操作】　直刺 1～1.5 寸；直接灸 10～15 壮，悬灸 10～20 min。

【特点】　本穴也可补元气，并且本穴有调气的作用。

4. 神阙

【定位】 在腹中部,脐中央。

【主治】 中风虚脱,四肢厥冷,绕脐腹痛,水肿鼓胀,泻痢,脱肛。

【操作】 多用灸法。

【特点】 本穴为生命之根蒂,为真气所系,故可多用灸法。

5. 中脘

【定位】 脐上 4 寸。

【主治】 胃脘痛,呕吐,反胃,水肿,纳差,肠鸣泄泻。

【操作】 直刺 0.5～1 寸;可灸。

【特点】 本穴为胃募穴,可治疗各种脾胃病及脾胃不足之病。

6. 膻中

【定位】 在胸部,当前正中线上,平第 4 肋间,两乳头连线中点。

【主治】 咳嗽,气喘,胸痹,心痛,心烦,乳少。

【操作】 平刺 0.3～0.5 寸;可灸。

【特点】 本穴为气会,心包募穴,可以治疗心肺疾病。

7. 天突

【定位】 在颈部,当前正中线上,胸骨上窝中央。

【主治】 咳嗽,哮喘,咽喉肿痛,暴喑,瘿气,梅核气。

【操作】 先直刺 0.2～0.3 寸,然后将针尖转向下方,沿胸骨柄后缘、气管前缘慢慢向下刺入 0.8～1.2 寸。

【特点】 位当气管部,故为治疗咽喉所管诸疾之穴。

8. 廉泉

【定位】 在颈部,当前正中线上,结喉上方,舌骨上缘凹陷处。

【主治】 舌下肿痛,舌缓流涎,舌强不语,暴喑,喉痹,吞咽困难。

【操作】 直刺或向舌根斜刺 0.5～0.8 寸,一般不留针;可灸。

【特点】 本穴可以治疗咽喉和舌的疾病为主。

9. 承浆

【定位】 在面部,当颏唇沟的正中凹陷处。

【主治】 口眼歪斜,齿龈肿痛,暴喑,流涎,面肿。

【操作】 斜刺 0.3～0.5 寸。

【特点】 本穴以治疗口角流涎为主。

三、冲脉

为总领诸经气血的要冲。

(一) 循行部位

起于胞宫,下出于会阴,向上行于脊柱内;其外行者经气冲与足少阴经交会,沿腹部两侧,上行至胸中而散,并上达咽喉,环绕口唇(图 1-8-3)。

(二) 主治概要

月经不调、经闭、崩漏、乳少、吐血及气逆上冲等。

四、带脉

带脉围腰一周,有如束带,能约束诸脉,所以有"诸脉皆属于带"的说法。

（一）循行部位

带脉起于季胁,斜向下行,交会于足少阳胆经的带脉穴,绕身一周,并于带脉穴处再向前下方沿髋骨上缘斜行到少腹(图1-8-4)。

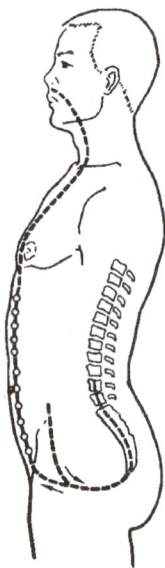

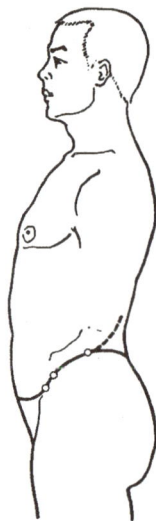

图1-8-3　冲脉　　　　　　　　图1-8-4　带脉循行图

（二）主治概要

司妇女的带下,主治带下病。

五、阴跷脉与阳跷脉

跷,有轻健跷捷的意思。阳跷主一身左右之阳,阴跷主一身左右之阴。同时还有濡养眼目,司眼睑的开合和下肢运动的作用。

（一）阴跷脉

1. 循行部位　阴跷脉起于足跟内侧足少阴经的照海穴,通过内踝上行,沿大腿的内侧进入前阴部,沿躯干腹面上行,至胸部入于缺盆,上行于喉结旁足阳明经的人迎穴之前,到达鼻旁,连属眼内角,与足太阳、阳跷脉会合而上行(图1-8-5)。

2. 主治概要　阴跷为病,肢体内侧肌肉弛缓而外侧肌肉拘急、癫狂、不眠、目内眦赤痛等。

（二）阳跷脉

1. 循行部位　阳跷脉起于足跟外侧足太阳经的申脉穴,沿外踝后上行,经下肢外侧后缘上行至腹部。沿胸部后外侧,经肩部、颈外侧,上挟口角,到达眼内角。与足太阳经和阴跷脉会合,再沿足太阳经上行与足少阳经会合于项后的风池穴(图1-8-6)。

2. 主治概要　阳跷为病,肢体外侧肌肉弛缓而内侧肌肉拘急、喉痛、嗜睡。

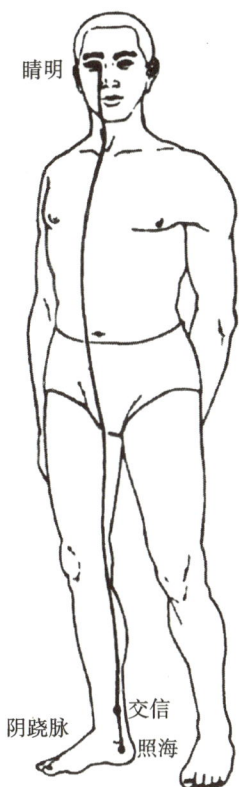

图 1-8-5　阴跷脉循行图

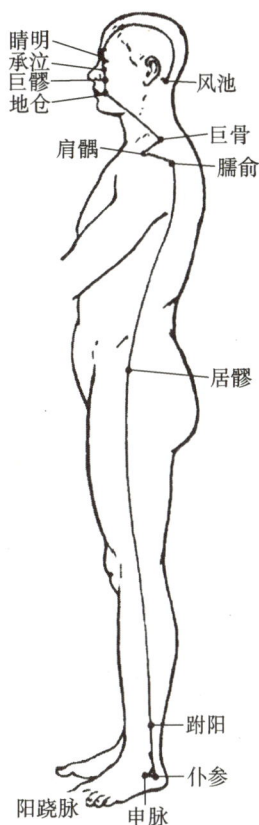

图 1-8-6　阳跷脉

六、阴维脉与阳维脉

维,有维系的意思。阴维脉维系三阴经,阳维脉维系三阳经。

(一) 阴维脉

1. 循行部位　阴维脉起于足内踝上五寸足少阴经的筑宾穴,沿下肢内侧后缘上行,至腹部,与足太阴脾经同行到胁部,与足厥阴肝经相合,再上行交于任脉的天突穴,止于咽喉部的廉泉穴(图 1-8-7)。

2. 主治概要　胸痛、心痛、胃痛等证。

(二) 阳维脉

1. 循行部位　阳维脉起于足太阳的金门穴,过外踝,向上与足少阳经并行,沿下肢外侧后缘上行,经躯干部后外侧,从腋后上肩,经颈部、耳后,前行到额部,分布于头侧及项后,与督脉会合(图 1-8-8)。

2. 主治概要　恶寒发热、腰痛。

七、常用经外奇穴(图 1-8-9,图 1-8-10)

1. 四神聪

【定位】　在百会穴前后左右各 1 寸。

【主治】　头痛,眩晕,失眠,健忘,大脑发育不良。

【操作】　平刺 0.5～0.8 寸;可灸。

数字课件 187

Note

45

图 1-8-7　阴维脉

图 1-8-8　阳维脉循行图

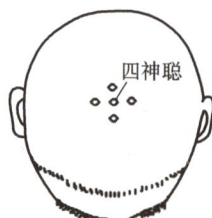

图 1-8-9　四神聪

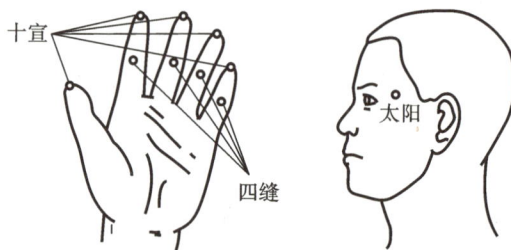

图 1-8-10　十宣、四缝、太阳

2. 十宣

【定位】　双手十指尖端,距指甲 0.1 寸。

【主治】　高热昏迷,惊风抽搐,中暑,中风昏仆,系常用急救穴之一。

【操作】　浅刺 0.1～0.2 寸;或三棱针点刺出血。

3. 四缝

【定位】　第 2、3、4、5 指掌面,近端指关节横纹中点。

【主治】　小儿疳积,消化不良,百日咳。

【操作】　点刺 0.1～0.2 寸;挤出少量黄白色透明样液体或出血。

4. 太阳

【定位】　眉梢与目外眦之间向后约 1 寸凹陷中。

【主治】　头痛,牙痛,目赤肿痛;面瘫。

【操作】 直刺或斜刺 0.3～0.5 寸;或点刺出血;禁灸。

5. 鱼腰

【定位】 眉毛中间。

【主治】 眉棱骨疼痛,目赤肿痛,眼睑下垂。

【操作】 平刺 0.3～0.5 寸;可灸。

6. 定喘

【定位】 大椎穴旁开 0.5 寸。

【主治】 咳嗽,哮喘;颈项强痛。

【操作】 直刺 0.5～1.0 寸;可灸。

7. 牙痛

【定位】 在手掌面第 3、4 掌骨之间,指根横纹后约 1 寸。

【主治】 牙痛。

【操作】 直刺 0.5～0.8 寸。

8. 落枕

【定位】 手背,第 2、3 掌骨间,掌指关节后约 0.5 寸。

【主治】 落枕,手臂痛。

【操作】 直刺或斜刺 0.5～0.8 寸;可灸。

9. 夹脊

【定位】 第 1 胸椎至第 5 腰椎,各脊椎棘突下旁开 0.5 寸。

【主治】 上胸背部穴主治心、肺及上肢病证;下胸背部穴主治脾胃消化病证;腰背部穴主治腰、腹及下肢病证。

【操作】 斜刺 0.5～1 寸;可灸。

10. 胆囊穴

【定位】 阳陵泉穴下 2 寸处,在按压敏感处取穴。

【主治】 急、慢性胆囊炎,胆石症,胆道蛔虫症,下肢痿痹。

【操作】 直刺 1～2 寸;可灸。

11. 阑尾穴

【定位】 足三里穴下约 2 寸,在按压敏感处取穴。

【主治】 阑尾炎,消化不良,下肢痿痹。

【操作】 直刺 1.5～2 寸;可灸。

(牛　琳)

能力检测

单选题

1. 正经是指(　　　)。

A. 十二经筋　　　B. 十二经别　　　C. 任脉和督脉　　　D. 十二皮部　　　E. 十二经脉

2. 手三阴经在上肢的分部规律是(　　　)。

A. 太阴在前,厥阴在中,少阴在后　　　B. 太阴在前,少阴在中,厥阴在后

C. 厥阴在前,太阴在中,少阴在后　　　D. 少阴在前,太阴在中,厥阴在后

E. 以上都不对

3. 符合十二经脉气血流注顺序的是（　　　）。

A.手阳明、足阳明、足太阴、手少阴　　　B.手阳明、足太阴、足阳明、手少阴

C.足阳明、手少阴、足太阳、手厥阴　　　D.手太阳、手阳明、足少阴、足厥阴

E.以上都不对

4. 太阳头痛多发生在（　　　）。

A.前额部　　　　B.巅顶部　　　　C.后头部　　　　D.侧头部　　　　E.太阳穴处

5. 在奇经八脉中有"阴脉之海"之称的是（　　　）。

A.督脉　　　　B.任脉　　　　C.阴维脉　　　　D.阴跷脉　　　　E.冲脉

6. 十二经脉的命名主要是结合了（　　　）。

A.阴阳、五行、脏腑三方面的内容　　　B.阴阳、五行、手足三方面的内容

C.阴阳、脏腑、手足三方面的内容　　　D.五行、脏腑、手足三方面的内容

E.阴阳、五行、手足三方面的内容

7. 两乳头之间的骨度分寸是（　　　）。

A.8寸　　　　B.9寸　　　　C.5寸　　　　D.13寸　　　　E.12寸

8. 下列特性穴中,治疗急性病证应首先选用（　　　）。

A.原穴　　　　B.俞穴　　　　C.八会穴　　　　D.八脉交会穴　　　E.郄穴

9. 手太阴肺经的起止穴是（　　　）。

A.少商、中府　　　B.中府、少商　　　C.商阳、中府　　　D.中府、商阳　　　E.商阳、迎香

10. 治疗头项强痛的首选穴位是（　　　）。

A.中府　　　　B.尺泽　　　　C.孔最　　　　D.列缺　　　　E.太渊

11. 下列腧穴中,治疗高血压首选的是（　　　）。

A.曲泽　　　　B.尺泽　　　　C.曲池　　　　D.中渚　　　　E.小海

12. 下列腧穴中,治疗牙痛面瘫首选穴位是（　　　）。

A.尺泽　　　　B.合谷　　　　C.迎香　　　　D.列缺　　　　E.少商

13. 以下哪个穴位是强壮保健穴?（　　　）

A.足三里　　　B.上巨虚　　　C.下巨虚　　　D.条口　　　　E.丰隆

14. 以下哪项不是三阴交穴的主治病证?（　　　）

A.脾胃虚弱证　　　B.妇产科病证　　　　　C.生殖泌尿系统病证

D.心悸失眠　　　　E.阳虚诸证

15. 治疗急性腰扭伤的经验有效穴是（　　　）。

A.后溪　　　　B.合谷　　　　C.足三里　　　D.曲池　　　　E.命门

16. 位于外踝直下方凹陷中的腧穴是（　　　）。

A.商丘　　　　B.丘墟　　　　C.照海　　　　D.申脉　　　　E.然谷

17. 在肘横纹中,肱二头肌腱尺侧凹陷处的腧穴是（　　　）。

A.少海　　　　B.小海　　　　C.曲泽　　　　D.曲池　　　　E.尺泽

18. 能够对心率起到双向调节作用的是（　　　）。

A.内关　　　　B.外关　　　　C.孔最　　　　D.间使　　　　E.郄门

19. 气海穴的定位是前正中线上（　　　）。

A.脐下0.5寸　　　　　　B.脐下1寸　　　　　　C.脐下1.5寸

D.脐下2寸　　　　　　　E.脐下2.5寸

20. 以下哪个穴位有补元气的作用?（　　　）

A.上脘　　　　B.中脘　　　　C.关元　　　　D.天枢　　　　E.中极

21. 以下腧穴中是奇穴的是(　　)。

A. 水沟　　　　　B. 中脘　　　　　C. 十宣　　　　　D. 天枢　　　　　E. 神阙

22. 印堂穴属于(　　)。

A. 任脉　　　　　　　　B. 督脉　　　　　　　　C. 手太阳小肠经

D. 足太阳膀胱经　　　　E. 奇穴

第二章　推拿技术

Note

学习目标

掌握推拿原理、基本要求、意外处理。
熟悉推拿适用范围、注意事项。
了解推拿介质。

第一节　推拿常识

推拿,俗称按摩,是在阴阳、脏腑、经络、气血等中医基本理论指导下,医者运用手或肢体的其他部位,或借助一定的器具,以力的形式作用于患者体表经络、穴位或特定的部位,以减轻患者病痛,改善患者运动功能、感觉认知功能,提高患者生活质量与生活自理能力,促进患者自身康复,达到个体最佳生存状态的一种技术。推拿融保健、治疗、康复于一体,具有操作方便、疗效显著、施术安全、容易推广的特点。

一、推拿作用原理

推拿的作用原理主要包括平衡人体阴阳,调整脏腑功能,疏通经络、行气活血,理筋整复、滑利关节四大方面。

(一)平衡人体阴阳

中医理论认为,人体阴阳平衡是维持正常生命活动的根本条件,而阴阳失衡是一切疾病发生的根本原因,贯穿于一切疾病的发生、发展的始终。《景岳全书·传中录》曰:医道虽繁,可一言以蔽之,阴阳而已。因此,中医治疗处处遵循着调和阴阳,以平为期的原则。在辨证论治的思想指导下,针对疾病过程中出现的阴阳失调,采用不同性质的手法或补其不足,或泻其有余,使机体失于平衡的阴阳在不断运动变化的手法中得以调整,重新恢复平衡,达到治疗的目的。推拿可平衡阴阳的功能主要是通过运用不同性质的手法调整经络、气血而起作用的。推拿手法可按动静属性分阴阳:轻、浅、短、小而偏柔和的手法归于阴;重、深、长、大而偏于刚劲的手法归于阳。在操作方面,有不少是以阴阳命名的,如:用两拇指桡侧自眉心向眉梢做分推以及沿腹部季胁和肩胛内缘向两旁分推的方法称为分阴阳;从阴池、阳池向总筋合推的方法称为合阴阳。

(二)调整脏腑功能

脏腑学说认为五脏生理功能之间的平衡协调,是维持机体内环境相对恒定的重要环节。若人体脏腑功能紊乱则会导致疾病的发生。因此,调和脏腑阴阳气血的偏盛偏衰也是中医治疗原则之一。脏腑虽在体内,但通过经络与体表联系,并且每一脏腑都有自己相应的经脉和络脉,沿一定路线在体表循行。内脏病变,往往通过经络反映到体表。例如背部的背俞穴、胸腹部的募穴,就是脏腑的经气输注和聚集之处。对体表一些部位的按压刺激,也能通过经络传导到内脏及有关部位而产生治疗效应。推拿主要是通过手法刺激体表相应的腧穴、痛点,通过经络发挥其调整脏腑功能的作用。如搓摩胁肋以疏肝,振拍胸廓以肃肺,心前区按压以救神,擦腰骶透热以补肾,顺逆时针摩腹以调肠等。

（三）疏通经络,行气活血

经络内属脏腑,外络肢节,贯穿上下,从而将人体各部分联系成一个有机整体。经络的生理功能主要在于运用全身气血以营养脏腑组织,联络脏腑器官以沟通上下内外,感应传导信息以调节人体各部分功能之平衡。通过经络系统的联系,气血得以循行周身,使人体五脏、六腑、四肢、五官、九窍、皮肉、筋骨得到充分营养从而发挥各自的生理功能。若经络不通,则气血运行不畅,会导致五脏、六腑、皮、肉、筋、脉及关节生理功能出现异常或功能低下。因此,中医学认为疾病的发生、发展、转归与经络系统有密切联系。

推拿疏通经络、调和气血主要是通过以下途径实现的。首先,在人体施行推拿手法时,通过手法刺激人体体表,促进气血运行。《素问·血气行志》说:形数惊恐,经络不通,病生于不仁,治之以按摩醪药。《素问·举痛论》也指出:寒气客于肠胃之间,膜原之下,血不得散,小络急引故痛,按之则血气散,故按之痛止。其次,手法对体表做功可产生热效应,从而可加速气血的流动。《素问·举痛论》说:寒气客于背俞之脉则脉泣,脉泣则血虚,血虚则痛,其俞注于心,故相引而痛,按之则热气至,热气至则痛止矣。

（四）理筋整复,滑利关节

筋骨、关节是人体的运动器官。经脉畅通、气血调和、阴阳平衡,才能确保机体筋骨强健、关节滑利,从而维持正常的活动功能。中医认为,筋骨关节受损,必累及气血,致脉络损伤,气滞血瘀,为肿为痛,从而影响肢体关节的活动。《医宗金鉴·正骨心法要旨》指出:因跌仆闪失,以致骨缝开错,气血郁滞,为肿为痛,宜用按摩法。按其经络,以通郁闭之气,摩其壅聚,以散瘀结之肿,其患可愈。指出了推拿具有理筋整复、滑利关节的作用。这表现在三个方面:一是手法作用于损伤局部,可以促进气血运行,消肿祛瘀,理气止痛;二是推拿的整复手法可以通过力学的直接作用来纠正筋出槽、骨错缝,达到理筋整复的目的;三是适当的被动运动手法可以起到松解粘连、滑利关节的作用。

二、推拿用物准备

（一）推拿介质

1. 常用介质的种类与作用

（1）滑石粉（医用滑石粉）　有润滑皮肤的作用,一般在夏季常用,适用于各种病证的推拿,是临床上最常用的一种介质,在小儿推拿中运用最多。

（2）爽身粉（市售爽身粉）　有润滑皮肤、吸水的作用,质量较好的爽身粉可代替滑石粉。

（3）葱姜汁　由葱白和生姜捣碎取汁使用,亦可将葱白和生姜切片,浸泡于75%酒精中使用,能加强温热散寒作用,常用于冬春季及小儿虚寒证。

（4）白酒（食用白酒）　适用于成人推拿,有活血化瘀、散寒除湿、通经活络的作用,对发热病人尚有降温作用,一般用于急性扭挫伤。

Note

（5）冬青膏　由冬青油、薄荷脑、凡士林和少许麝香配制而成,具有温经散寒和润滑作用,常用于软组织损伤及治疗小儿虚寒性腹泻。

（6）薄荷水　取5％的薄荷脑5 g,浸入75％酒精100 mL内配制而成。具有温经散寒、清凉解表、清利头目和润滑作用,常用于治疗小儿虚寒性腹泻以及软组织损伤,用于擦法、按揉法可加强透热效果。

（7）木香水　取少许木香,用开水浸泡后放凉去渣后使用,有行气、活血、止痛作用。常用于急性扭挫伤及肝气郁结所致的两胁疼痛。

（8）凉水(食用洁净凉水)　有清凉肌肤和退热作用,一般用于外感热证。

（9）红花油　由冬青油、红花、薄荷脑配制而成,有消肿止痛等作用。常用于急性或慢性软组织损伤。

（10）传导油　由玉树油、甘油、松节油、酒精、蒸馏水等量配制而成。用时摇匀,有消肿止痛、祛风散寒的作用,适用于软组织慢性劳损和痹证。

（11）麻油(芝麻香油)　运用擦法时涂上少许麻油,可加强手法透热的效果,提高疗效,适用于各种病症,也常用于刮痧疗法中。

（12）蛋清　将鸡蛋穿一小孔,取蛋清使用。有清凉透热、去积消食作用。适用于小儿外感发热、消化不良等。

（13）外用药酒　取归尾30 g,乳香20 g,没药20 g,血蝎10 g,马钱子20 g,广木香10 g,生地10 g,桂枝30 g,川乌、草乌各20 g,冰片1 g,浸泡于1.5 kg高浓度白酒中,2周后使用。有行气活血的作用。

2. 介质的选择

（1）辨证选择　根据中医学理论进行辨证,依据证型的不同选择不同的介质。但总的来说可分为两大类,即辨寒热和辨虚实。寒证用有温热散寒作用的介质,如葱姜水、冬青膏等;热证用具有清凉退热作用的介质,如凉水、医用酒精等;虚证用具有滋补作用的介质,如药酒、冬青膏等;实证用具有清、泻作用的介质,如蛋清、红花油、传导油等。其他证型可用一些中性介质,如滑石粉、爽身粉等,取其润滑皮肤的作用。

（2）辨病选择　根据病情的不同,选择不同的介质。软组织损伤,如关节扭伤、腱鞘炎等选用活血化瘀、消肿止痛、透热性强的介质,如红花油、传导油、冬青膏等;小儿肌性斜颈选用润滑性能较强的滑石粉、爽身粉等;小儿发热选用清热性能较强的凉水、酒精等。

（3）根据年龄选择　成年人,一般而言,不论水剂、油剂、粉剂均可应用。老年人常用的介质有油剂和酒剂;小儿常用的介质主要是滑石粉、爽身粉、凉水、酒精、薄荷水、葱姜汁、蛋清等。

（二）其他用物

按摩床、治疗巾或大浴巾、屏风等。

三、推拿适用范围

推拿对于骨科、内科、儿科、妇科等许多疾病以及保健都有显著疗效。

1. 骨科　如腰椎间盘突出症、腰椎退行性关节炎、腰椎小关节紊乱、腰肌劳损、坐骨神经痛、颈椎病、落枕、头痛、肩周炎、膝关节退行性关节炎、肱骨外上髁炎、腱鞘炎、腱鞘囊肿、腕管综合征、各种扭挫伤等。

2. 内科　如高血压、冠心病、半身不遂、糖尿病便秘、腹泻等。

3. 儿科　如小儿哮喘、呕吐、腹泻、小儿肌性斜颈、小儿麻痹后遗症等。

4. 妇科　如痛经、闭经、月经不调、慢性盆腔炎、妇女绝经期综合征等。

5. 其他　广泛应用于保健、美容等。

四、基本要求

推拿疗效的好坏与手法的熟练程度、功力深浅及是否选择恰当、灵活运用有直接的关系。因此，只有通过长期临床实践，熟练掌握规范的手法操作要领，才能极尽手法运用之精髓，《医宗金鉴》说：一旦临证，机触于外，巧生于内，手随心转，法从手出。熟练的手法具有持久、有力、均匀、柔和的特征，从而能达到"深透"的治疗效果。

（一）持久

持久：一是指手法操作时，要持续运用一定时间，保持动作和力量的连贯性，不能断断续续；二是指在某一具体部位手法操作时，应维持一定时间，使该部位产生感应（得气），切勿不停地移动操作部位，从而保证手法对人体能起到调整身体机能、防病治病的作用。

（二）有力

有力是推拿手法最基本的要求，它包括手法直接作用于受术者体表的力和维持手法所需的力两个方面。在操作过程中，手法必须具有一定的刺激量才能使病变部位产生治疗效应，而要完成这一任务就需要通过"力"来实现。但需要注意的是，这种力量是技巧之力而不是蛮力和暴力，初学者往往会出现要么力量过大，要么力量不够的情况。力量过大者要注意使用巧力，力量不够者要练习指力，只有大幅度地提高指力，才能熟练运用手法，避免手指的劳累和体力的过度消耗。同时要注意正确的施术姿势，正确的施术姿势有时既可以起到事半功倍的效果，又可以保护术者，比如掌按时可以脚后跟踮起，利用全身的重量。

（三）均匀

手法操作时用力的轻重、速度的快慢、动作摆动的幅度都必须保持相对的平稳性和节奏性，不能时快时慢，用力不能时轻时重。根据不同部位选择相应的力量，通过节律性的良性刺激，达到治疗效果。

（四）柔和

柔和即轻而不浮，重而不滞。柔和不是柔软无力，而是不要用滞劲蛮力或使用突发性暴力。手法操作前首先要询问受术者对力量的承受力，操作时动作要轻柔灵活，变换手法时要自然协调，达到轻而不浮、重而不滞、刚柔相济的效果。治疗疼痛部位时，力量由轻到重，先周围后痛点，如果是慢性疼痛则可加大力量刺激痛点，可选用弹拨、拨揉等手法。

（五）深透

在手法治疗过程中，患者对手法刺激的感应和手法对机体的治疗效应，要求手法克服各种阻力后作用于体表，使力透皮入内，直达组织深层甚至脏腑，同时避免对正常组织造成损伤。

总之，持久、有力、均匀、柔和、深透是密切相关的。有力是手法最基本条件，持续运用的手法可以降低肌张力，加快新陈代谢，促进炎症介质的分解和排泄。均匀、柔和的手法更有利于治疗效应深透、持久，从而达到良好的治疗效果。据研究：手法操作时间的长

Note

短对疗效有一定影响,时间过短,持续刺激的治疗量不够,往往达不到治疗目的;时间过长,患者机体局部可产生耐受性,其治疗效果并不呈正相关,同时容易造成受术者局部组织损伤。因此,手法操作时强调吸定施术部位,力量集中并维持足够的治疗时间。手法操作时间要根据患者的病情、病变部位、身体状况、所用手法的特点等灵活掌握,单次治疗时间一般不超过 15～25 min,对病变部位广泛、久病患者可适当延长。一般以 10～15 天为 1 个疗程,疗程间宜休息 2～3 天,再进行下一阶段的治疗。

五、注意事项

(1) 未经诊断明确的各种急性脊柱损伤或伴有脊髓症状者,推拿可能会加剧脊髓损伤,要慎用。

(2) 感染性疾病、传染性疾病要慎用。

(3) 各种骨折及严重的老年性骨质疏松患者,严重心、肝、肺、脑疾病患者或身体功能极度衰弱者,有出血倾向或血液病患者,过饥、过饱、疲劳、精神紧张者,醉酒者,不能配合的精神病患者,要慎用。

(4) 部分肿瘤患者,有皮肤病损、烧伤、烫伤者,不宜在发病部位推拿。

(5) 妇女妊娠期、月经期,腹部和腰骶部禁用推拿;四肢感应较强的穴位如三阴交、合谷、肩井等不宜手法刺激;其他部位确需手法治疗也应以轻手法为宜,以免引起流产或出血过多。

(6) 医生须常修剪指甲,保持双手清洁;手上不应当戴有其他饰品,以免擦破患者皮肤和影响治疗。冬天治疗时,双手要保持温暖,以免治疗部位受到寒凉的刺激而引起肌肉紧张。另外,除擦、推、捏(直接接触患者皮肤)外,治疗时必须用治疗巾覆盖治疗的肢体或局部。

六、推拿意外处理和预防

推拿是一种外治法,与药物内治是有区别的,没有药物的毒副作用,治疗安全系数比较高。然而它毕竟是一种外力作用于人体,如果手法操作不当,不但达不到推拿治疗应有的疗效,而且还可能加重患者的痛苦,甚至会导致不良后果,危及生命,故在操作时应熟悉操作规范,切忌使用暴力,积极预防意外发生。一旦发生,应及时正确处理。推拿意外涉及软组织、肢体的骨与关节、神经系统、内脏系统等。常见意外情况有软组织损伤、骨与关节损伤、神经系统损伤、休克、内脏系统损伤。

(一) 软组织损伤

软组织包括皮肤、皮下组织、肌肉、肌腱、韧带、关节附件等。推拿最易导致的软组织损伤有皮肤损伤、烫伤、皮下出血、椎间盘等组织损伤。

1. 原因 初学推拿者,手法生硬,不能做到柔和深透,从而损伤皮肤,甚至导致皮下出血;粗蛮的手法也是造成皮肤损伤的原因之一,粗蛮施加压力或小幅度急速而不均匀地使用擦法,易致皮肤损伤;过久的手法操作,长时间吸定在一定的部位上,局部皮肤及软组织的感觉相对迟钝,痛阈提高,可导致皮肤损伤;医者没有注意修剪指甲导致患者出现皮肤破损;热敷时,温度过高,或热敷时间过长,或在热敷时、热敷后再加用手法治疗,容易引起皮肤烫伤;在对颈、腰段脊椎推拿过程中使用过度旋转、侧屈、挤压类手法,可引起椎间盘等软组织损伤。

2. 临床表现 皮肤损伤的患者,患部往往先有一阵较明显的灼热感或剧痛,然后可

发现皮肤的表层有不同程度破损。烫伤可表现为热敷局部出现红肿、水疱,甚至表皮脱落并伴有灼热感或剧痛感。皮下出血表现为皮下可见大小不等的瘀斑,局部疼痛,微肿,压痛,甚至关节运动可因疼痛而受限。椎间盘损伤后,原有病痛加剧,运动障碍明显,出现保护性姿势和体位,局部深压痛、叩击痛,以及受损椎间盘相对应的神经根支配区有疼痛、麻木、皮肤知觉减退等症状和体征。

3. 处理　出现皮肤破损后应当保持伤口清洁,可在局部涂上红药水或碘伏,避免在破损处继续操作,并防止感染。出现烫伤时,首先判断患者烫伤程度,若只是轻度烫伤,一般在局部涂抹油类就能自愈;如出现水疱,可首先使用生理盐水冲洗患处,并以消毒注射器抽出水疱内的液体,不必剪破表皮,以免感染。如表皮已脱落,可修剪其边缘,再涂以甲紫、碘伏或磺胺软膏,并加压包扎。微量的皮下出血而出现局部小块青紫时,一般不必处理,可以自行消退;若局部肿胀疼痛较剧烈,青紫面积大而且影响活动功能时,可先进行冷敷止血,再进行热敷以及局部按揉处理,以促使局部瘀血消散吸收。发生椎间盘损伤时,应嘱患者绝对卧床休息,重者,还需针对性选用镇痛剂、神经营养剂,并加适量镇静剂。疼痛症状仍不能缓解者,可选用局部封闭治疗或脱水剂、激素静脉滴注治疗。有典型脊髓受压症状而经以上疗法无效者,应考虑手术治疗。

4. 预防　要求医者加强手法基本功的训练,正确掌握各种手法的动作要领,提高手法的娴熟程度,适当使用润滑介质。熟练掌握人体解剖知识,根据人体部位的不同,选取正确的手法。热敷的毛巾要求厚实柔软,折叠平整,使透入的热量均匀,温度以患者能忍受为度,避免皮肤烫伤,热敷时可隔着毛巾运用拍法,切勿按揉,热敷后的局部不可再用手法,以免损伤皮肤。

（二）骨与关节损伤

骨与关节损伤主要包括骨折和脱位两大类。如腰椎压缩性骨折、肋骨骨折、寰枢关节脱位、肩关节脱位等。

1. 原因　手法过于粗暴,或对关节的正常活动度认识不足,被动运动超过正常关节活动度,而使骨与关节、软组织损伤。或由于对疾病的认识不足,甚至误诊,施行手法操作造成病理性骨折和医源性骨与关节损伤。

2. 临床表现　骨折后,患部会出现疼痛、肿胀、功能障碍等症状,而且,大多数可见肢体或躯干外形改变,而产生畸形。由于骨折端相互触碰或摩擦而产生骨擦音。骨干部无嵌插的完全骨折,会出现假关节活动。关节脱位后,患部会肿胀、疼痛,并出现功能障碍,畸形明显,每一种脱位都可出现特有的畸形,且不能改变。

3. 处理　首先应分辨骨折和脱位,同时要分辨是局部损伤还是合并有临近脏器的损伤。发生骨折时,要立即复位、固定,必要时请骨科会诊;如发生脱位,则要立即复位、固定,尽早进行功能锻炼。

4. 预防　要求医者对骨与关节的解剖结构和正常的活动幅度有深刻的了解;治疗前,应仔细诊察,进行相关的实验室检查,以排除某些推拿的禁忌证;在推拿治疗时不乱使用强刺激手法及大幅度地超越骨与关节的活动范围的手法。

（1）寰枢关节脱位　第一颈椎又称寰椎,无椎体、棘突和关节突,由前弓、后弓和两个侧块构成;第二颈椎又称枢椎,椎体小而棘突大,椎体向上伸出一指状突起,称为齿突。寰枢关节是由两侧的寰枢外侧关节和寰枢正中关节构成,可围绕齿突做旋转运动。寰枢外侧关节由寰椎下关节面和枢椎上关节面组成,寰枢正中关节由齿突和寰椎前弓和寰椎横韧带组成。正常情况下,进行颈部旋转、侧屈或前俯后仰的运动类推拿手法,一般不会

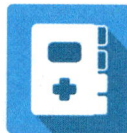

出现寰枢关节脱位。当上段颈椎有炎症或遭到肿瘤组织破坏时,在没有明确诊断的情况下,手法操作者盲目地做较大幅度的颈部旋转运动或急剧的前屈运动,可导致寰椎横韧带撕裂、寰枢关节脱位;或者有齿突发育不良等先天异常,也可因盲目的颈部手法操作,姿势不当,手法过度,引起寰枢关节脱位。

预防及处理:寰枢关节脱位属高颈位损伤,多为自发性,可因颈部、咽后部感染引起寰枢韧带损伤,也可因推拿手法,在外力作用下引起颈椎关节脱位。颈部活动受到年龄限制,年龄越小颈部活动范围越大,年龄越大颈部活动越小。因而在颈部手法操作特别是颈部旋转复位类手法之前,应常规摄 X 线片,检查血常规、红细胞沉降率等,以排除颈部、咽部及其他感染病灶,了解其疾病的变化和转归,方能行颈部旋转手法,但不宜超过45°,颈部扳法不要强求弹响声。

(2)肩关节脱位　肩关节由肩胛骨的关节盂与肱骨头构成。其解剖特点:肱骨头大,呈半球形,关节盂小而浅,约为肱骨头关节面的1/3,关节囊被韧带和肌肉覆盖,其运动幅度最大,能使上臂前屈、后伸、上举、内收、外展、内旋、外旋。由于肩关节不稳定的结构和活动度大,因此它是临床上最常见的受损关节部位之一。在进行肩部疾病推拿治疗时,如果方法掌握不当,或不规范地做肩部的被动运动,有可能造成医源性的肩关节脱位,甚至并发肱骨大结节撕脱骨折、肱骨外科颈骨折等。

预防及处理:要求术者对肩关节的解剖结构和关节正常的活动幅度有深刻的了解,在做被动运动时,双手要相互配合,运动幅度要由小到大,顺势而行,切不可急速、猛烈、强行操作;对于肩部有骨质疏松改变的患者,在推拿治疗时不应使用强刺激手法及大幅度的肩关节外展、外旋的被动运动,尤其是操作者的双手不能同时做反方向的猛烈运动。一旦造成单纯性的肩关节脱位,应使用手牵足蹬法复位,完成整复。如肩关节脱位合并肱骨大结节骨折、骨折块无移位者,脱位一经整复,骨折块也会随之复位。如推拿肩部时造成肱骨外科颈骨折,应分析其骨折类型,再确定整复手法,必要时须转科手术治疗,以免贻误治疗时机。

(3)腰椎压缩性骨折　造成腰椎压缩性骨折的因素,多由高处下坠或足臀部着地,其冲击力由下向上传递到脊柱,从而发生腰椎上部或胸椎下部骨折。推拿操作过程中,当病员取仰卧位,过度地屈曲双侧髋关节,使腰椎生理弧度消失,并逐渐发生腰椎前屈,胸腰段椎体前缘明显挤压时,再骤然增加屈髋、屈腰的冲击力量,则容易造成胸腰段椎体压缩性骨折。

预防及处理:正常的双下肢屈膝屈髋运动是用来检查腰骶部病变的特殊检查方法之一,在临床上也常用此法来解除腰骶后关节滑膜的嵌顿和缓解骶棘肌的痉挛。运用此种方法时,只要在正常的髋、骶关节活动范围内,且双下肢屈髋关节的同时,不再附加腰部前屈的冲击力,腰椎压缩性骨折是完全可以避免的。特别是对于老年人,久病体弱或伴有骨质疏松的患者,行此法时更需谨慎。

单纯性椎体压缩性骨折,是指椎体压缩变形小于二分之一,无脊髓损伤者,可采用非手术疗法,指导患者锻炼腰背伸肌,可以使压缩的椎体复原,早期锻炼不至于产生骨质疏松现象,通过锻炼增强背伸肌的力量,避免慢性腰痛后遗症的发生。对于脊柱不稳定的损伤,即椎体压缩变形大于二分之一,同时伴有棘上、棘间韧带损伤或附件骨折,或伴有脊髓损伤者,应以手术治疗为主。

(4)肋骨骨折　肋骨共有12对,左右对称,连接胸椎和胸骨而组成胸廓,对胸部脏器

起着保护作用。肋骨靠肋软骨与胸骨相连,肋软骨俗称"软肋",能缓冲外力的冲击。造成肋骨骨折的因素主要是直接和间接的暴力。在推拿治疗时,由于过度挤压胸廓的前部或后部,使胸腔的前后径缩短,左右径增长,导致肋骨的侧部发生断裂。如患者取俯卧位,医者在其背部使用双手重叠掌根按法或肘压法等重刺激手法,在忽视患者的年龄、病情、肋骨有无病理变化等情况下使用此类手法,易造成肋骨骨折。

预防及处理:目前的推拿治疗床一般是硬质铁木类结构,在上背部俯卧位推拿时,要慎重选用手法。对年老体弱的患者,由于肋骨逐渐失去弹性,肋软骨也常有骨化,在受到外力猛烈挤压时易造成肋骨骨折;对某些转移性恶性肿瘤肋骨有病理变化的患者,此背部及胸部的按压手法极易造成医源性或病理性骨折。

单纯的肋骨骨折,因有肋间肌固定,很少发生移位,可用胶布外固定胸廓,限制胸壁呼吸运动,让骨折端减少移位,以达到止痛的目的。肋骨骨折后出现反常呼吸、胸闷、气急、呼吸短浅、咯血、皮下气肿时,应考虑肋骨骨折所产生的胸部并发症,应及时转科会诊治疗。

(三) 神经系统损伤

由于推拿手法使用不当或外力作用造成神经系统的损伤,包括中枢神经和周围神经损伤两大类。其危害程度之严重,可居推拿意外之首,轻则造成周围神经、内脏神经的损伤,重则造成脑干、脊髓的损伤,甚至造成死亡。

1. 原因　手法使用不当或强行使患者做被动运动。

2. 临床表现　膈神经损伤时出现膈肌痉挛、呃逆。腋神经、肩胛上神经损伤时,出现单侧肩、臂部阵发性疼痛、麻木,肩关节外展功能受限,肩前、外、后侧的皮肤感觉消失。蛛网膜下腔出血,则会出现突发性原有症状加重,双下肢之力、麻木疼痛。重则出现下肢瘫痪。

3. 处理　对于膈神经损伤,应避免劳累和运动锻炼,教导患者通过腹式呼吸来对抗膈肌瘫痪。对于腋神经、肩胛上神经损伤,应使用轻手法推拿患者局部受损肌群,减少肌肉的萎缩,预防关节挛缩。同时患者应保证充分的休息时间,有利于神经功能的恢复。出现蛛网膜下腔出血时,应减少搬动,避免加剧出血,尽可能就地抢救。治疗以降低椎管内压力为主,必要时,可抗凝治疗。同时请相关科室会诊。

4. 预防　严格遵循在人体各关节正常活动范围内进行操作。提高手法的技巧性及准确性。切忌使用猛烈而急剧的粗暴手法。对于有出血倾向、凝血酶原缺乏或有动脉血管硬化的患者,要避免对其颈椎部位重手法的治疗。

(四) 休克

休克是由于感染、出血、脱水、心功能不全、过敏、严重创伤等原因引起的综合征。推拿治疗的过程中,如果使用特殊的手法,持续刺激或在患者空腹、过度疲劳、剧烈运动后行手法治疗,可出现休克。

1. 原因　患者体质虚弱、精神紧张、过度疲劳、空腹、饥饿、剧烈运动、大汗、大泻、大出血之后,或体位不当,或由于医者在推拿时运用的手法过重,或推拿时间过长而致。

2. 临床表现　休克患者,由于脑缺氧,神经细胞的兴奋性降低,神经细胞功能转为抑制。患者表现为表情淡漠、反应迟钝、嗜睡、意识模糊甚至昏迷,并伴有皮肤苍白、口唇、甲床轻度发绀、四肢皮肤湿冷、脉搏细弱而数、血压下降、呼吸深而快、尿量明显减少等

Note

表现。

3. 处理 立即终止重手法刺激,如仅表现为心慌气短、皮肤苍白、冷汗等症状,应立即取平卧位,或头低足高位,予口服糖水或静脉注射 50% 葡萄糖。如病情较重应立即予以抗休克治疗,补充血容量,维持水、电解质和酸碱平衡,运用血管扩张剂,以维护心、脑、肾脏的正常功能,必要时立即请内科会诊。

4. 预防 为了防止推拿治疗诱发休克意外,临床上必须做到,空腹病员不予推拿治疗,剧烈运动后或过度劳累后的病人不予重手法治疗。当患者初次接受推拿治疗或比较紧张时,应耐心做好患者的思想工作,消除其对推拿的恐惧感。使用重手法刺激时,必须在患者能够忍受的范围内,且排除其他器质性疾病。

(五)内脏系统损伤

内脏包括消化器官、呼吸器官、泌尿器官和生殖器官,这四个系统的器官大部分位于胸、腹腔内。推拿治疗中选择不恰当的手法,或在不恰当的时间进行操作,可造成内脏损伤。临床上常见的内脏损伤疾病有胃溃疡出血及穿孔、闭合性肾挫伤。

1. 原因 对内脏的解剖位置认识不清,在脏器位置使用了暴力手法或重手法。如胃溃疡患者在饱餐后,或在溃疡出血期接受了生硬的推拿手法治疗,可引起胃壁的挫伤和黏膜裂伤。

2. 临床表现 胃穿孔后,可有全身症状和腹膜刺激症状,腹肌强直,有剧烈腹痛,伴有压痛,呕吐,呕吐物内可含有血液,易发生休克。单纯性闭合性肾挫伤临床表现较轻,仅有腰部疼痛和暂时性血尿,较严重的损伤主要表现为休克、血尿、腰部疼痛剧烈、患侧腰肌强直,并触及包块。

3. 处理 出现胃溃疡出血,应根据病情需要,监测患者生命体征,禁食,保持平卧位或头低足高位,以预防脑缺血。积极准备输液、输血,立即请消化内科会诊。出现肾挫伤,应嘱患者卧床休息,并进行抗感染和止血治疗,同时观察血尿变化,直至血尿消失。

4. 预防 了解内脏的解剖位置。在脏器位置禁用重手法和叩击类手法。饱餐后不宜立即接受手法治疗。胃溃疡出血期患者,也不宜接受手法治疗。

(范秀英)

第二节　常用成人操作手法

学习目标

熟练掌握常用成人推拿手法基本操作。
熟悉常用成人推拿手法的适应范围及注意事项。
基本具备运用推拿康复治疗常见疾病的能力。

　　患者,男,56 岁。腰部疼痛,各方向活动受限一年,近日疼痛加重。查体:腰椎序列尚可,曲度变直,腰部肌肉僵硬,$L_4 \sim L_5$ 右侧压痛。直腿抬高试验双侧 $80°$,其余无异常。辅助检查:CT 检查显示腰椎曲度直,其余无异常。舌质紫暗,苔白,脉弦。问题:

　　　　1. 该患者的诊断是什么?

　　　　2. 使用何种推拿手法治疗?

　　成人推拿手法是区别于小儿推拿手法而言的,其常用基本手法有 20 多种,根据操作的动作和形态,把它们归纳为摆动类、摩擦类、挤压类、振动类、叩击类和运动关节类等六类手法,每类手法各由数种基本手法组成。主要用于病伤残者及功能障碍者的康复治疗、预防保健及强身健体。

数字课件 221

一、摆动类手法

　　以指或掌、腕关节作协调的连续摆动,称为摆动类手法。这类手法主要有一指禅推法(缠法)、滚法、揉法等。

(一) 一指禅推法

　　1. 概念　用大拇指指端、螺纹面或偏峰着力于一定部位或经络穴位上,沉肩、垂肘、悬腕,通过腕部的连续摆动和拇指关节的屈伸活动,使产生的力持续作用于治疗部位上,称为一指禅推法。

　　2. 动作要领　本法动作要领应掌握:沉肩、垂肘、悬腕、掌虚、指实(图 2-2-1)。

图 2-2-1　一指禅推法

　　沉肩:肩关节放松,肩部不能耸起用力。

　　垂肘:上肢肌肉放松,肘部自然下垂,略低于腕部。

　　悬腕:腕关节自然悬屈,拇指处于垂直位,便于腕部作左右摆动。

　　掌虚:手握空拳,指面不贴紧掌心,使之虚掌,拇指自然垂直盖住拳眼(拇指位于食指第二节处),使腕及拇指活动时起稳定作用。

　　指实:拇指端、螺纹面或偏锋自然着力,吸定于治疗部位上,不能离开或来回摩擦。

　　3. 操作要求　要做到紧推慢移。紧推是指腕部摆动及拇指关节伸屈活动要有节律,频率要快,一般每分钟 120~160 次。慢移是指固定一点后,移动时应随着腕部摆动,拇指着力点进行缓慢的移动。

　　4. 临床应用　具有舒筋通络、调和营卫、祛瘀消积、健脾和胃及调节脏腑等作用。适用于全身各部经络腧穴,常用于头面、胸腹及四肢等处。临床常用于头痛、失眠、腹泻、便秘、胃脘痛、痛经、关节酸痛等病。

Note

知识链接

缠法:一指禅推法的频率加快到每分钟220～250次,即为缠法。缠法的动作与一指禅推法基本相同,用大指指端或偏峰着力于一定部位以减小接触面,同时减小腕部摆动的幅度,降低对体表的压力,以提高推动的频率。缠法只有在熟练掌握一指禅推法的基础上才能进一步掌握运用。其手法特点:动作快速,快而不乱,轻而不浮。临床上常用于急救,对气闭、气厥、阳虚等有回阳救逆之功,也可用于外科疮疡如乳痈、发际疮等的治疗,有活血祛瘀、生肌托毒之效。

(二)㨰法

1. 概念 用手背尺侧部或小指、无名指、中指的指间关节突起部分着力于一定的部位上,腕部放松作连续均匀的前后往返摆动,使拳作来回滚动的操作手法,称为㨰法。

2. 动作要领 用手背近小指尺侧部或小指、无名指、中指的掌指关节背侧,附着于一定部位上,通过腕关节连续的屈伸活动,使产生的功力轻重交替而持续不断地作用于治疗部位上(图2-2-2)。

图 2-2-2 㨰法

(1)侧掌㨰法 以小指掌指关节背侧及小鱼际着力于机体表面一定部位,前臂做主动摆动带动腕部做屈伸和前臂旋转动作。

(2)掌指关节㨰法 手微屈,以手背尺侧面的小指、无名指、中指及掌指关节部着力于一定部位上,将前臂做主动摆动带动腕关节做伸屈及前臂旋转动作。

(3)指关节㨰法 单手或双手握拳,用食指、中指、无名指、小指的第一指间背侧突起部着力于机体一定部位,做均匀的腕关节前后往返摆动,使拳做来回滚动。

(4)立拳㨰法 右手握空拳,左手掌压于上,以小鱼际赤白肉际处和小指、无名指关节及掌指关节部附着于一定部位上,前臂做主动摆动带动腕部做屈伸外旋的连续往返运动。

(5)前臂㨰法 用前臂附着于施术的机体表面,以肘部为支点,前臂做主动旋转。

3. 操作要求 肩臂自然放松,肘关节微屈至120°左右。着力部位要紧贴体表,不能拖动、辗动或跳动,不能与治疗部位相摩擦。压力、频率、摆动幅度要均匀,动作要协调而有节律。频率一般为每分钟120～160次。

4. 临床应用 具有舒筋活血,滑利关节,缓解肌肉、韧带痉挛,增强肌肉、韧带活动能力,促进血液、淋巴循环及消除肌肉疲劳等作用。适用于肩背、腰臀及四肢等肌肉较丰厚的部位。主治运动系统疾病,临床上常用于风湿疼痛、麻木不仁、肢体瘫痪、运动功能障碍等。

(三)揉法

1. 概念 用手掌大鱼际、掌根部分或手指螺纹面部分着力吸定于一定部位或穴位上,腕部放松,作轻柔缓和的环旋活动,并带动该处的皮下组织的操作手法,称为揉法。

2. 动作要领　揉法分掌揉法和指揉法两种。用大鱼际或掌根部着力的称为掌揉法，用手指螺纹面着力的称指揉法。

（1）掌揉法　用大鱼际或掌根部着力，手腕放松，以腕关节连同前臂做小幅度的回旋活动，压力要轻柔，揉动时着力部位要吸定，不可摩擦（图2-2-3）。

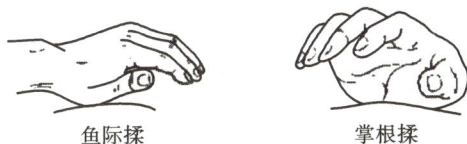

鱼际揉　　　　掌根揉

图 2-2-3　掌揉法

（2）指揉法　用拇指或中指的螺纹面，或用食、中、无名指的螺纹面轻按在某一穴位或部位上，腕部放松，做轻柔的小幅度的环旋揉动。

3. 操作要求　肩臂腕部放松，以腕关节带动前臂做小幅度的回旋活动。压力要轻柔，动作要协调而有节律。揉动时带动该处的皮下组织。揉动频率一般为每分钟120～160次。

4. 临床应用　具有宽胸理气、消积导滞、活血祛瘀、消肿止痛等作用。适用于全身各部，主要用于头面、胸胁、脘腹及伤筋部。临床上常用于头昏脑胀、胸胁痞痛、脘腹胀满、便秘、泄泻以及外伤肿痛等。指揉法多用于小儿疾病，如揉太阳、揉劳宫、揉脐等。

二、摩擦类手法

以掌、指或肘贴附在体表做直线或环旋移动称摩揉类手法。本类手法包括摩法、擦法、推法、搓法、抹法等。

（一）摩法

1. 概念　用食、中、无名指指面或手掌面附着在体表的一定部位上，做环形而有节奏的抚摩，称为摩法。

2. 动作要领　摩是抚摩之意，属最轻柔的一种手法，是用手掌或多指指面附着于一定部位，以腕关节连同前臂做环形有节律地抚摩。主要分为掌摩法和指摩法（图2-2-4）。

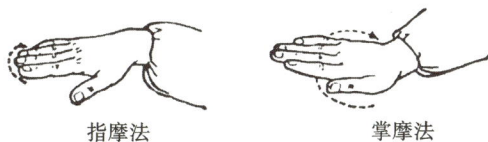

指摩法　　　　掌摩法

图 2-2-4　摩法

（1）掌摩法　用掌面附着于一定部位上，以腕关节为中心，连同前臂作节律性的环旋运动。

（2）指摩法　用食、中、无名指指面附着于一定的部位上，以腕关节为中心，连同掌、指作节律性的环旋运动。

3. 操作要求　操作时，肘关节微屈，腕关节放松，指掌自然伸直，紧贴体表的一定部位上，连动前臂做缓和协调的环形抚摩，顺时针或逆时针方向均可。动作自然协调、轻柔，压力要均匀。频率在每分钟60～120次。

4. 临床应用　具有行气活血、散瘀消肿、理气和中、消积导滞、散寒止痛、除皱美容等

数字课件 222

Note

作用。适用于头面、胸腹及胁肋部。临床上常用于外伤肿痛、脘腹疼痛、食积胀满、气滞及胸胁迸伤等。

（二）擦法

1. 概念 用手掌面、大鱼际或小鱼际附着在一定部位上，作直线往返的摩擦，称为擦法。

2. 动作要领 用手掌或大、小鱼际紧贴皮肤，稍用力下压并做上下或左右直线往返摩擦，使之产生一定的热量。擦法的操作基本分为三种：用全掌着力摩擦，称为掌擦法；用小鱼际着力摩擦，称为小鱼际擦法（侧擦法）；用大鱼际着力摩擦，称为大鱼际擦法（图2-2-5）。

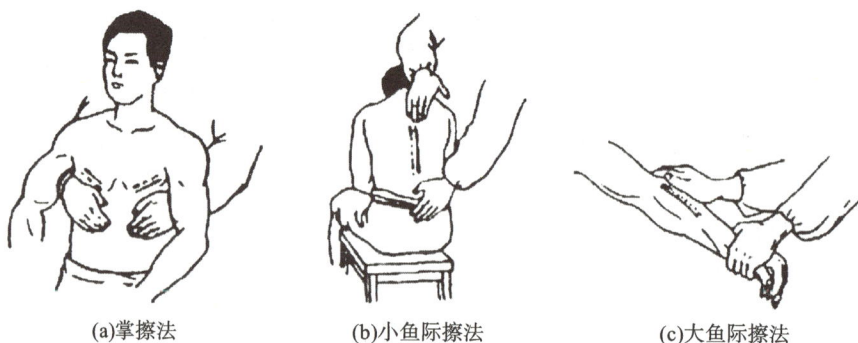

(a)掌擦法　　　　(b)小鱼际擦法　　　　(c)大鱼际擦法

图 2-2-5　擦法

3. 操作要求 操作时腕关节自然伸直，使前臂与手接近相平，手指也自然伸开，着力部位要紧贴体表；以肩关节为支点，上臂主动运动带动手掌做上下或左右快速往返移动，用力要稳而均匀，动作要连贯自然，频率为每分钟200次以上，使之产生热量逐渐透达深层组织。擦法操作时须在施术部位涂上少许润滑剂（如冬青膏、植物油之类），这样既可保护皮肤，防止擦破，又可使擦时热量深透。

4. 临床应用 具有温经通络、行气活血、消肿止痛、健脾和胃、祛风除湿、益气养血、扶正祛邪、健身美容的作用。适用于胸腹、腰背和四肢部位。由于手掌不同部位摩擦时，所产生的热量不同，所以各种擦法的主治亦有差别。掌擦法温热量较低，常用于胸胁和腹部，多用于胸闷气急、虚寒腹痛和消化不良等证。鱼际擦法温热量中等，常运用于四肢部，多用于四肢关节扭挫伤、劳损和类风关等。侧擦法温热量较高，多用于肩背腰臀及下肢部，多用于急慢性损伤、风湿痹痛、麻木不仁等。

（三）推法

1. 概念 用指、掌或其他部位着力于人体一定部位或穴位上做单方向的直线移动，称为推法。

2. 动作要领 推法可分为平推法、直推法、旋推法、分推法和合推法等。平推法即现在说的推法。后四种推法是小儿推拿的常用手法。平推法是推法中着力较重的一种，推时需用一定的压力，根据着力部位的不同，可分为拇指平推法、掌平推法、拳平推法和肘平推法四种（图2-2-6）。

（1）拇指平推法 用拇指面着力，其余四指分开，紧贴体表，按经络循行或肌纤维平行方向缓缓推进。在推进过程中，可在重点治疗部位或穴位上做按揉动作。一般可连续操作5～10遍。

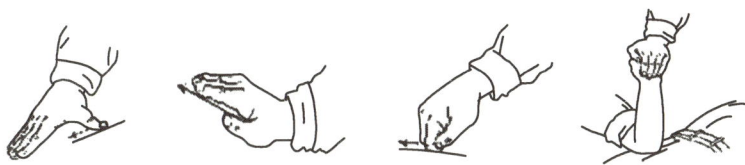

图 2-2-6　推法

（2）掌平推法　用手掌着力，以掌根部为重点向一定方向推进。如需要增大压力时，可用另一手重叠缓缓推进。一般可连续操作 5～10 遍。

（3）拳平推法　手握拳，以食、中、无名、小四指的第一指间关节突起部着力，做与肌纤维平行方向的缓缓推进。一般可连续操作 3～5 遍。

（4）肘平推法　屈肘时以鹰嘴突起部着力，做与肌纤维平行方向的缓慢推进。一般可连续操作 3～5 遍。

3．操作要求　操作时着力部位要紧贴体表，推进时向下的压力应均匀稳健适中，以不使治疗部位皮肤出现折叠为宜。要沿直线推进，不可歪斜，用力要稳，压力均匀，推动速度要缓慢。

4．临床应用　具有疏经通络、理筋活血、消瘀散结、缓解肌肉痉挛、消积导滞、调和营卫等作用。拇指平推法接触面较小，动作灵巧，可用于肩背、腰臀、胸腹及四肢部；掌平推法接触面大，刺激缓和，适用于面积较大的部位如腰背、胸腹及大腿等部；拳平推法刚劲有力，刺激较强，适用于腰背及四肢肌肉等部位；肘平推法是平推法中压力量最大，刺激最强的一种，适用于腰背脊柱两旁的膀胱经及臀部等。本法常用于治疗内脏虚损及气血功能失常的病证。拇指平推法常用于治疗风湿痹痛，筋肉拘急，肌肤感觉迟钝等软组织疾病。掌平推法常用于治疗腰背酸痛、肌肉劳损、胸腹胀痛等。拳平推法适用于腰背及四肢肌肉劳损及风湿痹痛而又感觉较为迟钝者。肘平推法适用于治疗迁移日久的腰腿痛及腰背风湿痹痛而感觉迟钝者。

（四）搓法

1．概念　用双手掌面夹住一定的部位，相对用力做快速搓揉，同时做上下往返移动，称搓法。

2．动作要领

（1）肩及上肢部搓法　患者取坐位，手臂放松，自然下垂。医者站于同侧，上身略前俯，用双手分别夹住其肩前后部，相对用力做快速搓揉，并同时循臂而下移动至腕部，如此往返 3～5 遍（图 2-2-7）。

（2）下肢搓法　患者取仰卧位，下肢屈膝约 60°。医者站于床侧，用双手夹住大腿前后或内外侧，自上往下搓动至小腿部。

图 2-2-7　上肢搓法

3．操作要求　操作时双掌相对用力，劲要含蓄，搓动要稳而快速，从上往下缓缓移动。操作时双手用力要对称，动作要协调灵活，搓动要快，移动要慢，不可使被操作者身体摇晃。

4．临床应用　具有调和气血、舒筋通络、祛风散寒、调和营卫、消除疲劳等作用。常用于两胁、肩关节及四肢，以上肢部最为常用。临床上常用于胸胁迸伤、肩周炎、四肢软组织疾病等。一般作为推拿治疗的结束手法。

（五）抹法

1. 概念　用单手或双手拇指螺纹面紧贴皮肤,做上下或左右往返移动,称为抹法。

2. 动作要领

（1）拇指分抹法　用双手拇指指腹着力,同时吸附于一定部位上,做直线或弧线的移动(图2-2-8)。

（2）多指抹法　用双手多指指端着力,紧贴于肌肤表面,做上下或左右往返的移动。

（3）掌抹法　用双手或单手掌面着力于施术部位,以肘关节和肩关节为双重支点,上臂与前臂协调运动,腕关节放松,做上下或左右或弧形的移动(图2-2-9)。

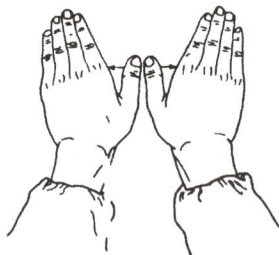

图2-2-8　拇指分抹法　　　　　图2-2-9　掌抹法

3. 操作要求　操作时,用力要由轻到重,均匀缓和,做到重而不(板)滞,轻而不浮(滑),不可太重以免动作涩滞损伤皮肤,为防止抹破皮肤,在施术时可涂润滑剂。

4. 临床应用　具有开窍镇静、醒脑明目等作用,适用于头面及颈项部。临床上多用于头晕、头痛、头昏脑胀、视力模糊、高血压和颈项强痛等。

三、振动类手法

以较高频率的节律性轻重交替刺激,持续作用于人体,使之产生振动感觉的手法,称为振动类手法。包括抖法、振法等。

（一）抖法

1. 概念　用双手或单手握住患肢远端,微用力做连续小幅度的成波浪形的上下抖动,使关节有松动感的操作手法,称为抖法。

2. 动作要领

（1）上肢抖法　患者取坐位,上肢放松。医者站于患者的前外侧,上身略为前倾,用双手握住患肢手腕部(不能握得太紧),慢慢将其向前外侧方向抬起至70°～80°,然后停在这一角度上,稍用力做连续不断的小幅度的上下抖动,使患者的肘、肩关节有松动感。抖动的幅度要小,用力要由下向上,频率要快,每分钟约200次,不可屏气(图2-2-10)。

（2）下肢抖法　患者仰卧,下肢放松,医者站于患者的足侧,用双手分别握住患者的踝部(或用双手握住患者一侧的踝部),将其抬离床面30 cm左右,进行上下连续抖动,使大腿及髋部有舒松感。下肢抖动的幅度要比上肢大些,频率要慢些,每分钟约100次(图2-2-11)。

3. 操作要求　肩部放松,肘关节微屈。两手相对握住腕掌部或踝部,前臂用力将患肢做小幅度的上下颤动,颤动的幅度要小。动作要有连续性,频率略快,具有节奏感。

4. 临床应用　具有舒筋通络、活血行气、滑利关节、解除疲劳等作用。适用于四肢部,以上肢为主。常作为治疗肩、肘关节功能障碍的结束手法。抖法是放松肢体的手法,常与搓法配合使用,作为治疗的结束手法。

数字课件223

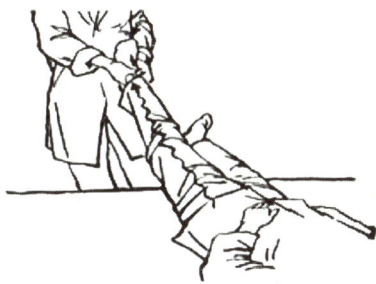

图 2-2-10　上肢抖法　　　　　　　图 2-2-11　下肢抖法

（二）振法

1. 概念　又称颤法、振荡法,用指掌或肘在人体的一定部位上做连续不断的快速震颤,使施术部位产生振动感。

2. 动作要领　用手指或手掌着力在体表,前臂和手部的肌肉强力地静止性用力,产生震颤动作。

（1）指振法　用拇指或中指的指端按压于施术部位上,肘弯曲,前臂和手部静止性用力使肌肉收缩,集功力于指端,而发生快速地颤动,并使之传递到施术部位以及内部产生温热感或舒松感(图 2-3-3)。

（2）掌振法　手掌按压在施术部位上,前臂和手部静止性用力,使肌肉强力收缩,集功力于掌面,进行持续不断而快速的颤动(图 2-2-12)。

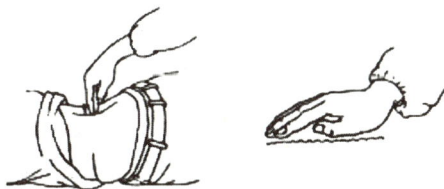

图 2-2-12　振法

（3）肘振法　肘屈曲,用尺骨鹰嘴按压施术部位,肘腕放松,肩关节自然用力,利用胸大肌收缩,集功力于肘部,做频率密集的快速震颤。

3. 操作要求　操作时,精力集中,呼吸自然,前臂和手部或胸大肌要做强力静止性收缩用力,使功力集中于指端、掌部或肘部做到外静内动,不可摆动肩臂,动作要协调连贯,使震颤连续不断地传递到施术部位上,且震颤的幅度要小,速度要快,频率要高。

4. 临床应用　具有祛瘀消积、和中理气、消食导滞、调节肠胃等作用。适用于全身各部位和穴位,掌振法多用于胸腹部,指振法多用于头面及胸腹部的穴位。临床上常用于胸腹痞满、消化不良、便秘、近视眼等。

四、挤压类手法

用指、掌或肢体其他部分按或对称性地挤压体表,使之产生挤压感觉的手法,称为挤压类手法,包括按、点、捏、拿、捻和踩跷等手法。

（一）按法

1. 概念　用指、掌或肘面着力在体表某一穴位或部位上,逐渐用力下压的推拿操作手法,称为按法。

数字课件 224

2. 动作要领

（1）指按法　用拇指或食、中、无名三指的指端、指面按压体表的一种手法。单手指力不足时，可用另一手的拇指重叠按压。临床上以拇指按法为常用。操作时，将拇指伸直，用指面着力按压某一部位或穴位，其余四指张开起支持作用，协同助力，逐渐用力按压到一定深度时，拇指面再作小幅度的缓缓揉动。一般在穴位上按揉时，拇指不要移动位置，只是按压的力可有所增减，但在经络路线上按压时，则可循经络走行进行缓慢的螺旋形的移动（图 2-2-13（a））。

（2）掌按法　用掌根、鱼际或全掌面着力按压体表的一种手法，单掌力量不足时，可用另一手掌重叠按压，当按压到一定深度时，掌面再作小幅度的揉动，边按揉边做缓缓的移动（图 2-2-13（b））。

（3）肘按法（肘压法）　用肘关节鹰嘴突起部着力，按压体表一定部位或穴位。其他动作姿势与指按法和掌按法相似（图 2-2-13（c））。

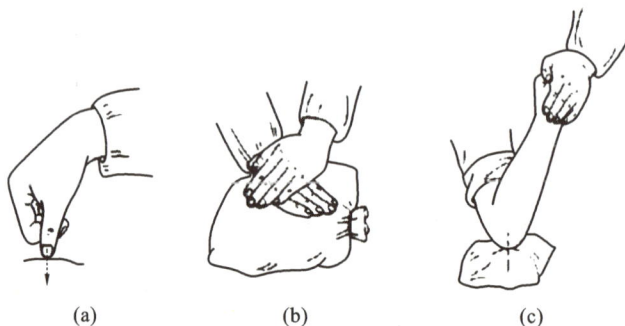

(a)　　　　　(b)　　　　　(c)

图 2-2-13　按法

3. 操作要求　操作时用力的方向要垂直向下，力量要由轻到重，稳而持久，使刺激充分深透到机体组织深部。操作时切忌用迅猛的暴力，以免造成不良的损伤。按压的力量大小和时间的长短，应根据所施术部位肌肉组织的丰满程度及该部位的耐受程度而决定，在按压的部位应以有得气感为目的。

4. 临床应用　具有疏通经络、镇静止痛、缓解痉挛、开通闭塞等作用。指按法用于全身各部的经络穴位，临床上常用于按揉心俞、膈俞等穴位治疗心绞痛，按揉脾俞、胃俞、足三里等穴位治疗胃脘痛和腹痛，按压合谷治疗头痛、牙痛等，都有较好的止痛效果。掌按法常用于面积大而又较为平坦的部位，如腰背部、胸腹部等。主要治疗急慢性腰背疼痛、筋脉拘紧、肌肉痉挛、功能性脊柱侧突以及脘腹疼痛等。肘压法适用于肌肉发达厚实的部位如腰臀部等，临床上常治疗腰肌强硬、顽固性腰腿痛等疾病，有较好的解痉止痛作用。

（二）点法

1. 概念　用指端或屈曲的指间关节突起部分着力，按压某一穴位或疼痛部位，称为点法。

2. 动作要领　点法有拇指端点法、屈拇指点法和屈食指点法三种。

（1）拇指端点法　手握空拳，拇指伸直并紧靠于食指中节，用拇指端点按治疗部位，逐渐下压（图 2-2-14（a））。

（2）屈拇指点法　屈拇指，以拇指端抵在食指中节外侧缘，用拇指指间关节桡侧突起部点按治疗部位。

（3）屈食指点法　屈食指，以拇指末节内侧缘紧压食指指甲部，用食指第一指间关节突起部点按治疗部位（图 2-2-14（b））。

点法的其他动作要领同按法。

3. 操作要求　操作时要根据患者的具体情况和操作部位酌情用力；用力要均匀，忌用暴力；应用拇指端点法时，拇指的螺纹面必须紧贴在食指外侧缘，以免由于用劲过度而扭伤拇指指间关节。

4. 临床应用　具有开通闭塞、活血止痛、调节脏腑等作用。点法着力点小、用力集中、刺激强，适用于全身各部位。点法的应用范围及治疗作用大致与指按法相同。如治疗脘腹挛痛、腰腿痛等。

（三）捏挤法

1. 概念　以两手掌或指与指或指与掌相对用力捏挤肌肤的一类手法。

2. 动作要领

（1）三指捏　用大拇指与食、中两指夹住肢体，相对用力挤压。

（2）五指捏　用大拇指与其余四指夹住肢体，相对用力挤压。

（3）捏脊法　这是小儿按摩疗法中的一种主要手法。手握空拳，食指也屈曲，以两手食指桡侧缘紧贴脊柱两侧皮肤，与拇指相对用力轻轻捏起皮肤，双手交替捻转捏拿，向前移动，自下而上操作（图 2-2-15）。

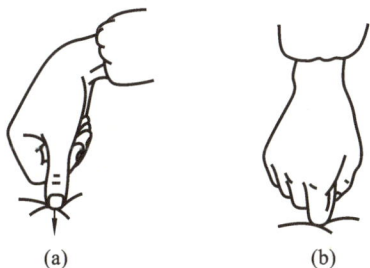

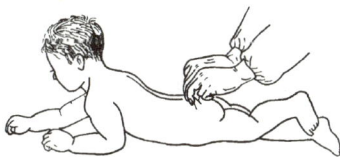

图 2-2-14　点法　　　　　　　　　图 2-2-15　捏脊法

3. 操作要求　操作时臂要放松，手法要轻快柔和，均匀而有节律性，夹持捏起的应是皮肤及皮下组织。对挤或钳夹时，用力要协调，对称均匀。操作时要循序而上，有连贯性。

4. 临床应用　具有舒筋通络、行气活血的作用。适用于头部、颈项部、四肢及背脊。临床上常用于小儿疳积、腹泻，成人失眠、胃肠病、月经不调等。

（四）拿法

1. 概念　用大拇指和食、中两指，或用大拇指和其余四指作相对用力，在一定的部位和穴位上进行节律性地提捏，称为拿法。

2. 动作要领　以拇指与食、中指相对用力捏住某一部位或穴位，逐渐用力内收并作持续的揉捏动作，为三指拿法；如加上无名指一起揉捏则为四指拿法；如再加上小指同时着力则为五指拿法（图 2-2-16）。

（1）二指拿法　拇指与食指指腹相对用力，在其施术部位上做持续、有节律提捏的手法。

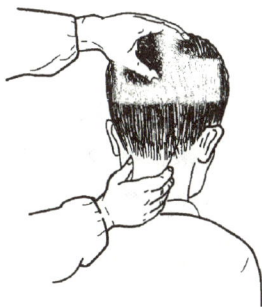

图 2-2-16　拿法

Note

67

（2）三指拿法　以单手或双手的拇指与食指、中指相对用力，做持续、有节律的捏而提起的手法。

（3）五指拿法　用拇指与其余四指相对用力握住施术部位的肌肉，并做持续的有节律捏拿动作的方法。

3. 操作要求　操作时肩肘腕部放松，手掌空虚。指腹贴紧患部，用指面着力。动作缓和，作连续性的一松一紧活动。用力应由轻而重，要在患者能忍受的范围内进行。

4. 临床应用　具有祛风散寒、舒筋活络、镇静止痛、缓解痉挛、消除疲劳的作用。拿法常配合其他手法应用于颈项、肩部和四肢等部位。临床上常用于治疗头痛、项强、四肢关节及肌肉疼痛等。

（五）捻法

1. 概念　用拇指与其他指的指腹相对用力捏夹住施术部位，稍用力相对地做对称捻线状的来回捻动，称为捻法。

2. 动作要领

图 2-2-17　拇食指捻法

（1）拇食指捻法　拇指与食指的指腹相对着力捏夹住施术部位或反射区上进行来回捻动（图 2-2-17）。

（2）多指捻法　拇指与其余四指的指腹着力捏夹住施术部位或反射区上，做相对用力的来回捻动。

（3）捻揉法　拇指与其余四指的指腹相对捏夹住施术部位稍用力地做对称捻线状捻揉动作。

3. 操作要求　操作时要快速灵活，用力要协调。在拇指与其他指腹夹捏住施术部位做对合交替的旋转捻动，用力不可呆滞，动作要灵活、快速，用力柔和，连贯自然，轻巧均匀。移动要缓慢，有连贯性。

4. 临床应用　具有理筋通络、滑利关节、消肿止痛等作用。常用于四肢小关节，如手指和足趾关节。常配合其他手法治疗指（或趾）间关节的疼痛、肿胀或屈伸不利等症。

知识链接

　　踩跷法：用单足或双足踩踏一定部位，称为踩跷法。患者俯卧，在胸部和大腿部各垫 3～4 个枕头，使腹部腾空（离床面 10～20 cm）。医者两手扶住预先设置好的横木上，以控制自身体重和踩踏时的力量。用脚踩踏患者腰部并作适当的弹跳动作。弹跳时足尖不能离开腰部。根据患者体质，可逐渐增加踩踏力量和弹跳幅度。患者放松，配合呼吸，不要逆气，随着弹跳的起落，张口一呼一吸。踩踏速度要均匀而有节奏。本法属于重手法，临床上适用于体质较强的患者，常用于腰椎间盘突出症的治疗。有纠正后关节错缝和帮助髓核复位的作用。由于本法刺激强度大，使用时需谨慎，首先要排除患者的心、肝、肾疾病和肺结核、胃肠道溃疡病，否则容易产生医疗事故。对体质虚弱和类风湿性脊柱炎及骨结核患者不宜使用。

（黄　毅）

五、叩击类手法

用手掌、拳背、小鱼际、指端或棒等有节律地击打肢体体表，使之产生叩击感觉的一类手法，统称为叩击类手法。这类手法包括拍法和击法等。

数字课件 225

（一）拍法

1. 概念　拍法是指用虚掌着力于施术部位进行拍打的手法。

2. 动作要领

（1）虚掌拍法：五指并拢，掌指关节微屈，使掌心空虚，腕关节自然放松，以肘关节为支点，前臂主动施力上下运动，带动掌指平稳而有节奏地拍打施术部位。亦可双掌交替进行拍打（图 2-2-18 和图 2-2-19）。

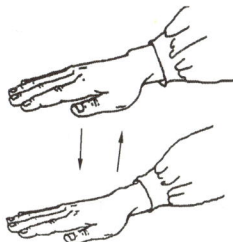

图 2-2-18　虚掌拍法（1）

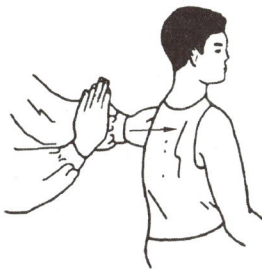

图 2-2-19　虚掌拍法（2）

（2）指背拍法：五指关节自然微屈并放松，以腕关节为支点，腕部主动施力上下运动，带动五指背部平稳而有节奏地拍打施术部位。

3. 操作要求　用力要稳，要由轻到重，节奏要均匀，不能忽快忽慢。动作频率每分钟 80～160 次。

4. 临床应用　本法具有通经活络、调和脏腑的功效。单掌拍法多在脊柱正中线，由上而下较重用力拍打；双掌拍法多在脊柱两侧及下肢后侧拍打；指背拍法多在四肢拍打。临床常用于腰背筋膜炎、腰椎间盘突出症、四肢伤筋、慢性疲劳综合征、高血压、糖尿病等。

（二）击法

1. 概念　击法是指用拳背、掌根、小鱼际、手指尖或棒着力于施术部位进行击打的手法。

2. 动作要领

（1）拳击法　握拳，用拳背、拳盖或拳底处着力于施术部位，肘屈曲，以肘关节为支点，腕部放松，前臂主动运动，带动腕拳进行节律性地击打（图 2-2-20）。

（2）掌根击法　五指自然伸直，腕关节略背伸并放松，以掌根处着力于施术部位，肘屈曲，以肘关节为支点，前臂主动运动，带动手掌根进行节律性的击打（图 2-2-21）。

（3）侧掌击法　侧掌，掌指关节伸直，腕关节略背伸并放松，以小鱼际处着力于施术部位，肘屈曲，以肘关节为支点，前臂主动运动，带动手掌根进行节律性的击打（图 2-2-22）。

（4）指击法　以食指、中指、无名指和小指端或螺纹面着力于施术部位，腕关节放松，肘屈曲，以肘关节为支点，前臂主动运动，带动手掌指进行节律性的击打（图2-2-23）。

（5）棒击法　手握棒下端三分之一，以棒体的前三分之一着力于施术部位，肘屈曲，

Note

图 2-2-20　拳击法

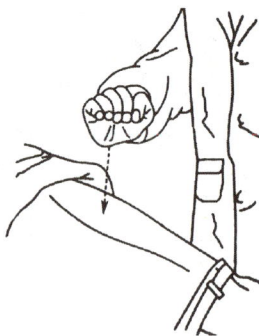

图 2-2-21　掌根击法

图 2-2-22　侧掌击法

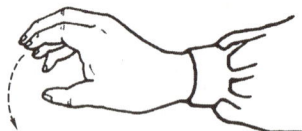

图 2-2-23　指击法

以肘关节为支点,前臂主动施力,带动棒进行节律性的击打。

3. 操作要求　操作时动作速度要轻快而有节奏性、连贯性。棒击囟门时要闭齿(以免因上下牙齿的撞击而损伤舌头)。击打膝关节时不要击打髌骨正面。小儿一般不用击法。

4. 临床应用　本法具有舒筋活络、调和气血、痛经止痛的功效。拳击法多在背腰部、肩部和四肢部操作,掌击法多在肩胛骨内侧缘、臀部的环跳穴处操作,侧击法多在肩上部、脊柱两侧及下肢后侧部操作,指击法多在头部操作,棒击法多在背部、下肢后侧或小腿外侧部操作。临床上常用于肢体疼痛、麻木不仁、风湿痹痛、疲劳症、肌肉酸痛等。

六、运动关节类手法

（一）摇法

1. 概念　摇法是指关节或半关节做被动的环转运动的手法。

2. 动作要领

1) 颈项部摇法　患者取坐位,颈项部肌肉放松。术者站于其侧方或后方,用一手按其头枕部,另一手托住其下颏部,术者以肩、肘关节为双重支点,手臂主动施力,两手反向用力使颈椎做左右环转摇动(图 2-2-24)。

2) 肩关节摇法

(1) 托肘摇肩法　患者取坐位,术者站于其侧方,用一手按压在其肩部上方以固定,另一手握住其腕部,术者以肩关节为支点,手臂主动施力,使患者肩关节做环转运动(图 2-2-25)。

(2) 握腕摇肩法　患者取坐位,术者站于其侧方,用一手按压在其肩部上方以固定,另一手握住其腕部,术者以肩关节为支点,手臂主动施力,使患者肩关节做环转运动(图 2-2-26)。

(3) 握臂摇肩法　患者取坐位,术者站于其侧方,用手按压在其肩部上方以固定,另一

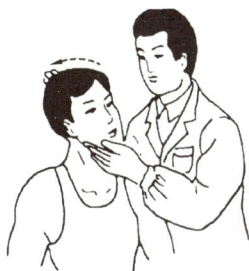

图 2-2-24　颈项部摇法　　图 2-2-25　托肘摇肩法　　图 2-2-26　握腕摇肩法

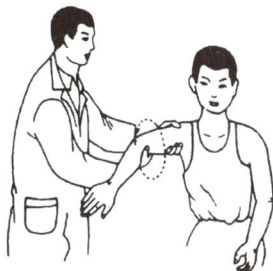

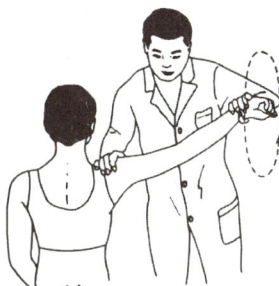

手握住其前臂下端,术者以肩关节为支点,手臂主动施力,使患者肩关节做外展上举运动。

（4）握手摇肩法　患者取坐位,术者站于其侧前方,上肢伸直,用手握住患者手或腕部,以肩关节为支点,手臂主动施力,使患者上肢做顺时针或逆时针方向较大的环转运动,以此使肩关节做环转运动。

（5）大幅度摇法　患者取坐位,术者站于其侧方,用双手握住其腕部,以肩关节为支点,手臂主动施力,使患者上肢做外展和上举运动,待肩关节活动度增大后,术者一手压在其肩部上方以固定,另一手握住其腕部,以肩关节为支点,手臂主动施力,使患者肩关节做环转运动。当肩关节的活动度进一步加大后术者握住患者腕部做顺时针或逆时针方向较大的环转运动（图 2-2-27 至图 2-2-29）。

图 2-2-27　大幅度摇法Ⅰ　　图 2-2-28　大幅度摇法Ⅱ　　图 2-2-29　大幅度摇法Ⅲ

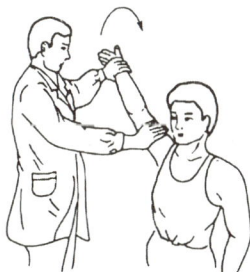

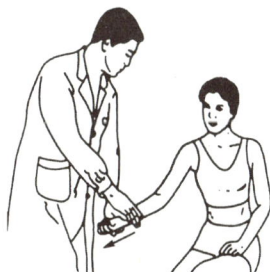

3）肘关节摇法　患者取坐位,术者站于其侧方,用一手托住其肘后部以固定,另一手握住其腕部,使其屈肘 45°左右,术者以肘关节为支点,手臂主动施力,使患者肘关节做环转摇动。

4）腕关节摇法　患者取坐位,掌心朝下,腕部放松。其一,术者两手拇指分别按压在其腕背部,余指握住手掌部,助手双手握住其前臂下端处,两手臂协调主动施力,在稍用力拔伸下做腕关节的环转运动。其二,术者一手握住其腕上部,另一手握住其掌部,在稍用力拔伸情况下做患者腕关节的环转运动。

5）腰部摇法

（1）仰卧位摇腰法　患者取仰卧位,两下肢并拢,屈髋屈膝。术者站于其侧方,手按在膝部,另一手按在足踝部,术者以肩关节和肘关节为双重支点,两手臂协调主动施力,做其腰部环转运动（图 2-2-30）。

（2）俯卧位摇腰法　患者取俯卧位,两下肢自然伸直。术者站于其侧方,用一手按在其腰部,另一手托住其膝关节稍上方,术者以肩关节为支点,两手臂主动协调施力,使其腰部做环转摇动。

6）髋关节摇法　患者取仰卧位,一侧下肢屈髋屈膝约 90°,术者站其侧方,用一手按

Note

在其膝部,另一手握住其足踝部或足跟部,术者以肩关节为支点,两手臂主动协调施力,使其髋关节做环转摇动(图 2-2-31)。

图 2-2-30 仰卧位摇腰法   图 2-2-31 髋关节摇法

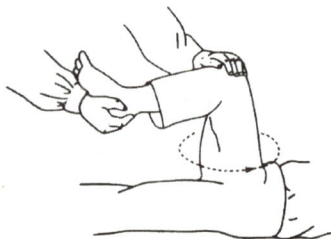

7)膝关节摇法

(1)仰卧位摇膝法 患者取仰卧位,一侧下肢屈髋屈膝。术者站于其侧方,用手托住其腘窝部,另一手握住其足踝部,术者以肩、肘关节为支点,握住其足踝部的手臂主动施力,使其膝关节做环转摇动(图 2-2-32)。

(2)俯卧位摇膝法 患者取俯卧位,一侧下肢屈膝。术者站于其侧方,用手按压在其大腿后部以固定,另一手握住其足踝部,术者以肩、肘关节为支点,握住其足趾部的手臂主动施力,使其膝关节做环转摇动。

8)踝关节摇法

(1)仰卧位摇踝法 患者取仰卧位,下肢自然伸直。术者站于其足端,用一手托住其小腿下部以固定,另一手握住其足趾部,术者以肩关节和肘关节为双重支点,在稍用力拔伸其足趾的情况下,握足趾处手臂主动施力,使其踝关节做环转摇动(图 2-2-33)。

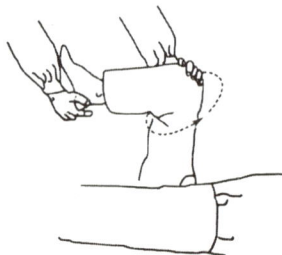

图 2-2-32 仰卧位摇膝法   图 2-2-33 仰卧位摇踝法

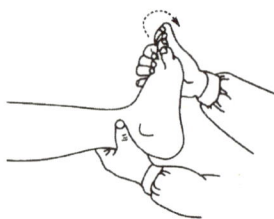

(2)俯卧位摇踝法 患者取俯卧位,术者站于其足端部,用左手握住其踝部上方以固定,右手握住其足趾处,术者以肘关节为支点,握足趾处手臂主动施力,使其踝关节做环转摇动。

3. 操作要求 摇法幅度必须由小到大,动作要缓和,用力要稳,活动由轻到重,由小到大,由慢到快。幅度大小应根据病情恰如其分地掌握,适可而止,不可勉强。不能超过关节正常生理活动范围。

4. 临床应用 本法具有舒筋通络、滑利关节、松解粘连的功效。多在全身各关节及颈、腰段脊柱处操作。临床常用于颈椎病、肩周炎、腰椎间盘突出症及各关节酸楚疼痛、外伤、术后关节功能障碍等。

附:背法

动作要领:医者和患者背靠背站立,医生两肘靠住患者肘弯部,然后弯腰屈膝挺臀,

将患者反背起,使其双脚离地,以牵伸患者腰椎,再做快速伸膝挺臀动作,同时以臀部着力颤动或摇动患者腰部。操作时臀部的颤动要和两膝的屈伸动作协调。临床应用:腰部扭闪疼痛及腰椎间盘突出症等常用本法配合治疗。

(二)扳法

1. 概念　扳法是指关节在瞬间突然受外力的作用下,做被动的旋转或屈伸、展收等运动的手法。

2. 动作要领

1)颈部扳法

(1)颈部斜扳法　患者取坐位,颈项部放松。术者站于其侧后方(以患者右侧为例),用左手扶住其头枕部,右手托住其下颏部,术者以肩、肘关节为双重支点,两手臂反方向协同施力,使患者头部向一侧旋转,当旋转至有阻力时,略停片刻,以"巧力寸劲"做一突发的快速扳动,有时可听到"喀嗒"弹响声(图2-2-34)。

(2)颈椎旋转定位扳法　患者取坐位,颈项部放松。术者站于其侧后方,并用一手拇指按压在其病变颈椎棘突旁,另一手托住其下颏部,嘱患者屈颈低头至术者拇指

图 2-2-34　颈部斜扳法

下感到棘突活动且关节间隙张开时,令其向患侧屈颈至最大限度,然后将头缓慢旋转至有阻力时,略停片刻,术者用"巧力寸劲"做快速的扳动,常可听到"喀嗒"弹响声。

(3)寰枢关节旋转扳法　患者取坐位,颈略前屈。术者站于其侧后方(以患者右侧为例),用左手拇指顶住其第二颈椎棘突,右侧肘弯夹托住其下颌部,手扶在患者左侧顶颞部,术者肘臂部主动施力,缓慢地将患者颈椎向上拔伸,同时使其颈椎向右侧旋转,当旋转至有阻力时,稍停片刻,随之用"巧力寸劲"做一突发性的快速扳动,此时常可听到"喀嗒"弹响声。

2)胸背部扳法

(1)扩胸牵引扳法　患者取坐位,两手十指交叉抱住枕后部。术者站于其后方,并用一侧膝部顶住其胸椎病变处,两手分别握住其两肘部。嘱其前俯时呼气,后仰时吸气,如此活动数次后,使患者身体后仰至最大限度时,术者用"巧力寸劲"将患者两肘部向后方猛然拉动,同时膝部突然向前用力顶抵,此时可听到"喀嗒"弹响声(图2-2-35)。

(2)胸椎对抗复位法　患者取坐位,两手交叉抱住枕后部。术者站于其后方,两手自患者腋下穿过并分别握住其两前臂近腕处,用一侧膝部顶住其病变胸椎棘突部,术者握住其前臂近腕处的两手用力下压,而前臂用力上抬,同时顶住病变胸椎的膝部向前向下用力,与前臂上抬形成反方向的对抗,静待片刻后,两手臂与膝部用"巧力寸劲"做一突发性的快速扳动,此时可闻及"喀嗒"弹响声(图2-2-36)。

(3)扳肩式胸椎扳法　患者取俯卧位,术者站于其患侧,用手掌根按压在其病变胸椎的棘突旁,另一手自患者腋下穿过并扶按住肩上部,两手臂主动协调反方向施力,将患者肩部扳向后上方至有阻力时,稍停片刻,随之以"巧力寸劲"做一突发性的快速扳动,此时或可听到"喀嗒"弹响声。

3)肩关节扳法

(1)肩关节外展扳法　患者取坐位,术者半蹲于其患侧,将患者上肢外展45°左右,并使关节稍上方置于术者肩上。术者两手十指交叉按压在其肩部,并用力向下按压,与术

Note

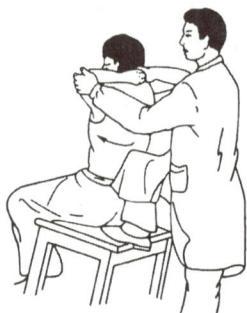

图 2-2-35　扩胸牵引扳法

图 2-2-36　胸椎对抗复位法

者身体缓慢站起来形成反方向的对抗,使患者肩关节外展至有阻力时,稍停片刻,用"巧力寸劲"做一快速的扳动,有时可听到"嘶嘶"响声,以示粘连得以松解。

(2)肩关节内收扳法　患者取坐位,患侧上肢屈肘置于胸前,手扶在对侧肩部。术者站于其后,用一手按在其肩部以固定,另一手握住患侧肘部,并慢慢向对侧胸前上方拉至有阻力时,稍停片刻,以"巧力寸劲"做一较大幅度的快速扳动。

(3)肩关节旋内扳法　患者取坐位,患侧上肢背伸屈肘置于腰部后侧。术者站于其侧后方,用一手按在其肩部以固定,另一手握住其腕部,并将其前臂沿其腰背部缓慢上举,使其肩关节逐渐内旋至有阻力时,略停片刻,以"巧力寸劲"做一快速的扳动。

(4)肩关节上举扳法　患者取坐位,两臂自然下垂。术者站于其后方,用一手握住患侧前臂近腕关节处,另一只手握其前下臂下段,两手协调用力,使患者肩关节外展位缓慢上举至有阻力时,略停片刻,以"巧力寸劲"做一快速的扳动。

4)腰部扳法

(1)腰椎斜扳法　患者取侧卧位,上侧下肢屈髋屈膝,下侧下肢自然伸直。术者站于其面侧方,用一肘或手按压在其肩部,另一肘或手按压在其髋部,两肘或两手反方向协调施力,先做数次腰部小幅度的扭转活动,待患者腰部肌肉完全放松后用力向前下方按压其肩部,同时反方向用力向后下按压其髋部,待患者腰部扭转至有明显阻力时,稍停片刻,以"巧力寸劲"做猛然的快速扳动(图 2-2-37)。

(2)腰椎旋转复位法　患者取坐位,腰部放松,两臂自然下垂(以右侧为例)。助手站于其左前方,用两下肢夹住其小腿部,两手按压在其股部以固定。术者半蹲于其后侧右方,用左手拇指端或螺纹面抵按住其腰椎病变棘突侧方,右手臂从其右腋下穿过且右手掌按在颈部,右手掌缓慢向下按压,同时令患者做腰部前屈动作,术者左拇指下感到棘突活动且棘突间隙张开时,以左拇指抵按棘突为支点,右手臂慢慢施力,使患者腰部向右扭转至有阻力时,稍停片刻,两手协调反方向用力,以"巧力寸劲"做一快速的扳动(图 2-2-38)。

图 2-2-37　腰椎斜扳法

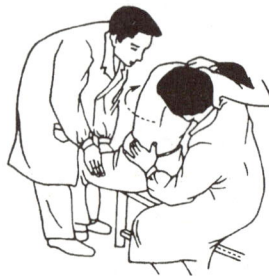

图 2-2-38　腰椎旋转复位法

（3）直腰旋转扳法　患者取坐位,两足分开(以右侧扳动为例)。术者站于其左侧方,用下肢夹住其小腿及股部以固定,左手按压在其左肩部,右手臂自其右腋下穿过且右手掌按在肩前部,两手臂协调反方向用力,左手向前推按其左肩部,右手向后拉其右肩部,同时右臂施以上抬之力,从而使腰部向右旋转至有明显阻力时,以"巧力寸劲"做一快速的扳动。

（4）腰椎后伸扳法　患者取俯卧位,两下肢自然并拢。术者站于其侧方,以手按压在其腰部,另一手臂托住其两膝关节稍上方处,并缓慢上抬,使腰部后伸至有明显阻力时,两手臂协调反方向用力,以"巧力寸劲"做一快速的腰部扳动(图 2-2-39)。

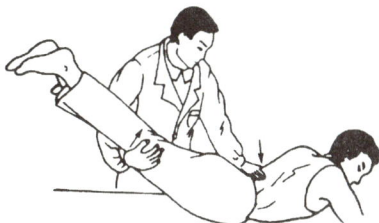

5）髋关节扳法

（1）屈髋屈膝扳法　患者取仰卧位,一侧下肢屈髋屈膝,另一侧下肢伸直。术者站于其屈髋屈膝

图 2-2-39　腰椎后伸扳法

一侧,用一手按压在伸直侧下肢的膝部,另一手扶按在屈曲侧的膝部,并使前胸部贴近其小腿部,两手臂及身体共同施力,将其屈曲侧下肢向术者前下方按压,使其大腿前面贴近胸腹部,待其抗力至最大限度时,略停片刻,然后以"巧力寸劲"做加压扳动。

（2）髋关节后伸扳法　患者取俯卧位,两下肢自然伸直。术者站于其扳动髋关节的对侧,用一手按压在扳动侧臀部,另一手托住其同侧下肢的膝上部,两手及身体协调用力,使其髋关节最大限度过伸。待至出现到最大阻力位时,以"巧力寸劲"做一快速过伸的扳动。

（3）髋关节外展扳法　患者取仰卧位,两下肢自然伸直。术者站于其扳动其髋关节侧,用一手按压在一侧下肢的膝部,另一手握住扳动侧下肢的小腿部并靠在术者大腿外侧,两手及身体协调用力,使其扳动侧下肢外展,待至到达最大阻力位时,以"巧力寸劲"做一快速过伸的扳动。

3. 操作要求　操作时动作必须果断而快速,用力要稳,两手动作配合要协调,扳动幅度一般不能超过各关节的生理活动范围。

4. 临床应用　具有整复错位、松解粘连、滑利关节、舒筋活络的功效。临床上常用于颈椎病、肩周炎、腰椎间盘突出症、脊柱小关节紊乱、四肢关节伤筋、外伤或手术后关节功能障碍等。

（三）拔伸法

1. 概念　拔伸法是指固定肢体或关节的一端,应用对抗的力量牵拉另一端的手法。

2. 动作要领

1）颈椎拔伸法

（1）颈椎掌托拔伸法　患者取坐位,术者站于其后,并用双手拇指螺纹面分别按压在其两侧风池穴处,两掌分别托住其下颌部以助力,术者前臂悬空或置于其两侧肩部内侧。术者以肩、肘关节为双重支点,两手臂有节奏地施力,拇指与双掌缓缓用力向上拔伸 1～2 min(图 2-2-40)。

（2）颈椎肘托拔伸法　患者取坐位,术者站于其后方或其侧方,用手扶在其枕后部以固定助力,另一侧上肢的肘弯部夹住其下颌部,而手掌扶在其侧头部以加强固定。术者以两足为支点,两手臂和腰部协同主动运动用力,向上缓慢拔伸 1～2 min。

2）肩关节拔伸法

（1）肩关节对抗拔伸法　患者取坐位,术者站于其侧方,用双手分别握住其腕部和前

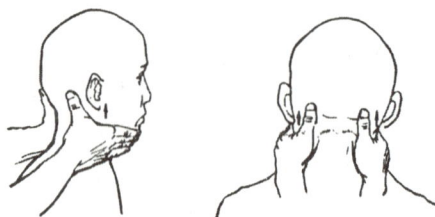

图 2-2-40　颈椎掌托拔伸法

臂上段处,在关节外展 45°～60°位时缓慢用力牵拉,同时一助手固定患者身体上半部,与牵拉之力相对抗,持续拔伸 1～2 min。

(2)肩关节手牵足蹬拔伸法　患者取仰卧位,术者站于其右侧方(以患者右侧为例),双手分别提住其右腕部及前臂部,右足跟蹬住其腋窝部,术者身体后仰,以左足为支点,双手和右足及身体协调主动施力,使患者肩关节在外展 20°位时得到一个持续 1～2 min 的对抗牵引,然后再内收、内旋其右肩关节。

3)肘关节拔伸法　患者取坐位或仰卧位。术者站于其侧方,用手握住其腕部,另一手握住其上臂下段处,上肢外展位时两手对抗用力进行持续拔伸 1～2 min。

4)腕关节拔伸法　患者取坐位或仰卧位,术者站于其侧方,用一手握住其前臂中段,另一手握住其手掌部,两手对抗用力进行拔伸 1～2 min。

5)腰椎拔伸法　患者取仰卧位,双手抓住床头。术者站于其足端部并用两手分别握住其双足踝部。术者身体后倾,两膝屈曲,以两足和双膝为支点,手足及身体协调主动用力使患者腰部得到一个持续的对抗力,持续拔伸 1～2 min。

6)髋关节拔伸法　患者取仰卧位,助手用双手按压在其两髂前上棘处以固定。术者站于患者侧方,使其拔伸侧下肢屈髋屈膝,术者用一手扶住其膝部,另一侧上肢屈肘用前臂托住其腘窝部,胸胁部抵住其小腿。术者以两足和腰部为支点。两手臂及身体协调用力,将患者髋关节向上拔伸 1～2 min。

7)膝关节拔伸法　患者取仰卧位,助手用双手控住其一侧下肢股部中段以固定。术者站于患者足端,并用两手分别握住其足踝部和小腿下部,身体后倾。以两足和腰部为支点,双手臂和身体协调主动用力向患者足端方向持续拔伸 1～2 min。

8)踝关节拔伸法　患者取仰卧位,术者站于其足端,用一手握住其小腿下段(或足跟部),另一手握住其跖趾部,先使其踝关节背屈,然后使其跖屈,用力持续拔伸 1～2 min。

3. 操作要求　拔伸动作要稳而缓,用力要均匀而持续,不可突发暴力。力要由小到大,拔伸到一定程度后,则需要一个稳定的持续牵引力。

4. 临床应用　本法具有整复错位、分解粘连的功效。多在各关节部位操作。临床常用于关节脱位骨折及各种软组织损伤性疾病等。

七、复合手法

(一) 按揉法

1. 概念　按揉法是指按法和揉法相结合而成的手法。

2. 动作要领

1)指按揉法

(1)单手指按揉法　用单手指螺纹面着力于施术部位,余四指放置于相应的位置以助力。术者腕关节悬屈,以肘关节为支点,前臂和拇指主动施力,进行有节奏性的按压揉动。

（2）双手指按揉法　用双手拇指螺纹面着力于施术部位,余四指放置于相应的位置以助力。术者腕关节悬屈,前臂和拇指主动施力,进行有节奏性的按压揉动。

2）掌按揉法

（1）单掌按揉法　用掌根部着力于施术部位,余指自然伸直,以肩关节与肘关节为双重支点,上臂和前臂主动施力,进行节奏性的按压揉动。

（2）双掌按揉法　用一手掌面或掌根部着力于施术部位,另一手掌面压在其手背上呈双手叠压状。术者以肩关节为支点,身体上半部做小幅度节律性前屈后仰运动,使身体上半部的重量随前屈后仰运动传至手掌部,从而产生节奏性的按压揉动。

3. 操作要求　要将按法与揉法进行有机结合,按揉并重,做到按中有揉,揉中寓按,刚柔相济,绵绵不绝。注意揉法节奏性,既不要过快,又不可过慢。

4. 临床应用　具有按法和揉法的双重功效。指按揉法多在颈项部、肩部自肩胛骨内缘及全身各部腧穴,掌按揉法多在腰背部及下肢后侧处操作。临床上常用于颈椎病、肩周炎、腰背筋膜炎、腰椎间盘突出症、痛经、近视、颞颌关节功能紊乱症等。

（二）拿揉法

1. 概念　拿揉是指拿法和揉法相结合而成的手法。

2. 动作要领　在拿法的基础上,拇指与其余手指在做捏、提时,带有适度的旋转揉动,从而使拿揉之力绵绵不断地作用于施术部位。

3. 操作要求　拿揉法在拿中含有一定的旋转揉动,以拿为主,以揉为辅。操作时要自然流畅,不可呆滞僵硬。

4. 临床应用　本法具有舒筋活血、通络止痛、松解粘连的功效。多在四肢部或颈项部操作。临床上常用于颈椎病、肩周炎、四肢酸痛、疲劳症等。

（三）牵抖法

1. 概念　牵抖法是指拔伸法与抖法相结合而成的手法,也称牵引法。

2. 动作要领

（1）肩关节牵抖法　患者端坐位或仰卧位,助手固定其身体上半部。术者立于患者一侧,用两手握住其腕部,用力做一定时间的拔伸,待患者肩关节适度放松时,术者再瞬间用力,做2～3次大幅度的抖动,使抖动波传到肩部。

（2）腰部牵抖法　患者俯卧位,两手拉住床头或助手固定其两腋部。术者两臂伸直,用两手分别握住其两足踝部,并身体后仰,向患者足端方向徐徐用力拔伸其腰部,拔伸的同时小幅度左右摇动其腰部,待患者腰部肌肉适度放松后,术者用力做一定时间的拔伸,身体前倾,随之身体起立,两手瞬间用力,做2～3次较大幅度的抖动,使其产生的抖动波传至腰部。

（3）髋关节牵抖法　患者仰卧或俯卧位,双手拉住床头。术者两手握住其一侧或分别握住其两侧足踝部,向足端方向用力做一定时间的拔伸,待其髋关节放松时,术者再瞬间用力,做2～3次较大幅度的抖动,使其产生的抖动之力传至髋部。

3. 操作要求　被抖动的肢体要自然伸直,并使肌肉处于最佳松弛状态。抖动所产生的抖动波应从肢体的远端传向近端。抖动的过程中始终要有牵引力。

4. 临床应用　本法具有理筋整复、滑利关节、纠正错位的功效。多在肩关节和髋关节及腰部操作。临床上常用于肩周炎、髋部伤筋、腰椎间盘突出症、滑膜嵌顿等。

（李　鸾）

能力检测

单选题

1. 推拿作用原理不包括（　　）。

A. 平衡阴阳　　　　　　　　　B. 调整脏腑　　　　　　C. 疏通经络，行气活血

D. 活血化瘀　　　　　　　　　E. 理筋整复，滑利关节

2. 下列有关擦法的说法错误的是（　　）。

A. 在治疗部位沿直线作单方向移动摩擦

B. 包括指擦法、大鱼际擦法、小鱼际擦法和掌擦法

C. 动作幅度要大，尽量拉长推擦的距离

D. 操作时术者呼吸自然，切忌屏气

E. 频率为 100～120 次/分

3. 手握空拳以食、中、无名、小指近侧指间关节背侧突起部着力的手法是（　　）。

A. 指推法　　　　B. 偏锋推法　　　　C. 搂法　　　　　D. 跪推法　　　　E. 一指禅法

4. 以拇指桡侧少商处着力的手法是（　　）。

A. 拘揉法　　　　B. 偏锋推法　　　　C. 跪推法　　　　D. 螺纹推法　　　　E. 按点法

5. 除应力的直接作用外，还有明显热效应的手法是（　　）。

A. 摆动类手法　　　　　　　　B. 按压类手法　　　　　　C. 摩擦类手法

D. 振动类手法　　　　　　　　E. 叩击类手法

6. 捻法是一种主要用于何部位的辅助性治疗手法（　　）。

A. 腹部　　　　　　　　　　　B. 头颈部　　　　　　　　C. 四肢指、趾末梢

D. 四肢部　　　　　　　　　　E. 疼痛部位

7. 下列摩法，描述错误的是（　　）。

A. 以指或掌在皮肤表面作回旋性摩动

B. 分为指摩、掌摩、掌根摩

C. 摩法是以腕部连同前臂作回旋性摩动的一种手法

D. 摩法中含有捏提并略有揉的动作

E. 掌摩法多在胸腹、背腰处操作

8. 一指禅推法要求做到（　　）。

A. 沉肩、悬肘、垂腕、掌虚、指实　　　　　B. 抬肩、垂肘、悬腕、掌虚、指实

C. 抬肩、垂肘、悬腕、掌虚、指实　　　　　D. 沉肩、垂肘、悬腕、掌实、指虚

E. 沉肩、垂肘、悬腕、掌虚、指实

9. 摩法的运动形式是（　　）。

A. 弧形　　　　B. 往返直线　　　　C. 环形　　　　D. 单方向直线　　　E. 不确定

10. 做腰部侧扳法时，患者体位一般为（　　）。

A. 仰卧　　　　B. 侧卧　　　　C. 坐位　　　　D. 俯卧　　　　E. 立位

11. 拿法是由何手法复合而成的手法？（　　）

A. 提法与揉法　　　　　　　　B. 提法与捏法　　　　　　C. 捏法与推法

D. 捏法与揉法　　　　　　　　E. 推法与拍法

12. 用指、掌或肢体其他部位按压或对称性挤压体表称（　　）。

A. 摆动类手法　　　　　　　　B. 摩擦类手法　　　　　　C. 振动类手法

D. 运动关节类手法　　　　　　E. 挤压类手法

13. 叩击类手法的技术动作,是运用什么原理来完成的?(　　)

A. 叩击样动作　　　　　　B. 鞭打样动作　　　　　　C. 震击样动作

D. 拍打样动作　　　　　　E. 甩手样动作

第三节　小儿推拿

学习目标

熟练掌握小儿推拿常用手法操作。

熟悉小儿推拿特定穴位。

基本具备运用小儿推拿康复治疗小儿常见疾病的能力。

案例引导

患者,女,2岁。2天前因吹空调引起感冒,出现发热、头痛、恶风、鼻塞、流黄涕、纳差、口干、便干溲黄等症状。查体:神清,精神尚可,体温38.2℃,咽喉红肿,两肺(－),舌红苔薄黄,脉浮数。问题:

1. 该患儿可以采用推拿进行治疗吗?

2. 如果可以,如何治疗?

一、小儿推拿概述

小儿推拿又称小儿按摩,是以中医基础理论为指导,运用特定推拿手法作用于小儿机体的穴位上,起到疏通经络、调整脏腑、运行气血的功能,从而达到防治小儿疾病的一种方法,是中医推拿学的重要组成部分。

古代推拿和儿科的发展为小儿推拿的形成奠定了基础。小儿推拿在防治的手段方面继承了推拿的固有特点,在理论上又汲取了中医儿科学的精髓。1973年湖南长沙马王堆出土的西汉帛书《五十二病方》中有推拿治疗婴儿"瘛"和"癥"的记载,晋代葛洪的《肘后备急方》治卒腹痛方法中介绍了捏脊法,唐代《备急千金要方》中有膏摩防治小儿疾病的方法,宋代《苏沈良方》记载用掐法治疗脐风撮口,而在明清时期小儿推拿则发展成小儿推拿专科,逐渐形成了特色的独立学科,杨继洲《针灸大成》中收载的《按摩经》是我国现存最早的小儿推拿学专著。这些历代著作中均含有不少小儿推拿的内容,对后世小儿推拿的发展产生了深刻和广泛的影响。

根据经验,小儿推拿的应用对象主要是针对5周岁以下的儿童,婴幼儿的效果更好。小儿推拿的适应范围非常广泛,除了有利于提高小儿免疫力及消化功能外,还可以治疗许多新生儿疾病,包括小儿内科、外科、神经科等疾病,比如感冒、咳嗽、发热、便秘、腹泻、

夜啼等。

　　小儿自出生到成人,始终处于不断生长发育的过程中,年龄越小生长发育越快。无论是生理、病理方面,还是辨证治疗方面(包括手法、穴位、操作、次数、时间),都与成人有着显著的不同。小儿的生理特点是脏腑娇嫩、形气未充,生机蓬勃、发育迅速。小儿出生后,形态结构尚未发育成熟,生理功能未曾健全,可将其概括为"稚阳未充,稚阴未长";而稚阳、稚阴是指脏腑柔嫩、气血未充、经脉未盛、筋骨未坚、腠理疏松、神气怯弱、内脏精气不足、卫外机能未固等特点。同时,小儿的机体生长发育迅猛,无论是体格、思维、语言能力以及脏腑功能均不断地、迅速地向着完善成熟方向发展,如旭日初升、草木方萌一般,中医又称之为"纯阳"。小儿的病理特点是发病容易、传变迅速,脏器清灵、易趋康复。由于小儿为稚阴稚阳之体,肺脏娇嫩,"脾常不足","肾常虚",寒温饮食不知自调,御邪功能较成人弱,最易被外邪所伤,出现肺、脾、肾三脏疾病及传染病等。小儿患病后病情变化迅速,邪气易盛,正气易虚,其寒热虚实的迅速转化较成人突出,即为易虚易实、易寒易热。与成人相比,小儿的机体生机蓬勃,脏腑之气清灵,且宿疾较少,病情相对单纯,因此小儿虽易患病、传变快,但调治及时,病情好转的速度也较快,较易痊愈。掌握这些特点,对于学习小儿推拿,更好地诊断和防治疾病,具有十分重要的意义。

　　小儿疾病的诊断方法,与临床其他各科一样,均用望、闻、问、切四种不同的诊查手段进行诊断和辨证。但因乳婴儿不会说话,年龄稍大的小儿虽已会说话,也不能正确叙述自己的病情,所以儿科又称之为"哑科",加上就诊时经常哭闹,脉息难凭,给诊断造成了难度。因此儿科诊断时,常常以望诊为主,闻、问、切诊为辅,正如《幼科铁镜·望形色审苗窍从外知内》所说:"而小儿科,则唯以望为主,问继之,闻则次。"

　　小儿推拿操作时,因小儿肌肤柔嫩,腠理疏松,神气怯弱,故推拿手法特别强调"轻快柔和、平稳着实",并且重视手法补泻,比如慢速为补、快速为泻、旋推为补等。此外,由于小儿皮肤薄嫩,故一般要借助介质(水、爽身粉、冬青膏、薄荷水等)进行润滑皮肤,防止推拿时擦伤皮肤,同时提高疗效。小儿推拿的穴位除了应用经络穴位、经外奇穴、阿是穴及经验穴外,尚有其特有的穴位——小儿推拿特定穴。小儿推拿特定穴多分布在四肢肘膝关节以下,且以手掌手背居多,操作起来比较方便。临床选穴时可根据患儿病证的虚实、年龄的大小等,酌情增减、灵活掌握。

　　小儿推拿属于自然疗法,无毒副作用,能达到有病治病、无病保健的目的。随着现代人们健康理念的更新,很多家长都开始信任和采用纯小儿推拿。目前,该疗法已成为儿童保健及治疗的重要方法之一。

二、小儿推拿特定穴

　　小儿推拿特定穴不仅有点状,还有线状及面状,而且以两手居多,正所谓"小儿百脉汇于两掌"。其穴位与手法往往结合起来,比如清天河水、退六腑等;推拿手法操作时间常有次数的规定,比如清天河水100～300次;小儿推拿顺序一般是先上肢,次头面,再胸腹、腰背,后下肢;上肢特定穴推拿时习惯上推左手。以上均为小儿推拿特定穴临床应用的特点。临床取穴时也是采用手指同身寸定位法,即依据小儿本人手指为尺寸折量标准来量取穴位的定位方法,又称"指寸法"。小儿推拿特定穴包括头面部特定穴、胸腹部特定穴、腰背部特定穴、上肢部特定穴、下肢部特定穴,具体如下。

　　(一)头面部特定穴

　　1. 天门(攒竹)

　　【定位】　两眉中间至前发际成一直线。

Note

【操作】　两拇指自上而下交替直推,称开天门,又称推攒竹,30～50次(图2-3-1)。

【作用】　疏风解表,开窍醒脑,镇静安神。

【临床应用】　常用于感冒、头痛、发热、失眠等,多与推坎宫、揉太阳等合用。若惊惕不安、烦躁不宁多与清肝经、捣小天心、揉百会等合用。

2. 坎宫

【定位】　自眉头起沿眉向眉梢成一横线。

【操作】　两拇指自眉心向眉梢分推,称推坎宫,又称推眉弓、分阴阳,30～50次(图2-3-2)。

【作用】　疏风解表,醒脑明目,止头痛。

【临床应用】　常用于感冒、头痛、发热、目赤肿痛等,多与开天门、揉太阳等合用。若用于治疗目赤肿痛,多与清肝经、掐揉小天心、清天河水等合用。

3. 山根(山风、二门)

【定位】　两目内眦中间。

【操作】　拇指甲掐,称掐山根,3～5次(图2-3-3)。

【作用】　开窍,醒目定神。

【临床应用】　常用于惊风、昏迷、抽搐等,多与掐人中、掐老龙等合用。

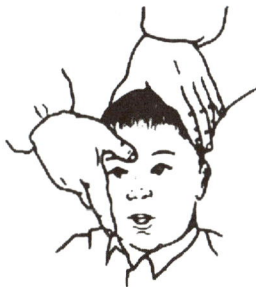

图 2-3-1　开天门　　　　　图 2-3-2　推坎宫　　　　　图 2-3-3　掐山根

4. 牙关(颊车)

【定位】　下颌角前上方一横指,用力咬牙时咬肌隆起处。

【操作】　用拇指按或中指揉,称按牙关或揉牙关,30～50次。

【作用】　疏风开窍,通络止痛。

【临床应用】　常用于牙关紧闭、口眼歪斜等。若用于牙关紧闭,多与掐人中、掐十宣等合用;若用于口眼歪斜,多与揉迎香、揉地仓、揉四白等合用。

5. 囟门(泥丸)

【定位】　前发际正中直上2寸,百会前骨凹陷中。

【操作】　两手扶住小儿头部,两拇指自前发际交替推至囟门,或自囟门向两旁分推,若小儿囟门未闭,应推至囟门边缘;或用掌心轻揉囟门,30～50次。

【作用】　镇静安神,通窍。

【临床应用】　常用于头痛、惊风、鼻塞等。正常情况下前囟在出生后12～18个月闭合,因此操作时手法要轻柔,不可用力按压。

6. 耳后高骨(高骨)

【定位】　耳后入发际,乳突后缘高骨下凹陷中。

【操作】　用拇指或中指尖揉,称揉耳后高骨,30～50次。用两拇指推运,称运耳后高骨,30～50次(图2-3-4)。

Note

【作用】 疏风解表,除烦安神。

【临床应用】 常用于外感头痛、惊风、神昏烦躁。若用于外感头痛,常与开天门、推坎宫、揉太阳配合应用,合称"治疗外感四大手法";若用于惊风、神昏烦躁可与按百会、清心经等合用。

7. 天柱骨(天柱)

【定位】 颈后发际正中至大椎穴成一直线,呈线状穴。

【操作】 用拇指或食指自上而下直推,称推天柱,推 100~300 次。或用汤匙边蘸水自上而下刮,刮至皮下瘀血,称刮天柱(图 2-3-5)。

【作用】 降逆止呕,祛风散寒。

【临床应用】 常用于发热、呕吐、项强、惊风等。若用于外感发热、项强,可与拿风池、掐揉二扇门等合用;若用于呕吐,可与揉板门、揉中脘等合用。蘸薄荷水、凉水或麻油刮天柱,可治疗暑热发痧等。

8. 桥弓

【定位】 颈部两侧,沿胸锁乳突肌成一线。

【操作】 用拇指和食指或拇指和中指的螺纹面,相对用力,在患者胸锁乳突肌处揉、揉捏、提拿,或用拇指抹。揉 3~5 min,揉捏 10 次,提拿 3~5 次(图 2-3-6)。

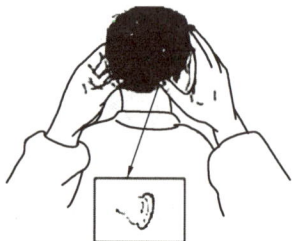

图 2-3-4　揉耳后高骨　　　　图 2-3-5　推天柱　　　　图 2-3-6　桥弓

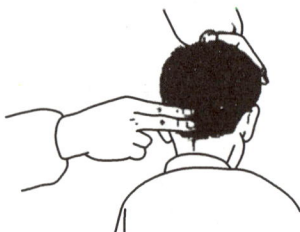

【作用】 活血化瘀,消肿。

【临床应用】 常用于小儿斜颈,多与颈项部摇法、扳法、揉法等合用。

(二)胸腹部特定穴

1. 乳根

【定位】 乳头向下 0.2 寸。

【操作】 用食指或中指尖揉,称揉乳根,30~50 次。

【作用】 宽胸理气,化痰止咳。

【临床应用】 常用于胸闷、胸痛、咳喘、痰鸣等,多与揉乳旁、推揉膻中等合用。

2. 乳旁

【定位】 乳头向外旁开0.2 寸。

【操作】 用两拇指或中指指尖揉,称揉乳旁,30~50 次;或用两拇指、中指拿,称拿乳旁,3~5 次。

【作用】 揉乳旁具有宽胸理气,止咳化痰作用;拿乳旁具有降逆止呕作用。

【临床应用】 常用于胸闷、胸痛、咳喘、痰鸣、呕吐等。若用于咳喘、胸闷,常与揉乳根、揉膻中、揉肺俞等合用。

3. 胁肋

【定位】 从腋下两胁至天枢处。

【操作】　两手掌从两侧腋下搓摩至天枢穴,称搓摩胁肋,又称按弦走搓摩,50～100 次(图 2-3-7)。

【作用】　顺气化痰,除胸闷,开积聚。

【临床应用】　常用于胁痛胸闷、痰喘气急、疳积等。若用于胁痛、胸闷、痰喘气急,可与揉膻中、推膻中等合用;若用于疳积者,可与捏脊法合用。

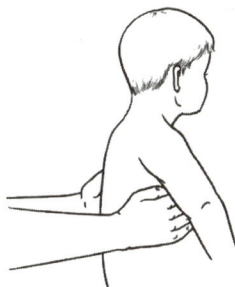

图 2-3-7　搓摩胁肋

4. 中脘(胃脘、太仓)

【定位】　腹部正中线,脐上 4 寸,即胸骨下端剑突与脐连线的中点。

【操作】　用指尖或掌根按揉中脘,称揉中脘,100～300 次;用掌心或四指摩中脘 5 min,称摩中脘;用食指、中指指面自天突起沿胸部正中线直下推至中脘或从中脘直上推至天突,称推中脘,100～300 次。

【作用】　健脾和胃,消食和中。

【临床应用】　常用于腹胀、嗳气、食积、食欲不振、呕吐、泄泻等,常与推脾经、按揉足三里等合用。若用于胃气上逆、嗳气呕恶,可与推板门、推天柱等合用。

5. 腹

图 2-3-8　摩腹

【定位】　腹部(以中腹为主)。

【操作】　两手拇指自剑突下沿肋弓边缘或自中脘至脐,向两旁分推,称分推腹阴阳,100～200 次;或以掌面或四指腹摩腹 5 min,称摩腹(图 2-3-8)。

【作用】　健脾和胃,消食理气。

【临床应用】　常用于消化不良、腹痛腹胀、恶心呕吐等,常与捏脊、按揉足三里等合用,作为小儿保健手法。分推腹阴阳善治乳食停滞、胃气上逆引起的恶心、呕吐、厌食、腹胀等,常与运内八卦、清补脾经等合用。摩腹分补泻,顺时针摩腹为泻法,能消食导滞通便,用于便秘、腹胀、厌食等;逆时针摩腹为补法,能补脾止泻,用于脾虚泄泻、寒湿泄泻等。

6. 脐(神阙)

【定位】　肚脐。

【操作】　用中指尖或掌根揉,称揉脐,100～300 次;用指腹或掌面摩 5 min,称摩脐。顺时针方向揉为泻法,逆时针方向为补法,顺逆各半揉之为平补平泻法。

【作用】　温阳散寒,补益气血,健脾和胃,消食导滞。

【临床应用】　常用于腹泻、便秘、腹胀、腹痛、肠鸣、疳积等。临床上揉脐、摩腹、推上七节骨、揉龟尾常配合应用,简称"龟尾七节、摩腹揉脐",治疗腹泻效果较好。

7. 丹田

【定位】　腹部,脐下 2 寸与 3 寸之间。

【操作】　用手指、手掌揉,称揉丹田,50～100 次;用手指、手掌摩 5 min,称摩丹田(图 2-3-9)。

【作用】　培肾固本,温补下元,分清别浊。

【临床应用】　常用于小儿先天不足、下元虚冷所致的腹痛、遗尿、脱肛、疝气、尿潴留等。若用于疝气、遗尿、脱肛,可与补肾经、推三关、揉外劳宫等合用;若用于尿潴留,可与按丹田、推箕门等合用。

8. 肚角

【定位】　脐下 2 寸(石门穴),旁开 2 寸。

【操作】　用拇、食、中三指由脐旁向深处拿捏,称拿肚角,3~5 次(图 2-3-10)。

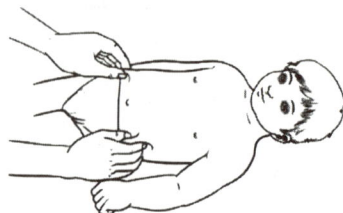

图 2-3-9　摩丹田　　　　　　　　　　图 2-3-10　拿肚角

【作用】　止腹痛。

【临床应用】　各种原因引起的腹痛均可应用,尤其是寒痛、伤食痛效果更好。临床上可与揉脾经、摩腹、揉丹田等合用。本法刺激性较强,为防止患儿哭闹而影响手法的操作和治疗效果,一般在诸手法施毕后,再拿此穴。

（三）腰背部特定穴

1. 腰俞

【定位】　第 3 腰椎棘突下,旁开 3 寸凹陷处。

【操作】　用食、中两指或两拇指分别置于左右穴位揉动,称揉腰俞,50~100 次。

【作用】　活血,通络,止泻。

【临床应用】　常用于下肢痿软、腰痛、泄泻等,可配合肢体手法推拿治疗。

2. 脊柱

【定位】　大椎至长强成一直线,是小儿身体上最长的线状穴。

【操作】　用食、中二指螺纹面自上而下作直推,称推脊,100~300 次;或用捏法自下而上,称捏脊,捏脊一般捏 3~5 遍,每捏三下再将脊背皮肤提一下,称为捏三提一法(图 2-3-11)。

【作用】　调阴阳,理气血,和脏腑,通经络,培元气,清热。

【临床应用】　捏脊能强健身体,是小儿保健常用主要手法之一。临床上多与补脾经、补肾经、推上关、摩腹、按揉足三里等合用,治疗先、后天不足的一些慢性病。本法单用名为捏脊疗法,不仅常用于小儿疳积、腹泻等,还可应用于成人失眠、脾胃病、月经不调等。推脊能清热,多与退六腑、清天河水、推涌泉等合用。

3. 七节骨(七节)

【定位】　第四腰椎向下至尾椎骨端(长强穴)成一直线(图 2-3-12)。

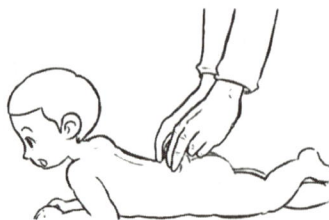

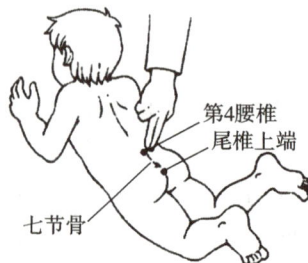

图 2-3-11　捏脊　　　　　　　　　　图 2-3-12　七节骨

第4腰椎
尾椎上端
七节骨

【操作】　用拇指桡侧面或食、中二指螺纹面自下而上或自上而下作直线推动,分别称为推上七节骨和推下七节骨,100～300次。

【作用】　推上七节骨温阳止泻,推下七节骨泻热通便。

【临床应用】　推上七节骨多用于虚寒腹泻、久痢等,可与揉龟尾、摩腹、揉脐等合用;还可治疗气虚下陷的脱肛、遗尿等,可与按揉百会、揉丹田等合用。推下七节骨多用于肠热便秘、痢疾等。

4. 龟尾(长强、尾闾、尾尻)

【定位】　尾椎骨端。

【操作】　以拇指尖或中指尖揉,称揉龟尾,100～300次(图2-3-13)。

【作用】　调理大肠。

【临床应用】　本穴能通调督脉之经气,双向调节大肠功能,能止泻,也能通便。若用于泄泻、便秘,可与推七节骨、摩腹、揉脐等合用;若用于脱肛、遗尿,可与揉丹田、按揉百会等合用。

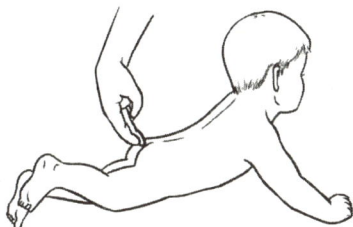

图 2-3-13　揉龟尾

(四)上肢部特定穴

1. 脾经(脾土)

【定位】　拇指桡侧缘或拇指末节螺纹面。

【操作】　将患儿拇指屈曲,循拇指桡侧边缘由指尖向指根方向直推为补,称补脾经(图2-3-14);将拇指伸直,由指根向指尖方向直推为清,称清脾经;若来回直推,称为平补平泻。补脾经、清脾经,统称推脾经。用拇指螺纹面旋推患儿拇指末节螺纹面为补,亦称为补脾经(图2-3-15)。一般推100～500次。

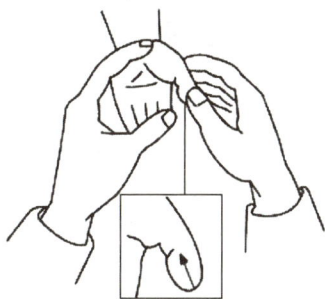

图 2-3-14　补脾经(1)

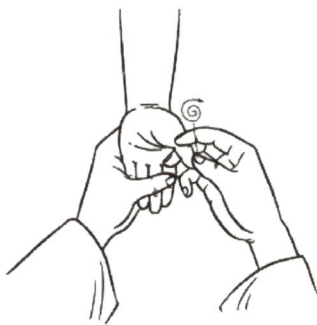

图 2-3-15　补脾经(2)

【作用】　补脾经能健脾胃,补气血;清脾经能清热利湿,化痰止呕。

【临床应用】　补脾经常用于脾胃虚弱引起的食欲不振、消化不良、疳积、腹泻、咳嗽、消瘦等,可与揉中脘、揉脾俞、摩腹、捏脊、按揉足三里等合用。清脾经常用于湿热熏蒸、皮肤发黄、恶心呕吐、腹泻痢疾,可与清天河水、清大肠、清小肠等合用;还可用于乳食积滞引起的脘腹胀满、嗳气纳呆、矢气臭秽,常与揉板门、运八卦、分推腹阴阳等合用。小儿脾胃薄弱,不宜攻伐太甚,在一般情况下,脾经穴多用补法;仅体壮邪实者方能用清法,或清后加补。

2. 肝经(肝木)

【定位】　食指末节螺纹面。

【操作】 由指根向指尖方向直推为清,称清肝经;反之为补肝经(图2-3-16);用拇指螺纹面旋推患儿食指末节螺纹面为补,亦称为补肝经。清肝经、补肝经统称为推肝经。一般推100~500次。

【作用】 清肝经能平肝泻火,息风止痉,解郁除烦。

【临床应用】 清肝经常用于惊风、烦躁、抽搐、五心烦热、目赤、口苦咽干等,可与清天河水、推涌泉等合用。肝经宜清而不宜补,若肝虚应补时,则需补后加清,或以补肾经代之,称为滋肾养肝法。

3. 心经(心火)

【定位】 中指末节螺纹面。

【操作】 由指根向指尖方向直推为清,称清心经;反之为补心经(图2-3-17)。用拇指螺纹面旋推患儿中指末节螺纹面为补,亦称为补心经。清心经、补心经统称为推心经。一般推100~500次。

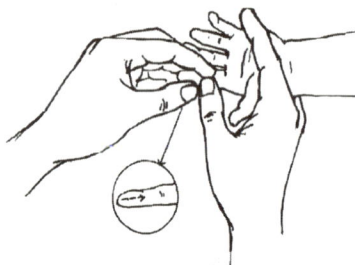

图2-3-16 补肝经   图2-3-17 补心经

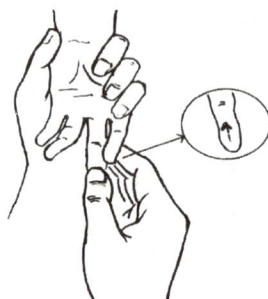

【作用】 清心经能清心泻火,补心经能养心安神。

【临床应用】 清心经常用于心火旺盛引起的高热神昏、面赤口疮、小便短赤等,可与清天河水、清小肠等合用。本穴宜清不宜补,对心烦不安、睡卧露睛等症,需用补法时,可补后加清,或以补肾经代之。

4. 肺经(肺金)

【定位】 无名指末节螺纹面。

【操作】 由指根向指尖方向直推为清,称清肺经;反之为补肺经(图2-3-18)。用拇指螺纹面旋推患儿无名指末节螺纹面为补,亦称为补肺经;补肺经和清肺经统称推肺经。一般推100~500次。

【作用】 补肺经能补益肺气,清肺经能清热宣肺、止咳化痰、疏风解表。

【临床应用】 补肺经常用于肺气虚损、咳嗽气喘、虚寒怕冷等肺经虚寒证,可与揉肺俞、补脾经、补肾经、推三关等合用。清肺经常用于感冒发热、咳嗽气喘、痰鸣等肺经实证,可与推膻中、揉风门等合用。

5. 肾经(肾水)

【定位】 小指末节螺纹面。

【操作】 由指根向指尖方向直推为补,称补肾经(图2-3-19);反之为清肾经。用拇指螺纹面旋推患儿小指末节螺纹面为补,称补肾经。补肾经和清肾经统称推肾经。一般推100~500次。

【作用】 补肾经能补肾益脑、温阳下元,清肾经能清利下焦湿热。

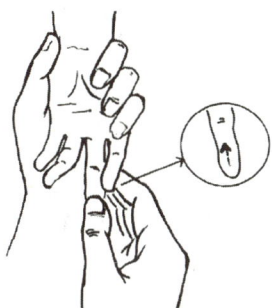

图 2-3-18　补肺经

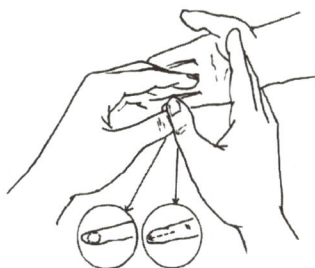

图 2-3-19　补肾经

【临床应用】　补肾经常用于先天不足、久病体虚、肾虚久泻、多尿遗尿、虚汗喘息等，可与揉肾俞、补脾经、揉丹田等合用。清肾经常用于膀胱湿热、小便赤涩等。临床上肾经穴多用补法，需要用清法时，多以清小肠代之。

6. 大肠

【定位】　食指桡侧缘，自食指尖至虎口成一直线。

【操作】　由食指尖直推向虎口为补，称补大肠（图 2-3-20）；反之为清，称清大肠。补大肠和清大肠统称为推大肠。一般推 100～300 次。

【作用】　补大肠能涩肠固脱，温中止泻；清大肠能清利肠腑，除湿热，导积滞。

【临床应用】　补大肠常用于虚寒腹泻、脱肛等，可与推上七节骨、推三关、补脾经、补肾经等合用。清大肠常用于湿热、积食滞留肠道，身热腹痛，痢下赤白，大便秘结等，可与退六腑、推下七节骨、分推腹阴阳等合用。本穴又称指三关，亦可用于小儿疾病的诊断（望指纹）。

7. 小肠

【定位】　小指尺侧边缘，自指尖到指根成一直线。

【操作】　由指根向指尖方向直推为清，称清小肠；反之为补小肠（图 2-3-21）。清小肠和补小肠统称为推小肠。一般推 100～300 次。

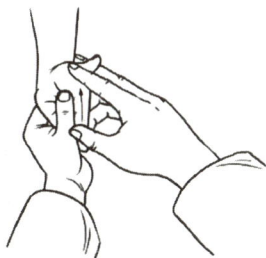

图 2-3-20　补大肠

图 2-3-21　补小肠

【作用】　清小肠能清利下焦湿热，泌别清浊。

【临床应用】　清小肠常用于小便短赤不利、癃闭、水泻等，可与清天河水、清心经等合用，加强清热利尿作用。本穴多用清法。补小肠可用于下焦虚寒引起的遗尿、多尿等，可与揉丹田、揉肾俞等合用。

8. 肾顶

【定位】　小指顶端。

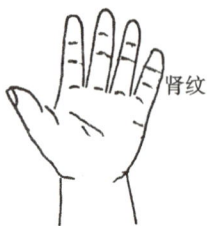

图 2-3-22　肾纹

【操作】　用中指或拇指端按揉,称揉肾顶,100～500 次。

【作用】　收敛元气,固表止汗。

【临床应用】　常用于自汗、盗汗或大汗淋漓不止等。

9. 肾纹

【定位】　手掌面,小指第二指间关节横纹处(图 2-3-22)。

【操作】　中指或拇指端按揉,称揉肾纹,100～500 次。

【作用】　祛风明目,散瘀结。

【临床应用】　常用于目赤肿痛、热毒内陷、瘀结不散所致的高热、呼吸气凉、手足逆冷等。

10. 四横纹(四缝穴)

【定位】　掌侧食、中、无名、小指第一指间关节横纹处。

【操作】　四指并拢,从食指横纹推向小指横纹,称推四横纹,100～300 次。用拇指甲分别掐食、中、无名、小指第一指间横纹,称掐四横纹,5 次。

【作用】　掐四横纹能退热除烦、散瘀结;推四横纹能行气和血、消除胀满。

【临床应用】　常用于小儿疳积、腹胀、气血不和、消化不良等,可与补脾经、揉中脘、揉板门等合用。临床上也可选用毫针或三棱针点刺本穴放血以治疗小儿疳积,效果也很好。

11. 小横纹

【定位】　掌面食、中、无名、小指掌指关节横纹处。

【操作】　用拇指甲掐,称掐小横纹,5 次;用拇指侧推,称推小横纹,100～300 次(图 2-3-23)。

【作用】　退热,消胀,散结。

【临床应用】　常用于脾胃热结,口唇破烂及腹胀等;还可治疗肺部干啰音。

12. 掌小横纹

【定位】　掌面小指根下,尺侧掌纹头。

【操作】　用中指或拇指端按揉,称揉掌小横纹,100～500 次(图 2-3-24)。

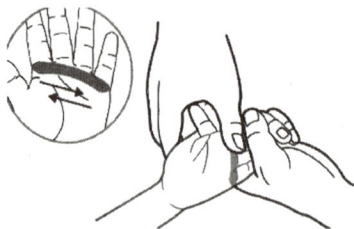

图 2-3-23　推小横纹

图 2-3-24　揉掌小横纹

【作用】　清热散结,宽胸宣肺,化痰止咳。

【临床应用】　常用于喘咳、口舌生疮等,为治疗百日咳、肺炎的要穴,还可以治疗肺部湿啰音。

13. 胃经

【定位】　在手掌面拇指第 1 节(或鱼际桡侧赤白肉际处)。

【操作】　自拇指根向掌根方向直推为补,称补胃经;反之为清,称清胃经(图 2-3-25)。补胃经和清胃经统称推胃经,100～500 次。

【作用】　清胃经可清中焦湿热,和胃降逆,泻胃火,除烦止渴;补胃经可健脾胃,助运化。

【临床应用】　清胃经常用于脾胃湿热,或胃气不和引起的呕恶等,多与清脾经、推天柱骨等合用;还可治疗胃肠实热、脘腹胀满、发热烦渴、便秘纳呆等,多与清大肠、退六腑、揉天枢、推下七节骨等合用。补胃经常用于脾胃虚弱、消化不良、纳呆腹胀等,多与补脾经、揉中脘、摩腹、按揉足三里等合用。

14. 板门

【定位】　掌侧大鱼际平面(图 2-3-26)。

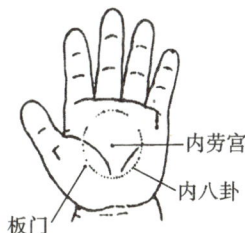

图 2-3-25　清胃经　　　　图 2-3-26　板门、内劳宫、内八卦

【操作】　用指端揉,称揉板门或运板门,50～100 次;用推法自指根推向腕横纹,称板门推向横纹,反之称横纹推向板门,100～300 次。

【作用】　揉板门能健脾和胃,消食化滞;板门推向横纹能健脾止泻;横纹推向板门能降逆止呕。

【临床应用】　揉板门常用于乳食停滞、食欲不振、嗳气、呕吐、腹胀等,常与补脾经、运内八卦、揉中脘等合用。板门推向横纹常用于泄泻,常与推脾经、推大肠、推上七节骨等合用;横纹推向板门常用于呕吐,常与清胃经、推天柱骨等合用。

15. 内劳宫(牢宫)

【定位】　掌心中,屈指时中指、无名指指端之间中点(图 2-3-26)。

【操作】　中指端揉,称揉内劳宫,100～300 次;自小指根运起,经掌小横纹、小天心至内劳宫,称运内劳宫(水底捞明月),10～30 次。

【作用】　清热除烦,清虚热。

【临床应用】　常用于心经有热导致的发热、烦渴、目疮、齿龈糜烂、虚烦等。可与清心经、清天河水等合用。

16. 内八卦

【定位】　手掌面,以掌心为圆心,从圆心至中指根横纹约 2/3 处为半径做圆周(图 2-3-26)。

【操作】　用运法,顺时针方向运(即从乾卦 1 至兑卦 8),称顺运内八卦或运八卦;反之称逆运内八卦。100～300 次。

【作用】　顺运内八卦能宽胸利膈、理气化痰、消食行滞。逆运内八卦能降气平喘。

【临床应用】　顺运内八卦常用于胸闷、纳呆、腹胀、乳食内伤等,可与补脾经、揉中脘、按揉足三里等合用。逆运内八卦常用于咳嗽痰喘、呕吐等,可与补脾经、推肺经、揉膻中等合用。

知识链接

内八卦是指八个方位(图2-3-27)。《保赤推拿法》说:"运内八卦法:从坎到艮左旋推,治热,亦止吐。从艮到坎右旋推,治凉,亦止泻。掌中:离南、坎北、震东、兑西、乾西北、艮东北、巽东南、坤西南。男女皆推左手。"临床应用中除了全运外,尚有一种分运方法,简介如下:①自乾经坎、艮至震或自巽经离、坤至兑、掐运7次,有镇静安神作用;②自离经坤、兑至乾、掐运7次,有止咳作用;③自坤经兑、乾至坎、掐运7次,有清热作用;④自坎经艮、震至巽、掐运7次,有止泻作用;⑤自巽至震、艮至坎、掐运7次,有止呕作用;⑥自艮经震、巽至离、掐运7次,有发汗作用;⑦单揉艮,有健脾消食作用。

⑥离 ②坎
⑦坤 ③艮
⑧兑 ④震
①乾 ⑤巽

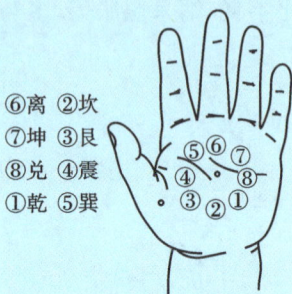

图2-3-27 内八卦图

17. 小天心(鱼际交)

【定位】 掌根与大、小鱼际交接处凹陷中,内劳宫之下,总筋之上(图2-3-28)。

【操作】 用中指端揉,称揉小天心,100~300次;用拇指甲掐,称掐小天心,5~20次;用中指尖或屈曲的指间关节捣,称捣小天心5~20次。

【作用】 清热,镇静,利尿,明目。

图2-3-28 揉小天心

【临床应用】 揉小天心常用于心经有热导致的目赤肿痛,口舌生疮,惊惕不安,或心经有热下移小肠导致的小便短赤等,可与清心经、清小肠、清天河水等合用;还可用于小儿遗尿,疮疥,疹痘欲出不透等。掐、捣小天心常用于惊风、抽搐、夜啼、惊惕不安等,可与清肝经、按揉百会、掐人中、掐老龙等合用。

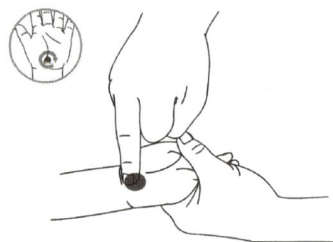

18. 总筋

【定位】 掌后腕横纹中点。

【操作】 按揉本穴,称揉总筋,100~300次;以拇指甲掐,称掐总筋,3~5次(图2-3-29)。

【作用】 清心经热,散结止痉,通调周身气机。

【临床应用】 揉总筋常用于口舌生疮、潮热、夜啼等实热证,可与清心经、清天河水等合用。掐总筋常用于惊风抽搐,可与捣小天心、掐人中等合用。

19. 老龙

【定位】 中指甲后1分处。

【操作】 用掐法,称掐老龙;掐5次,或醒后即止(图2-3-30)。

【作用】 醒神开窍。

【临床应用】 掐老龙主要用于急救,治疗小儿急惊风、高热抽搐等,常与掐人中合用。急惊暴死,掐之知痛有声者,较易治,不知痛而无声者,一般难治。

20. 十宣(十王)

【定位】 十指指尖,指甲与白肉际处。

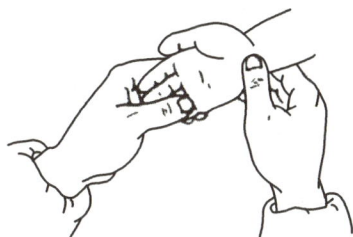

图 2-3-29　掐揉总筋

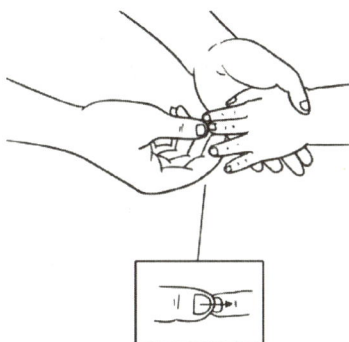

图 2-3-30　掐老龙

【操作】　用掐法,称掐十宣,各掐 5 次,或醒后即止。

【作用】　清热,醒神,开窍。

【临床应用】　主要用于急救,常用于高热昏厥、抽搐、急惊风,可与掐老龙、掐人中、掐小天心等合用。

21. 二扇门

【定位】　掌背中指本节两侧凹陷处。

【操作】　用食、中二指按揉,称揉二扇门,100～300 次;用拇指甲掐,称掐二扇门,3～5 次(图 2-3-31)。

【作用】　发汗透表,退热平喘。

【临床应用】　揉、掐二扇门是发汗效穴,多用于外感风寒,揉时要稍用力,速度宜快。本法与补脾经、补肾经、揉肾顶等合用,适宜于体虚外感者。

22. 二人上马(上马)

【定位】　手背部无名指与小指掌指关节后凹陷中。

【操作】　用拇指端揉,称揉二人上马,100～500 次;用拇指甲掐,称掐二人上马,3～5 次(图 2-3-32)。

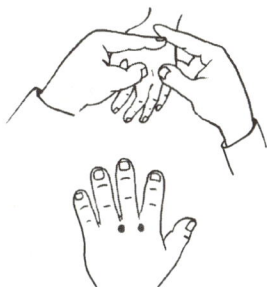

图 2-3-31　掐揉二扇门

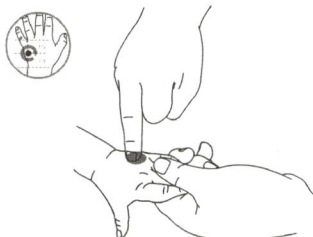

图 2-3-32　揉二人上马

【作用】　滋阴补肾,顺气散结,利尿通淋。

【临床应用】　临床常用揉法。常用于虚热喘咳、烦躁、牙痛、小便赤涩淋漓等,可与揉肺俞、补肾经等合用。还可以治疗肺部感染有干啰音久不消失者,配推小横纹;湿啰音者,配揉掌小横纹。

23. 外劳宫

【定位】　手背部,与内劳宫穴相对。

【操作】　用拇指或中指端揉法,称揉外劳,100～300 次;用指甲掐,称掐外劳宫,3～

Note

91

5 次。

【作用】 温阳散寒,升阳举陷,发汗解表。

【临床应用】 本穴性温,临床上多用揉法。常用于一切寒证,主治风寒感冒、腹痛腹胀、肠鸣腹泻、痢疾、脱肛、遗尿、疝气等。

24. 三关

【定位】 前臂桡侧,腕横纹至肘横纹成一直线。

【操作】 用拇指桡侧面或食、中指面自腕推向肘,称推三关,或称推上三关;屈患儿拇指,自拇指桡侧推向肘,称大推三关;100～300 次(图 2-3-33)。

【作用】 补气行血,温阳散寒,发汗解表。

【临床应用】 本穴性温热,主治一切虚寒证,非虚寒者慎用。常用于治疗气血虚弱、命门火衰、下元虚冷、阳气不足引起的四肢厥冷、面色无华、食欲不振、疳积、吐泻等,可与可补脾经、补肾经、揉丹田、摩腹、捏脊等合用;还可以治疗风寒感冒,怕冷无汗或疹出不透等症,可与清肺经、推攒竹、掐揉二扇门等合用。

25. 六腑

【定位】 前臂尺侧,肘至阴池成一直线。

【操作】 用拇指或食、中指面自肘推向腕部,称推(退)六腑,100～300 次(图 2-3-34)。

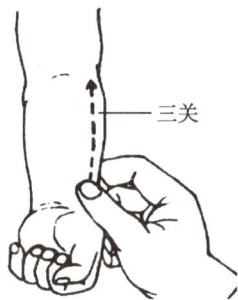

图 2-3-33　推三关　　　　　　　图 2-3-34　退六腑

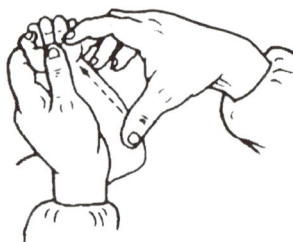

【作用】 清热凉血解毒。

【临床应用】 本穴性寒凉,可用于一切实热病证,常用于高热烦渴、惊风、咽痛、腮腺炎、大便秘结等,可与清肺经、清心经、清肝经、推脊等穴合用;还可以与补脾经合用有止汗效果。若患儿平素大便溏薄、脾虚腹泻者,本法慎用。

知识链接

　　退六腑与推三关为大凉大热之法,可单用,亦可合用。若患儿气虚体弱,畏寒怕冷,可单用推三关;若患儿高热烦渴,可单用退六腑。而两穴合用能平衡阴阳,防止大凉大热,伤其正气。若寒热夹杂,以热为主,则可以按 3:1 的比例合用退六腑与推三关,称之为退三推一法;若以寒为重,则可以按 3:1 的比例合用推三关与退六腑,称之为推三退一法。

26. 天河水(天河)

【定位】 前臂正中,总筋至洪池(曲泽)成一直线。

【操作】 用食、中二指指腹自腕推向肘部,称推天河水,或称清天河水,100～300 次

（图 2-3-35）；用食、中二指沾水自总筋处一起一落弹打如弹琴状，直至洪池，同时一面用口吹气随之，称打马过天河（图 2-3-36）。

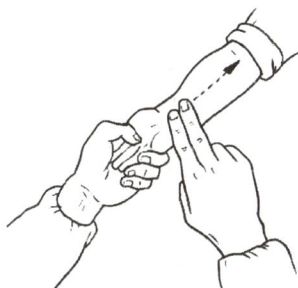

图 2-3-35　清天河水　　　　图 2-3-36　打马过天河

【作用】　清热解表，泻火除烦。

【临床应用】　本穴性微凉，较平和，清热而不伤阴分，常用于热证。若用于发热、头痛、恶风、汗微出、咽痛等外感发热证，可与清肺经、推攒竹、推坎宫、揉太阳等合用；若用于五心烦热、口燥咽干、唇舌生疮、夜啼等，可与清心经、清肝经、揉涌泉、揉二马、揉小天心等合用。打马过天河清热之力大于清天河水，多用于实热、高热等证。

27．威灵

【定位】　手背第二、三掌骨歧缝之间。

【操作】　用拇指甲掐之，掐后继揉，称掐威灵，掐 5 次，或醒后即止（图 2-3-37）。

【作用】　醒神开窍。

【临床应用】　常用于急救，如急惊风、昏迷不醒等，常与掐精宁、掐人中合用。

28．精宁

【定位】　手背第四、五掌骨歧缝之间。

【操作】　用拇指甲掐之，掐后继揉，称掐精宁，掐 3～5 次（图 2-3-37）。

【作用】　行气，破结，化痰。

【临床应用】　常用于痰食积聚、气吼痰喘、干呕、疳积等。用于急救昏厥时常与掐威灵、掐人中等合用，加强开窍醒神之功。

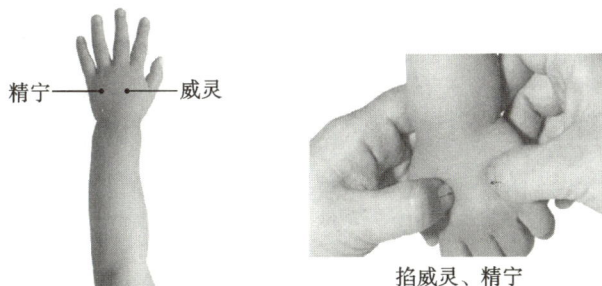

精宁————威灵

掐威灵、精宁

图 2-3-37　威灵、精宁

（五）下肢部特定穴

1．箕门

【定位】　大腿内侧，膝盖上缘至腹股沟成一直线。

【操作】　以食、中二指自膝盖内上角向腹股沟部进行直推，称推箕门，100～300 次。

【作用】　利尿。

Note

【临床应用】 箕门穴性平和,常用于尿潴留,可与揉丹田、按揉三阴交等合用;还可用于小便赤涩不利,可与清小肠等合用。

2. 百虫(血海)

【定位】 膝上内侧肌肉丰厚处。

图 2-3-38 拿百虫

【操作】 按或拿,称按百虫或拿百虫,5~10 次(图2-3-38)。

【作用】 通经络,止抽搐。

【临床应用】 常用于下肢痹痛和瘫痪,可与拿委中、按揉足三里、揉解溪等合用。若用于惊风、抽搐,手法应加强刺激。

3. 前承山

【定位】 小腿胫骨旁,骨外侧与后承山穴相对处。

【操作】 掐、揉本穴,称掐前承山或揉前承山,掐5次,揉30次。

【作用】 止抽搐。

【临床应用】 常用于惊风、下肢抽搐,常与拿委中、按百虫、掐解溪等合用治疗角弓反张、下肢抽搐。

4. 仆参

【定位】 足外踝下凹陷中。

【操作】 以拿或掐本穴,称拿仆参、掐仆参,3~5 次(图 2-3-39)。

【作用】 益肾健骨,舒筋活络,安神定志。

【临床应用】 掐仆参常用于惊风、昏厥,可与掐人中、掐老龙等穴合用。拿仆参常配合拿委中治疗腰腿痛;与揉或拿后承山配合治疗霍乱转筋、足痿不收之证。

5. 涌泉

【定位】 足掌心前 1/3 与后 2/3 交界处的凹陷中。

【操作】 用拇指指腹从涌泉穴向足趾方向直推,称推涌泉,100~300 次;用拇指指腹按揉,称揉涌泉,30~50 次(图 2-3-40)。

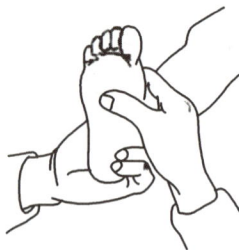

图 2-3-39 掐仆参

图 2-3-40 揉涌泉

【作用】 推涌泉能引火归元,退虚热;揉涌泉能降逆止呕,理肠止泻。

【临床应用】 推涌泉用于退虚热,主要治疗五心烦热、烦躁不安、夜啼等,可与揉上马、运内劳宫等合用;用于退实热,可与推脊、退六腑、清天河水等合用。揉涌泉常用于呕吐、腹泻,一般左揉止吐,右揉止泻。

三、小儿推拿手法

小儿推拿手法应轻快柔和,有的手法的名称、操作方法、注意事项等方面虽与成人推拿相同,但其手法刺激强度、节律、频率、操作步骤和要求却有所不同。比如有的手法在操作过程中有多种变化,但应用在小儿上则只有一两种,如按法有指按、掌按、肘按,小儿临床则多用指按;有的手法为小儿推拿特有,如运法、捣法等;而小儿推拿手法和成人推拿手法最大的区别是在于小儿推拿复式手法。

(一)小儿推拿常用手法

小儿推拿手法的种类较少,清代张振鋆《厘正按摩要术》中记载"按、摩、掐、揉、推、运、搓、摇"列入小儿推拿八法。随着小儿推拿的发展,许多成人推拿手法也应用于小儿推拿中,成为小儿推拿基本手法。以下主要介绍推法、摩法、按法、揉法、捏法、掐法、运法、捣法等八种常用手法。

1. 推法 推法在小儿推拿临床应用相当广泛。有直推法、分推法、合推法和旋推法四种。

(1)直推法 用拇指桡侧缘或指面,或用食、中两指指面,在穴位上做单方向的直线推动,称直推法(图 2-3-41)。

【动作要领】 用拇指桡侧缘或指面直推时,手握空拳,靠腕部带动拇指做主动内收活动发力,外展时放松。用食、中两指指面直推时,食指、中指并拢伸直,其余三指屈曲合拢,靠腕部摆动带动肘部做适当屈伸活动使食指、中指发力。操作时,肩、肘、腕关节放松,动作要轻快连续,一拂而过,如帚佛尘状,用力均匀,以推后皮肤不红为佳。手法频率每分钟 200～300 次。推动时必须行直线,不可歪斜,以恐动别经而招患。

【临床应用】 常用于小儿推拿特定穴中的"线状穴位"等,如推三关、推大肠、推脾经、退六腑等。手法补泻规律有向上(向心)为补,向下(离心)为清的说法,但临床上应根据穴位不同而定。

(2)分推法 用双手拇指桡侧或指面,或食指、中指指面,以穴位为中心向两侧作"←→"一字形或"╱╲"八字形的分向推动,称为分推法,又称为"分法"(图 2-3-41)。

【动作要领】 一字分推法,靠肘关节的屈伸活动,带动拇指和掌着力部分做横向直线分推。八字分推法,靠手腕和拇指掌指关节的内收、外展活动,带动拇指指面着力部分做弧形分推。两手用力要均匀,柔和协调,切勿忽大忽小。一般分推 20～50 次。

【临床应用】 常用于额前、胸腹部、背部、腕掌部等穴位的操作,如分推腹阴阳、推坎宫、分推膻中,能分理气血,调和阴阳。

(3)旋推法 用拇指指面在穴位上做顺时针或逆时针方向的旋转推动(图 2-3-41)。

【动作要领】 手握空拳,伸直拇指,靠拇指螺纹面做小幅度的旋转推动,如同拇指做

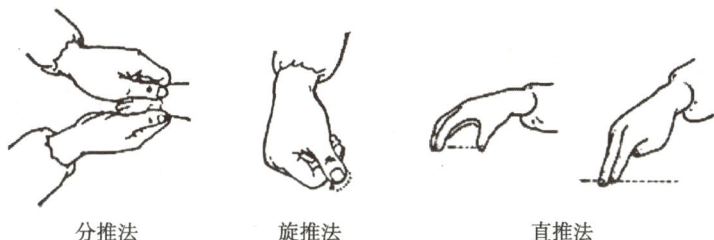

分推法　　　　旋推法　　　　　直推法

图 2-3-41 分推法、旋推法、直推法

摩法。旋推法仅依拇指在皮肤表面进行旋转推动,一般不带动皮下组织。手法频率每分钟150~200次。

【临床应用】 常用于手指指面的"五经"穴,如旋推脾经、肺经、肾经等,旋推为补。

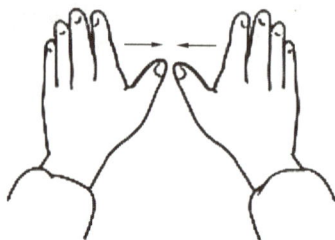

图2-3-42 合推法

(4)合推法 合推法是与分推法相对而言的,是分推法的反向操作,用拇指螺纹面自穴位两旁向穴中合拢推动,又称合法、和法(图2-3-42)。

【动作要领】 动作要求同分推法,只是推动方向相反。一般合推20~50次。

【临床应用】 常用于手腕大横纹的治疗。临床上合推法常与分推法配合使用,一分一合起到相辅相成的作用。

2. 摩法 用食、中、无名、小指指面或手掌面附着于一定部位或穴位上,前臂主动运动,带动腕关节做顺时针或逆时针方向环形摩动,称摩法。根据操作部位不同,分为指摩法和掌摩法两种(图2-3-43,图2-3-44)。

图2-3-43 指摩法

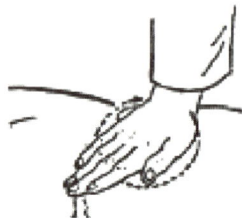

图2-3-44 掌摩法

【动作要领】 摩法要轻柔和缓,速度均匀协调,有节律,不带动深层组织。掌指着力部分要随腕关节连同前臂一起做环形运动。手法频率每分钟120~160次。一般急摩为泻,缓摩为补。

【临床应用】 常用于头面部、胸腹部的"面"状及"点"状穴,如摩囟门、摩中脘、摩腹等。本法具有理气和中、调理脾胃、消积导滞的作用,可用于治疗消化不良、便秘、腹泻、疳积等肠胃疾病。在某些穴位上摩法的方向与补泻有关,如顺时针摩腹有消食、和胃、通便作用,逆时针摩腹则有温中、健脾、止泻作用,但临床使用时应根据不同穴位而定。

3. 按法 用手指或手掌按压在施术部位,逐渐向下用力,按而留之,称为按法。根据着力部位分指按法和掌按法。

1)指按法

(1)拇指按法 拇指伸直,手握空拳,食指中节桡侧轻贴拇指指间关节掌侧,起支持作用,以协同助力。用拇指螺纹面或指端用力,吸定在患儿治疗穴位上,垂直用力,向下按压,持续一定时间,按而留之,然后放松,再逐渐用力向下按压,如此一按一压反复操作。

(2)中指按法 中指伸直,掌指关节略屈,稍悬腕,用中指指端或螺纹面着力,吸定在穴位上,垂直用力,向下按压,余手法同拇指按法(图2-3-45)。

2)掌按法 腕关节背伸,五指放松伸直,用掌心或掌根用力,按压在治疗部位上,垂直用力,逐渐向下按压,并持续一定时间,按而留之。余手法同拇指按法(图2-3-46)。

【动作要领】 按法用力宜轻到重,稳而持续,使刺激充分到达机体组织的深部。按压用力方向多为垂直向下或与受力面相垂直。手法操作缓慢,有节律,不可突然施暴力。

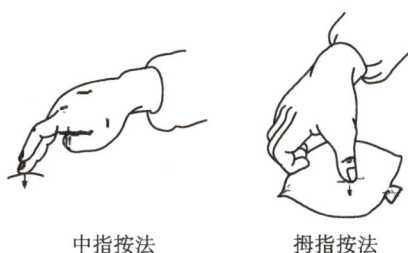

中指按法　　拇指按法

图 2-3-45　指按法

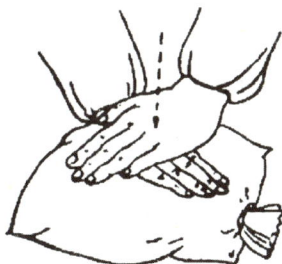

图 2-3-46　掌按法

【临床应用】　指按法接触面积小，刺激性较强，多用于面部，亦可用于肢体穴位；掌按法面积较大，沉实有力，舒缓自然，多用于背腰部、下肢后侧等部位，以"面"状穴位为主。临床上常在按法后施以揉法，形成"按揉"复合手法，缓解刺激，提高疗效。

4. 揉法　以拇指或中指指端，或掌根，或鱼际，吸定于一定部位或穴位上，做顺时针或逆时针方向揉动，称为揉法。根据着力部位，分指揉法、掌揉法、鱼际揉法。

（1）指揉法　用拇指或中指的螺纹面或指端，或食指、中指、无名指指面吸定于穴位或治疗部位上，做轻柔和缓、小幅度、顺时针或逆时针方向的旋转运动，发力带动该处的皮下组织一起揉动（图 2-3-47）。

（2）掌揉法　用掌心或掌根着力，吸定于治疗部位上，稍用力向下压，腕部放松，以肘关节为支点，前臂做主动运动，带动腕部及着力部位连同前臂做轻柔和缓、小幅度、顺时针或逆时针方向的旋转揉动，使该处皮下组织一起揉动（图 2-3-48）。

（3）鱼际揉法　用大鱼际着力于施术部位，稍用力下压，腕部放松，前臂主动运动，通过腕关节带动着力部位部分在治疗部位上做和缓、小幅度、顺时针或逆时针方向的环旋揉动，使该处的皮下组织一起揉动（图 2-3-48）。

图 2-3-47　指揉法

鱼际揉法　　掌根揉法

图 2-3-48　鱼际揉法、掌根揉法

【动作要领】　操作时压力轻柔而均匀，手指不要离开接触的皮肤，使该处的皮下组织随手指的揉动而滑动，不要在皮肤上摩擦，手法频率每分钟 200～300 次。

【临床应用】　揉法刺激量小，作用温和，适用于全身各部位。指揉法常用于全身"点"状穴或各部位；鱼际揉法常用于面部；掌揉法常用于脘腹、腰臀部及四肢肌肉丰厚处。具有调和脏腑、宽胸理气、消积导滞、活血通络、消肿止痛等作用。揉法常与按法、掐法等配合使用，组成"按揉""掐揉"复合手法，如按揉百会、按揉中脘、掐揉二扇门、掐揉小天心等。揉法还常在掐法后使用，可缓解刺激手法的不适感。

5. 掐法　用拇指甲重刺穴位，称为掐法。本法刺激性强，力量集中，有以指代针之意，所以也称为"指针法"，可用以急救昏厥的患者。

【动作要领】　拇指伸直，手握空拳，用拇指指甲着力，吸定在治疗部位，逐渐用力掐之。掐时缓缓用力，切记突施暴力，不要掐破皮肤。掐法施用次数一般以 5～6 次为宜，或中病即止，不宜反复长时间的应用（图 2-3-49）。

Note

【临床应用】 掐法是强刺激手法之一,适用于头面、手足部穴位,具有定惊醒神、通关开窍的作用,常用于急证,若用于小儿急惊风,可掐人中、掐老龙、掐十宣等醒神开窍,若用于小儿惊惕不安,可掐小天心、掐五指节等镇静安神。

6. 捏法 用拇指桡侧缘顶住皮肤,食、中两指前按,三指同时用力提拿皮肤,并同时用力提拿,自下而上,双手交替捻动向前;或食指屈曲,用食指中节桡侧顶住皮肤,拇指前按,两指同时用力提拿皮肤,自下而上,双手交替捻动向前,为捏法(图 2-3-50)。

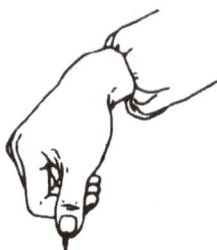
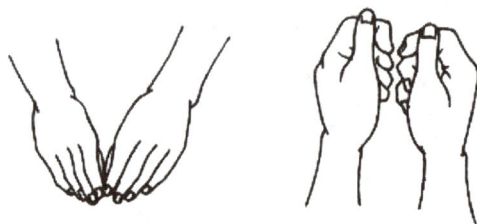

图 2-3-49　掐法　　　　　　　　　　　图 2-3-50　捏法

【动作要领】 在捏法应用时以拇指指端掌面为力点,而不能单纯以拇指指端为力点,更不能将皮肤拧转。捏起肌肤过多,则动作呆滞不易向前推进,过少则易滑脱;用力过重易疼痛,过轻又不易得气。捻转向前时,需直线前进,不可歪斜。

【临床应用】 常用于脊柱"线"状穴的操作。当捏法施于脊背部时,称为捏脊法;操作时可捏三下提拿一下,称之为"捏三提一法";具有调阴阳、和脏腑、健脾胃、通经络、行气血、强身体等作用。本法可治疗小儿疳积、消化不良、腹泻、厌食、便秘、呕吐、佝偻病、夜啼等症,还是小儿保健推拿手法之一,捏脊能增进食欲,改善睡眠,强壮体质。捏脊法除小儿推拿应用以外,对成人的失眠、神经衰弱、慢性胃肠功能紊乱等虚弱患者也同样有治疗作用。

7. 运法 用拇指或食指、中指螺纹面在治疗部位上,由此往彼做弧形或环形推动,称为运法(图 2-3-51)。

【动作要领】 操作时指面要紧贴于穴位。用力宜轻不宜重,仅是皮肤表面摩擦,而不带动皮下组织。手法频率宜缓不宜急,每分钟频率 80～100 次。

【临床应用】 运法是小儿推拿手法中最轻的一种,较旋推法幅度大。常用于线状穴、面状穴及点状穴等操作,如运内八卦、运太阳、运板门、运土入水等;具有宽胸理气、止咳化痰、清热安神等作用。

8. 捣法 以中指指端,或食、中指屈曲的指间关节着力,作有节奏的叩击穴位的方法,称捣法(图 2-3-52)。

【动作要领】 捣击时指间关节要自然放松,以腕关节屈伸为主动。捣击时位置要准

图 2-3-51　运法　　　　　　　　　　　图 2-3-52　捣法

确,用力要有弹性,捣后指端立即弹起。每个穴位捣5～20次。

【临床应用】 本法相当于"指击法",或相当于"点法"中轻点一类的手法。常用于点状穴,如捣小天心、捣承浆等,具有安神宁志、清热利尿等作用,治疗小儿夜啼、惊风、口舌生疮、癃闭等。

(二)小儿推拿复式手法

复式手法是小儿推拿中特有的操作手法,它是用一种或几种手法复合,在一个或几个穴位上按照一定程序进行的特殊的推拿操作手法。复式手法是小儿推拿的特点之一,也是区别于成人推拿的一个方面。在小儿推拿著作中,历代医家说法不一,名称有异,有的名同法异,有的名异法同,比如《窍穴图说推拿指南》中的"大手术"、《小儿推拿疗法新编》中的"复合手法"指的均是此法。小儿推拿复式手法的名称是原来特定的,有一定的含义。命名规律如下:①根据手法操作的形象而定,如苍龙摆尾、猿猴摘果等;②根据手法的作用而定,如飞经走气等;③根据手法名称和操作的穴位而定,如揉脐及龟尾并擦七节骨、运土入水等。

以下主要介绍15种常用的复式手法:苍龙摆尾、黄蜂入洞、二龙戏珠、凤凰展翅、水底捞月、打马过天河、运水入土、运土入水、猿猴摘果、飞经走气、揉耳摇头、开璇玑、按弦走搓摩、揉脐及龟尾并擦七节骨、总收法。

1. 苍龙摆尾

【动作要领】 术者用右手握住患儿食、中、无名三指,左手自总筋穴至肘部来回搓揉几遍,再用左手食、中、无名三指拿托肘部,右手持患儿三指频频摇动,如摆尾状。摆动20～30次(图2-3-53)。

【作用】 开胸顺气,退热通便。

【临床应用】 常用于治疗胸闷发热、烦躁不安、大便秘结等。

2. 黄蜂入洞

【动作要领】 术者一手轻轻扶住患儿头部,使患儿头部相对固定,用另一手食、中二指指端在患儿两鼻孔下缘,轻轻入鼻孔,以腕关节带动着力部位进行反复揉动20～50次(图2-3-54)。

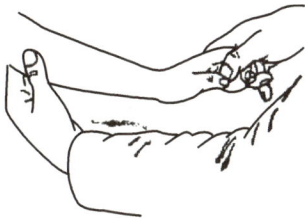

图 2-3-53 苍龙摆尾

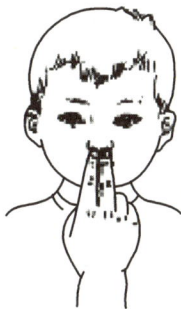

图 2-3-54 黄蜂入洞

【作用】 发汗解表,宣肺通窍。

【临床应用】 常用于治疗外感风寒、发热无汗、急慢性鼻炎、鼻塞流涕、呼吸不畅等。

3. 二龙戏珠

【动作要领】 术者用左手持住患儿手,使掌心向上,前臂伸直,右手食、中二指自患儿总筋穴起,以指端交互向前按之,直至曲池穴位一遍。往返20～30遍。

【作用】 调理阴阳,调和气血,通阳散寒,镇惊止搐。

Note

【临床应用】 常用于寒热不和之四肢抽搐、小儿惊惕不安、惊风等。

4. 凤凰展翅法

【动作要领】 术者两手食、中二指固定患儿的腕部,同时两手拇指甲掐患儿手背部精宁、威灵两穴,并上下摇动,如凤凰展翅状,摇20～50次。

【作用】 温经散寒,行痰散结,舒喘胀,定惊。

【临床应用】 常用于痰湿积聚,寒喘痰喘、惊风等。

5. 水底捞月(水底捞明月)

【动作要领】 术者用左手握住患儿四指,将掌面向上,再以右手食、中二指固定患儿拇指,然后用右手拇指自患儿小指尖沿着小鱼际尺侧缘运至小天心处,再转入内劳宫为一遍,操作30～50遍(图2-3-55)。

【作用】 本法有大凉之功效,具有清心泻火、退热除烦的作用。

【临床应用】 常用于高热神昏、热入营血、烦躁不安、口渴、便秘等实热证。凡是虚热证、寒证勿用。

6. 打马过天河

【动作要领】 术者用左手捏住患儿四肢,将掌心向上,用另一手拇指螺纹面运内劳宫穴,然后屈患儿四指向上,以左手握住,再以食、中二指的指端自内关、间使,循天河向上一起一落打至洪池穴为一次。打10～20次(图2-3-36)。

【作用】 清实热,通经络,行气血。

【临床应用】 常用于高热烦躁、神昏抽搐、上肢麻木等实热证。

7. 运水入土

【动作要领】 术者用一手握住患儿食、中、无名和小指,使掌面向上,另一手拇指外侧缘自小儿肾水穴,沿着手掌边缘,经掌小横纹、小天心推运至拇指端脾土穴,称运水入土,100～300次(图2-3-56)。

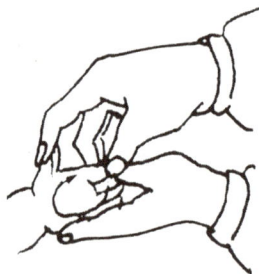

图2-3-55 水底捞月　　　　图2-3-56 运水入土

【作用】 健脾助运,润燥通便。

【临床应用】 常用于脾胃虚弱引起的消化不良、厌食、腹胀、便秘、泄泻、疳积等。

8. 运土入水

【动作要领】 术者用左手握住患儿食、中、无名和小指,使掌面向上,用右手拇指外侧缘自小儿脾土穴,沿着手掌边缘,经小天心、掌小横纹推运至小指端肾水穴,称运土入水,100～300次(图2-3-57)。

【作用】 滋补肾水,利尿通便。

【临床应用】 常用于肾阴不足、摄纳失调引起的小便赤涩、频数,少腹胀满,便秘等。

9. 猿猴摘果

【动作要领】　术者用两手食指、中指侧面分别夹住患儿耳尖向上提 10～20 次,再夹捏两耳垂向下扯 10～20 次,如猿猴摘果之状(图 2-3-58)。

图 2-3-57　运土入水

图 2-3-58　猿猴摘果

【作用】　健脾和胃,温阳化痰,镇静安神。

【临床应用】　常用于食积、寒痰、疟疾、小儿惊惕不安等。

10. 飞经走气

【动作要领】　术者先用右手握住患儿左手四指,再用左手四指从曲池起,起之,跳之,至总筋处数次;再用左手拇指、中指拿住患儿阳池、阴池二穴不动,然后右手将患儿左手四指向上往外,一伸一曲,连续搓 20～50 次。

【作用】　行一身之气,清肺化痰。

【临床应用】　常用于肺热咳喘、痰多胸闷及腹胀腹痛等。

11. 揉耳摇头(捧耳摇头)

【动作要领】　术者用双手拇、食二指螺纹面着力,捻揉患儿两耳垂 20～30 次后,再用双手捧患儿头部,做颈部轻摇法,摇 10～20 次。

【作用】　调和气血,开关镇惊。

【临床应用】　常用于小儿惊风。

12. 开璇玑

【动作要领】　术者用两拇指端先从璇玑穴(胸骨正中线,平第 1 肋骨上缘)处,沿胸肋自上而下分推至季肋部,再从胸骨下端鸠尾穴向下直推至脐,然后由脐向左、右推磨腹部,最后从脐直推至小腹部。一般操作 20～50 次。

【作用】　开胸顺气,宣肺止咳化痰,消食行滞。

【临床应用】　本法自上而下,包括分推璇玑、推中脘、推摩神阙、直推小腹等操作手法。常用于胸闷气促、气息喘急、咳痰不畅、食积腹痛、积滞胀满、呕吐腹泻等。

13. 按弦走搓摩

【动作要领】　令人怀抱患儿,较大的小儿让其两手交叉搭在两肩上,术者用两手掌从患儿两腋下沿着胁肋,搓摩到肚角处,搓摩 50～100 次(图 2-3-59)。

【作用】　理气化痰,除胸闷,开积聚。

【临床应用】　常用于积痰积滞引起的咳嗽气急、胸闷痰喘、饮食积聚、腹胀等。

图 2-3-59　按弦走搓摩

14. 揉脐及龟尾并擦七节骨

【动作要领】　先令患儿仰卧,术者一手揉脐,另一手

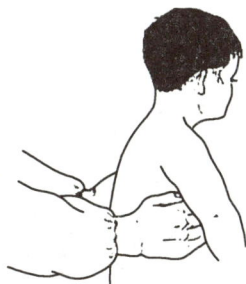

揉龟尾。揉毕,再令患儿俯卧,自龟尾向上推七节骨为补;反之为泻,操作 100～300 次。

【作用】 调理肠腑,止泻导滞。

【临床应用】 本法的补泻主要取决于推七节骨的方向,推上七节骨为补,治疗泄泻、痢疾等症;推下七节骨为泻,治疗便秘等。

15. 总收法

【动作要领】 术者用左右中指,掐按患儿肩井穴,再用右手拇指、食指、中指,拿住患儿食指和无名指,使患儿上肢伸直,并摇之,摇 20～30 次(图 2-3-60)。

【作用】 通行一身之气,提神。

【临床应用】 常用于久病体虚、内伤外感诸证,如感冒、颈肩背痛、上肢活动欠利等,同时本法还可作为小儿推拿结束手法,故称为总收法。

图 2-3-60　总收法

附:小儿推拿常用组合手法

小儿推拿常用组合手法

组合手法	处　　方	作　　用	临床应用
治外感四大手法	开天门、推坎宫、运太阳、揉耳后高骨各 30～50 次	疏风解表,止头痛	风寒、风热感冒
治腹泻四大手法	揉脐 100～300 次,摩腹 3～5 min,推上七节骨 300 次,揉龟尾 100～300 次	调中止泻	小儿腹泻
发汗四大手法	掐心经 3～5 次,重揉太阳 50～100 次,掐揉二扇门 200～400 次,拿风池 5～10 次	发汗,止头痛	外感无汗,发热头痛
固表止汗四大手法	补脾经 300 次,补肺经 300 次,补肾经 300 次,揉肾顶 100～500 次	益气固表止汗	自汗、盗汗、大汗等汗证
镇静安神四大手法	清肝经 100～150 次,掐揉小天心 3～5 次,掐揉五指节 3 次,按揉百会 30～50 次	平肝镇静安神	小儿惊惕不安,夜啼
通便四大手法	揉天枢 50～100 次,摩腹 5 min,推下七节骨 100～300 次,揉龟尾 100～300 次	通便	小儿便秘
平衡阴阳法	推三关 300 次,退六腑 100 次;推三关 100 次,退六腑 300 次;推三关 100 次,退六腑 100 次	调和阴阳	阴证、虚寒证者,推三关与退六腑比例为 3:1,阳证、实热证为 1:3,寒热不分则为 1:1
保健四大手法	补脾经 300～500 次,摩腹 3～5 min,按揉足三里 50～100 次,捏脊 3 遍,捏三提一 2 遍	调阴阳,理气血,和脏腑,强身体,促发育	小儿素体脾胃虚弱或病后体虚的保健推拿

(林煜芬)

能力检测

单选题

1. 开天门、推坎宫、揉太阳、运耳后高骨、拿风池五法常用于治疗（   ）。

A. 外感湿热　　　 B. 外感表证　　　 C. 先天不足　　　 D. 脾胃虚弱　　　 E. 饮食内伤

2. 哪种可主治一切虚寒病证？（   ）

A. 补脾经　　　 B. 补肾经　　　 C. 清天河水　　　 D. 推三关　　　 E. 运内八卦

3. 肝经穴宜清不宜补，肝虚应补时，应对小儿以（   ）代之。

A. 补肺经　　　 B. 补肾经　　　 C. 补小肠　　　 D. 补大肠　　　 E. 补脾经

4. 小儿捏脊法的操作要求是（   ）。

A. 尽可能提紧皮肤　　　　　　 B. 捏起皮肤多少及用力大小适当

C. 捻动向前可歪斜　　　　　　 D. 可提三捏一

E. 以上都不是

5. 以下不具有开窍醒神的操作是（   ）。

A. 掐山根　　　 B. 掐人中　　　 C. 掐二扇门　　　 D. 掐十宣　　　 E. 掐老龙

6. 小儿推拿手法特点强调（   ）。

A. 轻快　　　 B. 着实　　　 C. 柔和　　　 D. 平稳　　　 E. 以上都是

7. 常作为小儿推拿结束手法的是（   ）。

A. 总收法　　　 B. 飞经走气　　　 C. 运土入水　　　 D. 二龙戏珠　　　 E. 苍龙摆尾

8. 治疗小儿疳积的要穴是（   ）。

A. 小横纹　　　　　　 B. 四横纹　　　　　　 C. 掌小横纹

D. 大横纹　　　　　　 E. 以上都不是

9. 水底捞月的功效是（   ）。

A. 健脾消食，温中理气　　　　　　　　 B. 清热凉血，宁神安神

C. 开胸顺气，退热通便　　　　　　　　 D. 养阴清热，退热通便

E. 清心泻火，退热除烦

10. 术者用左手握住患儿食、中、无名和小指，使掌面向上，用右手拇指外侧缘自小儿脾土穴，沿着手掌边缘，经小天心、掌小横纹推运至小指端肾水穴，该手法称为（   ）。

A. 运土入水　　　　　　 B. 运水入土　　　　　　 C. 凤凰展翅

D. 飞经走气　　　　　　 E. 按弦走搓摩

第四节　保健按摩

学习目标

学会全身各部位保健按摩的操作手法和程序。

熟悉保健按摩的穴位选取原理。

患者,女,40岁,公务员。因主诉颈项部疼痛半天至我院推拿门诊就诊。患者晨起时突觉颈项部僵硬疼痛不适,左侧旋转活动、俯仰困难。查体:颈项部肌肉紧张,右侧斜方肌痉挛,可触及条索状肌束,有明显压痛。颈部各项试验无神经根性压迫症状,X线检查见颈椎生理曲度变直。患者自诉既往经常出现颈部落枕。问题:

1. 本患者的初步诊断是什么?

2. 本患者保健按摩的手法有哪些?

一、头面部保健按摩

(一) 体位

受术者取仰卧位,术者坐于受术者头部前方。

(二) 操作步骤

1. 分抹印堂穴至太阳穴　术者用双手拇指指腹从印堂穴开始,经前额,分别向两侧分抹到太阳穴,轻抹,反复按摩5~10次。每次均需从印堂穴开始,抹到太阳穴时顺势在太阳穴按揉2~3次。腕关节要配合灵活运动,手掌和其余手指不能扶按受术者头部。

2. 轻摩眼眶　用双手拇指指端轻揉睛明穴半分钟,然后用两手拇指指腹由睛明穴开始,由内到外,由上到下轻摩眼眶3~5次。按摩时要注意,着力要轻,以免推出川字纹。双手拇指由内向外摩动,而不能由外向内摩动,以免向下牵拉外眼角,使眼角下垂。

3. 推摩鼻翼至颧髎穴　用双手拇指指端压迫迎香穴半分钟,然后由两侧鼻翼经巨髎推到颧髎穴,反复按摩3~5次。推到颧髎穴时,稍向上用力,这样能提起面颊肌肉。

4. 推抹水沟穴至地仓穴　用双手拇指指腹从水沟穴推摩到地仓穴,反复按摩3~5次。推摩到地仓穴的时候,点到为止。按摩时,拇指要稍微向上提,而不能向下推,以免使口角下垂。

5. 轻摩下颌至颊车穴　用双手四指指腹按摩,食指在下颌上面,中指、无名指和小指并拢在下颌的下面,分别由中间向两侧分摩至颊车穴,反复按摩3~5次。操作时,不能用指端,手腕和手指要协调配合,双手操作要一致。

6. 轻揉颊车穴至太阳穴　将双手食指、中指、无名指三指并拢,以中指指腹为主,从颊车穴轻揉到太阳穴,反复按摩3~5次。揉动时,不要摩擦面部皮肤,手法不宜过重。

7. 点揉印堂穴至百会穴　用拇指指腹从印堂穴开始点揉到百会穴,点揉神庭穴和百会穴各半分钟,重点点揉印堂穴,反复3~5次;也可用双手拇指交替按摩。操作时,不能使头部摆动,手法以点为主,以揉为辅,在发际内操作时,不要牵拉发根。

8. 点揉攒竹穴至百会穴　用双手拇指指腹从攒竹穴开始,点揉到百会穴,反复3~5次。按摩时可以重点点揉百会穴和攒竹穴各半分钟。点揉时要注意,双手力度应一致,同步操作,到达百会穴时,可重叠两拇指进行点揉。

9. 勾点风池穴、风府穴　用双手中指指端分别勾点两侧的风池穴1~2 min,然后单手勾点风府穴1~2 min,点压后轻轻揉动,揉此穴位时是连续操作。按摩时,被按摩者应

该面部朝上。勾点风府穴时，要向鼻尖方向用力；勾点风池穴时，双手同时向对侧眼球方向用力。按摩这两个穴位时，被按摩者头部不能抬起。

10. 梳理头皮 用双手十指略微分开，自然弯曲，用指端或指腹梳理头皮。按摩时，从前发际开始向后至头顶部，双手同时搓动，像洗头一样，反复按摩。然后双手配合将头转向一侧，一手托头，一手梳理侧头部，做完一侧再转到另一侧，按同样方法操作，时间2～3 min。

> **知识链接**
>
> "梳"理健康，贵在坚持！嵇康在《养生论》中说：每朝梳头一二百下，寿自高。每天早晚用梳子顺着经络方向，以均匀力量，从前额正中向头部、枕部、颈部梳划，再梳两侧，每次梳100下左右，即可起到养生保健的作用。若没有梳子，可暂时用手指代替梳子，从发际前的印堂穴中线往后按压头皮，梳理头发，也可以起到通经活络、提神醒脑的作用。

11. 轻揉耳郭 用双手拇指和食指的侧面轻揉两侧耳郭1～2 min，由耳尖揉到耳垂，反复操作，最后轻拉耳垂3～5次，动作逐步减轻，以结束头面部的按摩操作。

二、上肢部保健按摩

（一）体位

受术者取仰卧位，术者站其一侧。

（二）操作步骤

1. 拿揉上肢 术者一手托住受术者腕部，另一手拇指与其余四指相对，沿经脉路线和上肢肌肉轮廓，有弹性、有节奏地自上而下拿揉3～5次。拿揉内侧时，注意受术者的敏感度，从上臂上1/3处开始，先内后外。

2. 按揉腕关节 术者双手握住受术者的大、小鱼际，以双手拇指轻揉腕关节1～2 min。操作时，受术者掌心向下，术者先用双手拇指横向分推，后纵抹，下侧用食指或中指分推，完成后用双手掌根夹住受术者腕关节搓几下。

3. 点按穴位 术者一手四指托起受术者上肢，另一手拇指点按曲池、手三里、内关、神门、合谷、劳宫穴各3～5次。

4. 推按手掌并拔伸指关节 术者双手握住受术者手掌（掌心面对术者），拇指置于掌心，四指置于手背，双手拇指指腹以劳宫穴为中心推按掌心10次左右，然后继续推揉至指端3～5次；然后在五指各关节做捻法，先做静力拔伸，用食指和中指从指根起拔伸指关节，至末节指骨时做弹响拔伸，五指分别操作。

5. 抖动上肢 术者双手同时握住受术者一手大小鱼际部（控制腕关节），在稍用力拔伸的基础上，上下抖动上肢1～2 min。用力要均匀，最后一下抖动时力度稍大点，但不能向上提或猛一拉。

6. 摇肩关节 术者一手握住腕关节上部，另一手托住肘部，先顺时针后逆时针，环转摇动肩关节各5～10次。最后减轻摇动，以结束上肢部操作。

三、颈肩部保健按摩

（一）体位

受术者取俯卧位，术者站其一侧或头部前方。

（二）操作步骤

1. 拿揉颈项部 术者一手托住受术者前额，另一手拇指指腹与其余四指相对，同时用力，自上而下有顺序、有节奏地拿揉受术者颈部肌肉 2～3 min，以受术者有舒适的酸胀感为度。（单手操作）

2. 点揉棘突两侧 术者以双手拇指指腹分别置受术者项部棘突两侧，自上而下按压 2～3 遍，按压同时或按压后可行轻揉法。

3. 拿揉肩部 术者站于受术者一侧前，以两手拇指分别置于其两侧肩胛冈上窝处，余四指放肩前部，拇指、四指及虎口同时有节奏地相向用力，自内向外拿揉肩部 2～3 min。

4. 按压穴位 术者以双手拇指分别按压受术者肩井、秉风、天宗穴各 1～2 min，可边按边揉。注意观察受术者的反应。

5. 擦肩部 术者立于受术者一侧，一手扶住肩部，用另一手鱼际擦肩部，由一侧到另一侧，往返操作 2～3 min。

6. 叩击肩部 术者双手掌心相对，五指自然弯曲分开，以小指侧面有节奏地交替叩击受术者肩部 1～2 min，最后逐步减小力度，以结束颈肩部的按摩操作。

四、胸腹部保健按摩

（一）体位

受术者取仰卧位，术者站其一侧。

（二）操作步骤

1. 掌根按压双肩 术者以双手掌同时按压受术者双肩 5～8 次，按压时要由轻到重按下，然后由重到轻抬手，施术中逐渐缓缓加力，并要求受术者放松配合。

2. 分推胸部至两胁 术者将双手虎口张开，五指自然分开，平放于受术者胸部中央，用双手大鱼际自受术者正中线向胸廓两侧分推至腋中线 3～5 次。按摩时要注意，对女性应从乳房下开始分推到两胁。

3. 全掌揉腹部 受术者屈髋屈膝，腹部放松，术者双手叠掌置于脐部，顺时针按揉全腹 2～3 min，用力要均匀。

4. 轻拿腹直肌 术者双手拇指指腹与其余四指相对，放在腹直肌上，由轻到重拿起，再由重到轻放松，自上而下提拿腹直肌 3～5 次。如有腹腔疾病，或腹部曾施较大手术者应给予注意。

5. 点压穴位 术者用左手食指、中指、无名指指端由上至下点压上脘、中脘、下脘各 1 min，以右手拇指和食指点压双侧天枢 1 min，右手食指、中指指腹点压气海、关元各 1 min，最后逐步放开手指。

6. 摩腹 受术者屈髋屈膝，腹部放松；术者以掌心置于受术者脐部，以脐为中心，先顺时针，后逆时针，各旋转轻摩脐周 2～3 min，以此手法结束胸腹部的按摩。

五、腰背部保健按摩

（一）体位

受术者取俯卧位，术者站于其一侧。

（二）操作步骤

1. 按揉背腰部 术者以单掌或叠掌按揉受术者两侧足太阳膀胱经 3～5 遍。

2. 弹拨足太阳膀胱经 用双手拇指指腹重叠自上而下弹拨足太阳膀胱经3～5遍。

3. 按压足太阳膀胱经 用双手重叠放在背部膀胱经上，自上而下按压3～5遍，先做一侧再做另外一侧。

4. 擦脊柱两侧 术者自上而下侧掌擦或握拳擦受术者脊柱两侧2～3 min。注意力量、角度及方向。

5. 拍打背腰部 术者双手空拳叩击受术者背腰部1～2 min，注意肾区叩击的力量。

6. 按揉肾俞穴 术者以双手拇指指腹置于受术者双侧肾俞穴处，同时用力按揉1～2 min。

7. 擦命门 术者以单掌置于受术者命门穴处，迅速搓擦1～2 min，以温热为度。

8. 直推背腰部 术者以单手或双手掌掌根置于受术者肩胛内侧，沿膀胱经自上而下直推至腰骶部3～5次，也可用双手掌根分推。最后减慢推动，以结束背腰部的按摩操作。

六、下肢部保健按摩

（一）下肢前、内、外侧按摩

1. 体位 受术者取仰卧位，术者站其一侧。

2. 操作步骤

（1）直推下肢前、内、外侧 术者用手掌紧贴大腿根部，直推下肢前侧、内侧、外侧，各3～5次。操作时，要做到轻而不浮、重而不滞。

（2）拿揉下肢前、内、外侧 术者用双手拇指指腹与其余四指相对，自上而下拿揉下肢前侧、内侧、外侧各3～5次，拿揉时用力要适宜。

（3）按压足三里、血海、二阴交穴 术者以拇指指腹沉实有力地分别按压足三里、血海、三阴交穴，各1～2 min，边压边揉动。

（4）抱揉膝关节 术者双手如抱球状抱住膝关节内、外两侧，交替轻揉1～2 min。揉动时注意，不能夹着膝关节搓动。

（5）拍打下肢前、内、外侧 术者用双手虚掌或空拳，有节奏地自上而下叩击、拍打下肢前、内、外侧各3～5次。

（6）推摩足背 术者双手四指置于受术者足底，双手拇指指腹及大鱼际由踝部推摩足背至足趾部10～20次。

（7）活动踝关节 术者一手托住受术者足跟，另一手握其足掌部（脚趾），先顺时针后逆时针地使受术者踝关节做被动地背伸、背屈和环转摇动，幅度由小至大，然后由大而小，如此往复5～8圈。

（二）下肢后侧按摩

1. 体位 受术者取俯卧位，术者站其一侧或足侧。

2. 操作步骤

（1）拿揉臀部及下肢后侧 术者用双手拇指与其余四指相对，自上而下拿揉臀部到下肢后侧3～5 min。操作时，以臀部、大腿后侧肌肉群为重点。

（2）擦臀部及下肢后侧：术者一手扶住受术者骶部，另一手擦受术者臀部及下肢后侧至踝关节3～5 min，操作时，以臀部、大腿后侧及小腿后侧肌群为重点。

（3）按压穴位 术者以拇指分别按压受术者环跳、承扶、殷门、委中、承山各0.5 min，其中环跳、承扶、殷门穴还可用肘尖按压，每个穴位按压时可以边压边揉动。

（4）拿揉昆仑、太溪穴　术者以单手拇指指腹和食指指腹分置于受术者下肢昆仑与太溪穴上，拿揉1~2 min。

（5）拍打臀部及下肢部：术者以双手空拳有节奏地叩击受术者臀部及下肢后侧1~2 min，着力稍重。

（6）抱揉下肢后侧　术者双手掌心对置于受术者下肢后侧肌群，稍用力抱紧，从大腿下2/3处开始自上而下揉下肢后侧2~3 min，重点抱揉小腿后侧肌群。

（7）按揉常用足部反射区　术者用双手握住足部两侧，双手拇指交替推揉心脏反射区、肝脏反射区、脾脏反射区、肺和支气管反射区、肾脏反射区，反复按揉3~5次，然后用拳叩击生殖腺反射区3~5次。

（8）拔伸趾关节　术者以拇指、食指逐个拔伸受术者的各足趾关节1~2次。

（9）搓、推、按、叩足底　术者一手轻压受术者跟腱，另一手以单掌快速推搓受术者双足底各1~2 min。

七、足部保健按摩

（一）足部反射区分布规律

足部反射区排列是有规律的，基本上与人体大体解剖部位相一致，是按人体实际位置上下、左右、前后顺序精确排列的。将双足并拢可以想象看到的足是个屈腿盘坐并向前俯状的投影人形。其足踇趾及各趾相当于人的头、颈、面部反射区，内有大脑、小脑、垂体、三叉神经及眼、耳、鼻、舌、口腔、牙齿等反射区，足底上部相当于胸腔，内有肺脏、气管、心脏、甲状腺、甲状旁腺、斜方肌等反射区；足底中部相当于上腹部，内有大肠、小肠、膀胱、生殖器官（女为卵巢、子宫，男为前列腺、睾丸）等反射区；两足内侧相当于脊椎部分，从足趾至足跟方向有颈、胸、腰、骶椎及尾骨各部分反射区；足外侧相当于四肢部分，足底内有肩、腰、肘、髋、股、膝关节等反射区（图2-4-1至图2-4-4）。

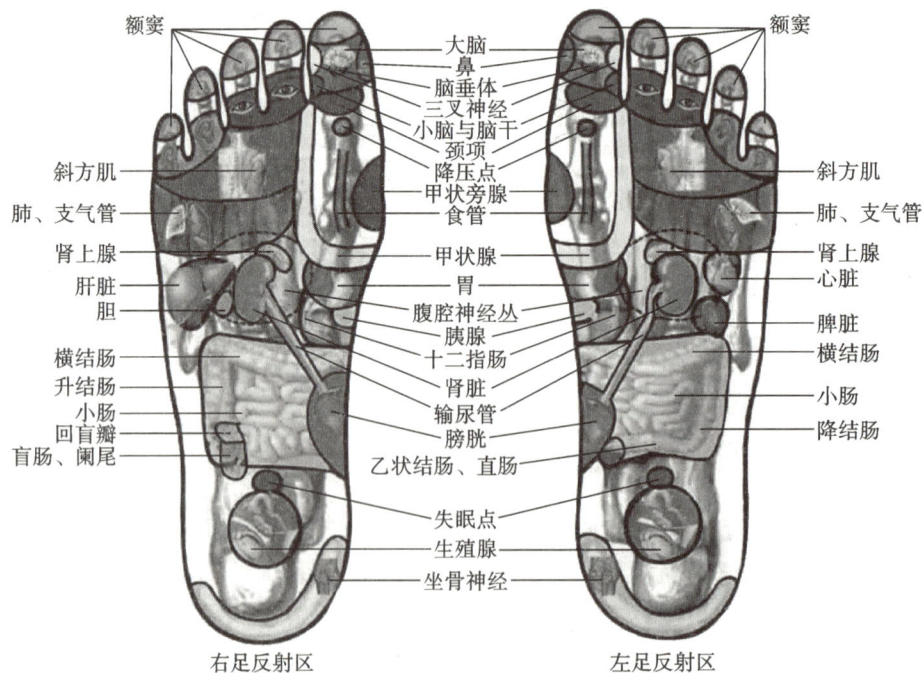

图 2-4-1　足底反射区

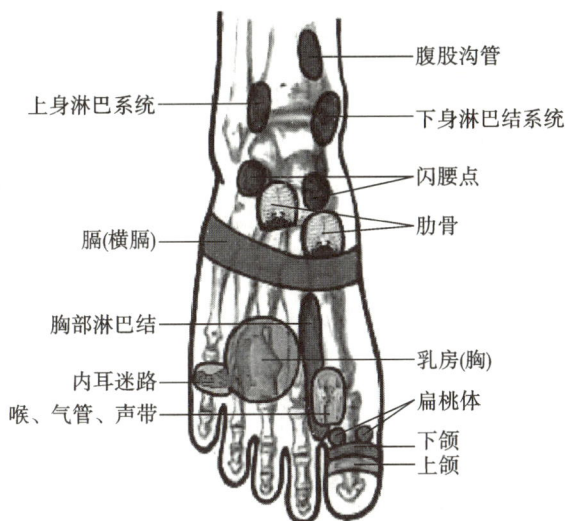

图 2-4-2　足背反射区

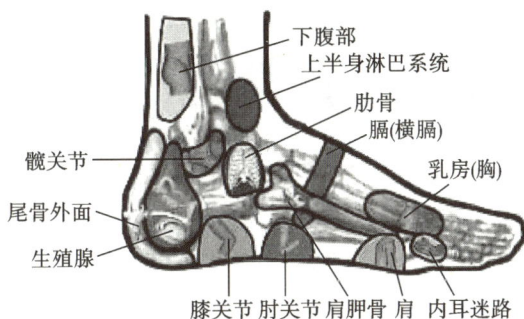

图 2-4-3　足外侧反射区

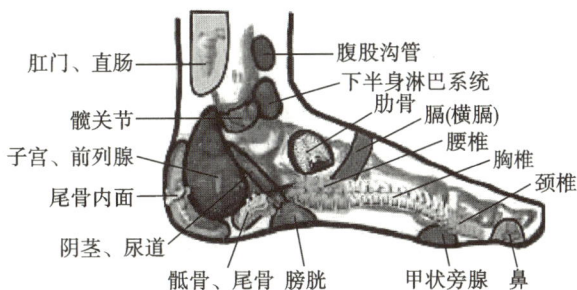

图 2-4-4　足内侧反射区

（二）足部反射区

1. 大脑　位于双足大踇趾第一节底部肉球处。左半大脑反射区在右足上，右半大脑反射区在左足上。

2. 额窦　位于双足的五趾靠尖端约 1 cm 的范围内。左额窦反射区在右足上，右额窦反射区在左足上。

3. 小脑、脑干　位于双足踇趾近节基底部外侧面。左小脑、脑干反射区在右足上，右小脑、脑干反射区在左足上。

4. 垂体　位于足底双踇趾趾腹的中间偏内侧一点（在脑反射区深处）。

5. **三叉神经** 位于双足踇趾第一节的外侧约 45°角,在小脑反射区前方。左侧三叉神经反射区在右足上,右侧三叉神经反射区在左足上。

6. **鼻** 位于双足踇趾腹内侧延伸到踇趾甲的根部,第一趾间关节前。左鼻的反射区在右足上,右鼻的反射区在左足上。

7. **颈项** 位于双足底大踇趾根部。左侧颈项反射区在右足上,右侧颈项反射区在左足上。

8. **眼** 位于双足第二趾与第三趾中部与根部(包括足底和足背两个位置)。左眼反射区在右足上,右眼反射区在左足上。

9. **耳** 位于双足第四趾与第五趾的中部和根部(包括足底和足背两个位置)。左耳反射区在右足上,右耳反射区在左足上。

10. **肩** 位于双足足底外侧,小趾骨与跖骨关节处,及足背的小趾骨外缘与凸起趾骨与跖骨关节处。左肩反射区在右足,右肩反射区在左足。

11. **斜方肌** 位于双足底眼、耳反射区下方宽约一横指的横带状区域。

12. **甲状腺** 位于双足底第一跖骨与第二跖骨之间以及第一跖骨远侧部连成带状。

13. **甲状旁腺** 位于双足内侧缘第一跖趾关节前方的凹陷处。

14. **肺、支气管** 位于斜方肌反射区后方,自甲状腺反射区向外到肩反射区处约一横指宽的带状区域。支气管敏感带位于肺反射区中部向第三趾延伸之区带。

15. **胃** 位于双足底第一跖趾关节后方约一横指幅宽。

16. **十二指肠** 位于双足底第一跖骨近端,胃反射区之下方。

17. **胰** 位于双足底第一跖骨体中下段胃反射区与十二指肠反射区交汇处。

18. **肝** 位于右足底第四、五跖骨间肺反射区的下方及足背上与该区域相对应的位置。

19. **胆囊** 位于右足底第三、四趾间划一竖线,肩关节反射区划一横线,两线的交界处即为胆囊反射区。

20. **腹腔神经丛** 位于双足底第二、三跖骨之间,肾与胃反射区的周围。

21. **肾上腺** 位于双足底第三跖骨与趾骨关节所形成的"人"字形交叉的稍外侧。

22. **肾** 位于双足底第二、三跖骨近端的 1/2,即足底的前中央凹陷处。

23. **输尿管** 位于双足底自肾脏反射区至膀胱反射区之间,约 1 寸长呈弧线状的一个区域。

24. **膀胱** 位于内踝前下方,双足内侧舟骨下方,踇展肌侧旁。

25. **小肠** 位于双足底楔内到跟骨的凹陷处,为升结肠、横结肠、降结肠、乙状结肠、直肠反射区所包围区域。

26. **盲肠、阑尾** 位于右足底跟骨前缘靠近外侧。

27. **回盲瓣** 位于右足足底跟骨前缘靠近外侧,在盲肠反射区的上方。

28. **升结肠** 位于右足足底小肠反射区的外侧与足外侧缘平行,从足跟前缘至第五跖骨底的带状区域。

29. **横结肠** 位于双足底中间第 1～5 跖骨底部与第 1～3 次楔骨(即内、中、外侧楔骨)、骰骨交界处,横越足底的带状区域。

30. **降结肠** 位于左足足底第五跖骨底沿骰骨外缘至跟骨前缘外侧,与足外侧平行的竖带状区域。

31. **乙状结肠、直肠** 位于左足底跟骨前缘的带状区域。

32. **肛门** 位于左足底跟骨前缘直肠反射区的末端,约近于足底内侧踇展肌外

侧缘。

33. 心脏　位于左足底肺反射区下方,第4、5跖骨头之间与肩关节反射区平行。

34. 脾　位于左足底第4、5跖骨之间,距心脏反射区正下方一横指。

35. 膝关节　位于双足外侧第五跖骨与跟骨之间凹陷处,为足后跟骨之三角凹陷区域。

36. 生殖腺(性腺)　位置之一位于双足底跟骨的中央,另一位置在跟骨外侧踝骨后下方的直角三角形区域。女性此三角形的直角边为卵巢敏感区,此三角形的斜边为附件(输卵管)敏感区。

37. 腹部　位于双足腓骨外侧后方,自足外侧踝后起向上延伸四拇指的带状凹陷区域。

38. 髋关节(外髋)、股关节(内髋)　位于双足踝下之弧形区域。外踝下为髋关节,内踝下为股关节。

39. 腹部淋巴结　位于双足外侧踝关节前由距骨、舟骨间构成之凹陷部位。

40. 盆腔淋巴结　位于双足内侧踝关节前,由距骨、舟骨间构成之凹陷部位。

41. 胸部淋巴结　位于双足背第一跖骨及第二跖骨间缝处。

42. 平衡器官(内耳迷路)　位于双足足背第四、五跖骨间缝的远端1/2区域。

43. 胸(乳房)　位于双足背第二、三、四跖骨形成的区域。

44. 膈　位于双足背跖骨、楔骨、骰骨关节形成的带状区域,横跨足背左右的部位。

45. 扁桃体　位于双足足背踇趾第二节,肌腱的左右两旁。

46. 下颌　位于双足踇趾第一趾骨关节横纹下方的带状区域。

47. 上颌　位于双足踇趾第一趾骨关节横纹上方的带状区域。

48. 喉、支气管　位于双足背第一跖骨与第二跖骨关节靠踇趾下方区域。

49. 腹股沟　位于双足背盆腔淋巴腺反射区上方约一指宽距离之处。

50. 前列腺、子宫　位于双足跟骨内侧踝骨之下方的三角形区域。

51. 尿道、阴道、阴茎　位于双足跟内侧,自膀胱反射区向上延伸至距骨与跟骨之间隙。

52. 直肠、肛门　位于双足胫骨内侧后方与肌腱间的凹陷中,踝骨后方起约四指幅宽之长度带状区域。

53. 颈椎　位于双足弓内侧,踇趾第二趾骨远端内侧1/2处。

54. 胸椎　位于双足弓内侧,沿第一跖骨下方至与楔骨的交界处。

55. 腰椎　位于双足弓内侧,第一楔骨至舟骨之下方,上接胸椎反射区,下接骶骨反射区。

56. 骶骨　位于双足弓内侧,从距骨下方到跟骨止,前接腰椎反射区,后连内尾骨反射区。

57. 内尾骨　位于双足跟骨内侧,沿跟骨结节向后方内侧的一带状区域。

58. 外尾骨　位于双足跟骨外侧,沿跟骨结节向后方外侧的一带状区域。

59. 肩胛骨　位于双足背第4、5跖骨的近端1/2位置,与骰骨关节连成一叉状。

60. 肘关节　位于双足外侧第五跖骨和楔骨之关节凸起范围。

61. 肋骨(内肋骨、外肋骨)　位于双足背第一楔骨与舟骨之间区域为内侧肋骨反射区;在第三楔骨与骰骨之间凹陷区域为外侧肋骨反射区。

62. 坐骨神经　位于双足内、外踝关节沿胫骨和腓骨后侧延伸近膝、腘窝位置。

63. 臀部　位于双足底跟骨结节外缘区域,连接股部反射区。

64. 股部 位于双足底外缘结节,后连臀部反射区,上接骶骨与第五跖骨连接处的带状区域。

65. 上臂 位于双足底外缘结节腋窝反射区的下方,第五跖骨的外侧的带状区域。

66. 闪腰点 位于双足背第二跖骨与第二楔骨关节的两侧凹陷中,即肋骨反射区后方。

67. 血压点 位于双足颈反射区的中部。

68. 食管、气管 位于双足底第一跖内与趾骨关节上下方,下接胃反射区。

69. 腋窝 位于双足底、足背的肩关节反射区下方,呈香蕉状,从足外缘斜向上行至于第四、五跖骨间隙的远端。

70. 头、颈淋巴结 位于双足各足趾间的趾骨跟部呈"凹"字形,足底足背两面都有。

71. 舌、口腔 位于双足踇趾第一节底部内缘,靠在第一关节下方,毗邻血压点反射区的内侧。

72. 牙齿 位于双足各趾的两侧。

73. 声带 位于双足背第一跖骨与第二跖骨间缝,第一跖骨近端处。

74. 子宫颈 位于双足足跟内侧踝骨之后方,尿道、阴道、阴茎反射区之延伸部位。

75. 失眠点 位于双足底跟骨中央,在生殖腺反射区上方。

(三)准备工作

1. 消毒 用75%酒精擦拭或用药液浸泡双足。

2. 包足 用毛巾包裹脚。包足要求整齐、平整、美观、松紧适宜。

3. 上油 双足上油要均匀适中。按摩者将按摩油、按摩霜涂于掌心,揉匀,首先同时擦足心、足背;其次擦足部两侧;再次擦足跟及小腿后侧;最后擦脚趾。

(四)操作步骤

1. 探查心脏反射区 术者屈食指定点按压心脏反射区3~5次。

2. 压刮肾上腺、肾、输尿管及膀胱反射区 术者分别屈食指定点点压肾上腺反射区、膀胱反射区3~5次,以酸痛为度;用大拇指指端或指腹点压肾反射区3~5次,以酸痛为度;屈拇指,用指关节背部桡侧或用大拇指螺纹面着力由上(肾反射区)向下推至膀胱反射区,约10次。

3. 推压三叉神经、额窦、鼻、大脑及小脑反射区 术者用大拇指或偏锋着力由趾尖向趾跟方向推抹三叉神经反射区;屈拇指,用指间关节背部桡侧着力于各趾端,由内向外分别由踇趾推至小趾的额窦反射区各3~5次;屈拇指,用拇指第1指间关节桡侧着力由外向内,再由下向上推抹鼻反射区3~5次,以酸痛为度;屈拇指或用拇指螺纹面着力从趾跟向趾端推大脑反射区,约10次;屈拇指或拇指偏峰着力于踇趾趾腹跟部由内向外推按数次小脑反射区,以酸痛为度。

4. 推压颈椎、颈、项、眼、耳反射区 术者用大拇指指端、指腹、屈指、末节桡侧着力,推压颈椎、颈、项反射区3~5次;用大拇指由趾尖向趾跟方向分别推抹第2趾和第3趾的底面和两侧面,再点按第2、第3趾足叉上下各3~5次;用大拇指螺纹面由趾尖向趾跟方向分别推抹第4、第5趾的底面和两侧面,再点按第4、第5趾足叉上下。

5. 压刮肺、斜方肌反射区 术者屈拇指,由内向外推肺反射区、用桡侧由内向外推斜方肌反射区,各约10次。

6. 推按压甲状腺、食管、胃及十二指肠反射区 术者屈拇指由上向下,再由外向内推按甲状腺反射区,用大拇指螺纹面由上向下推食管反射区,屈拇指由内向外推抹胃反射

区,屈拇指由内向外推十二指肠反射区,各约 10 次。

7. 压刮横结肠、降结肠、乙状结肠、直肠,点肛门及小肠反射区　术者屈食指,由内向外直推横结肠反射区、由上向下直推降结肠反射区、外向内直推乙状结肠反射区、定点按压直肠及肛门反射区,握拳用第 2～5 近侧指间关节背侧由趾尖向趾跟方向直推小肠反射区,各约 10 次。

8. 推刮生殖腺、子宫及前列腺反射区　术者屈食指或中指定点按压生殖腺反射区 3～5 次,屈食指桡侧面由后向前推抹前列腺及子宫反射区。

9. 钩刮内尾骨、骶骨、腰椎、胸椎反射区　术者用大拇指指端、指腹、屈指、末节桡侧着力,分别推内尾骨、骶骨、腰椎、胸椎反射区。

10. 刮横膈、上身淋巴、输卵管及下身淋巴反射区　术者屈食指,用双手食指第 1 指间桡侧缘着力,刮横膈膜反射区、输卵管及上下身淋巴反射区。

11. 压刮外尾骨、膝、肘及肩反射区　术者屈食指压刮外尾骨反射区、膝关节反射区;屈食指定点按压肘关节或屈食、中指分开分别同时点按肩关节和肘关节反射区。

12. 刮躯体淋巴结及扁桃体反射区　术者双手拇指指端定点按压或刮躯体淋巴结及扁桃体反射区。

13. 刮压喉、气管、胸部及内耳迷路反射区　术者用双手大拇指指端或指端桡侧分别刮压喉、气管、胸部及内耳迷路反射区,约 10 次。

14. 推内外坐骨神经反射区　术者用大拇指指端、指腹、末节桡侧着力,推坐骨神经反射区。

15. 刮压、点压肝、胆囊反射区　术者屈食指定点按压、刮压肝、胆囊反射区,以酸痛为度。

16. 点压、推按盲肠、阑尾、回盲瓣、升结肠反射区　术者屈食指点压、推按盲肠、阑尾、回盲瓣、升结肠反射区,约 10 次。

(马　红)

能力检测

单选题

1. 足部颈项反射区的位置是在(　　　)。

A. 双足蹋趾根部横纹处　　　　　　　　　　B. 第二趾根部横纹处

C. 第三趾根部横纹处　　　　　　　　　　　D. 第四趾根部横纹处

E. 足小趾根部横纹处

2. 抖动上肢时抖动幅度要小,频率要快,(　　　)。

A. 牵引力适宜,节律均匀　　　　B. 牵引力要大,力度以能耐受为度

C. 不需要牵引力　　　　D. 牵引力适宜,快慢交替地进行

E. 牵引力要小,越小越好

3. 保健按摩师不应该(　　　)。

A. 热爱本职工作　　　　　　B. 热情服务　　　　　　　　C. 平等待人

D. 挑选客人　　　　　　E. 爱岗敬业

4. 关于胸腹部按摩说法错误的是(　　　)。

A. 操作时手法要轻柔不宜过重

B.手法以顺时针为补法,为主

C.对女性患者在分推胸部时应避开乳房

D.对女性患者在分推胸部时不用避开乳房

E.摩腹时,受术者屈髋屈膝,腹部放松

5.三阴交穴位于内踝高点直上( )寸,胫骨内侧缘后方,下肢部按摩时可重点按揉。

　　A.1　　　　　B.1.5　　　　　C.2　　　　　D.3　　　　　E.4

第三章　针疗技术

第一节　毫针技术

数字课件 311

学习目标

学会毫针进针法、留针及出针方法等基本操作技术。

熟悉毫针针刺意外的处理、注意事项。

基本具备运用毫针技术康复治疗常见病的能力。

案例引导

患者,男,30岁,文艺工作者。自诉10天前因突击专业训练(吹小号)而发生呃逆。呃声高亢洪亮,间隔3~5 min发作一次,每次大约持续1 h。初因工作,未治疗。后见病情无好转,在本单位医院针刺内关、中脘等穴,同时口服冬眠灵、安定等药物,均未见效。前天起症状开始加剧,呃逆呈连续状态。发作时伸颈仰头,面红耳赤,大汗淋漓,全身抖动,并感呼吸困难,不能进食和饮水,食则呕吐,夜间不能睡眠,以致疲意不堪。问题:

1. 中医可诊断为何种病证?

2. 可用何种针法? 如何取穴?

知识链接

在我国,因技术难度、风险性等因素,国家对传统针刺疗法是严加管控的,临床针灸师必须具备执业资格才可执业(主要是针对针刺),国家职业资格鉴定部门也一直未开放对针灸师上岗资格的培训颁证,因此,对非中医临床类专业学生,本章可作为拓展内容,但学生须知晓有关政策。

针疗,即针刺疗法,其种类多样,临床运用较多的有毫针技术、三棱针技术、皮肤针技术、头针技术、耳针技术、电针技术、穴位注射等,而毫针技术最为普遍。

Note

一、毫针常识

（一）针刺前准备

1. 体位选择　体位的选择应以医者能够正确取穴、施术方便，患者感到舒适自然，并能持久留针为原则。根据选穴不同而选仰卧位、俯卧位、侧卧位、仰靠坐位、俯伏坐位、侧伏坐位等不同的体位（图 3-1-1 至图 3-1-6）。

图 3-1-1　仰卧位

图 3-1-2　俯卧位

图 3-1-3　侧卧位

图 3-1-4　仰靠坐位

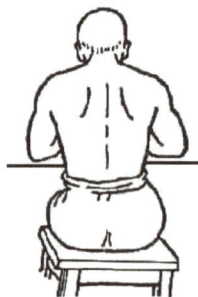

图 3-1-5　俯伏坐位

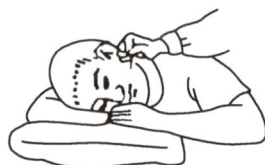

图 3-1-6　侧伏坐位

2. 针具选择

（1）毫针的结构　毫针是用金属制作而成的，以不锈钢为制针材料者最常用。不锈钢毫针，具有较高的强度和韧性，针体挺直滑利，能耐高热、防锈，不易被化学物品腐蚀，故目前被临床广泛采用。也有用其他金属制作的，如金针、银针，其传热、导电性能虽优于不锈钢针，但针体较粗，强度、韧性不如不锈钢针，加之价格昂贵，除特殊需要外，临床很少应用。至于普通钢针、铜针、铁针，因其容易锈蚀，弹性、韧性、牢固性差，除偶用于磁针法外，临床上已不采用。

毫针在结构上，分为针尖、针身、针根、针柄、针尾五个部分（图 3-1-7）。

针尖是针身的尖端锋锐部分，亦称针芒，是刺入腧穴部位肌肤的关键部位；针身是针尖至针柄间的主体部分，又称针体，是毫针刺入腧穴内相应深度的主要部分；针根是针身与针柄连接的部位，是观察针身刺入穴位深度和提插幅度的外部标志；针柄用金属丝缠绕呈螺旋状，为针根至针尾的部分，是医者持针、运针的操作部位，也是温针灸法装置艾

Note

针尖　　　　针身　针根　针柄　针尾

图 3-1-7　毫针的结构

绒之处；针尾是针柄的末端部分。

（2）毫针的规格　毫针的规格，是以针身的直径和长度区分的（表 3-1-1 及表 3-1-2）。

表 3-1-1　毫针的长度规格表

寸	0.5	1.0	1.5	2.0	2.5	3.0	3.5	4.0	4.5
长度/mm	15	25	40	50	65	75	90	100	115

表 3-1-2　毫针的粗细规格表

号数	26	27	28	29	30	31	32	33
直径/mm	0.45	0.42	0.38	0.34	0.32	0.30	0.28	0.26

一般临床以粗细为 28～30 号（0.32～0.38 mm）和长短为 1～3 寸（25～75 mm）者最为常用。短毫针主要用于耳穴和浅在部位的腧穴，作浅刺之用，长毫针多用于肌肉丰厚部位的腧穴，作深刺和某些腧穴作横向透刺之用。毫针的粗细与针刺的强度有关，应根据患者年龄、性别、体质、体形胖瘦、病情虚实、病变部位及所取腧穴的具体部位而选择长短、粗细适宜的针具。如男性、体壮、形肥且病变部位较深者，选择稍粗稍长的毫针，而女性、体弱、形瘦且病变部位较浅者，选择稍短稍细的毫针。

（3）毫针的检查和保养　目前临床上有反复使用的毫针和一次性毫针。对于反复使用的毫针，在消毒之前应进行选择，针尖要端正不偏，光洁度高，尖中带圆，圆而不钝，形如"松针"，锐利适度，使进针阻力小而不易钝涩；针身要光滑挺直，圆正匀称，坚韧而富有弹性；针根要牢固，无剥蚀、伤痕；针柄的金属丝要缠绕均匀、牢固而不松脱或断丝，针柄的长短、粗细要适中，便于持针、运针。

对于有问题的反复使用的毫针在消毒前可进行修理。如发现针身略微弯曲，可用手指或竹片夹住针身，将其捋直。如有急弯、折痕或针身锈蚀，应弃之不用。如针尖有钩或过钝，可用细磨石重新磨好。

针具不用时应妥善保存，防止针尖受损或生锈、污染等，平时可放于针盒、针管或藏针夹等。若用针盒或藏针夹，可在盒底多垫几层消毒纱布，以保护针具。若用针管，置针尖的一端要塞上消毒干棉球，以防止针尖损坏。

3. 毫针刺法的消毒　针刺治病要有严格的无菌观念，切实做好消毒工作。消毒的范围包括针具、医者的手指、患者腧穴皮肤。

针具（一次性针具除外）的消毒方法有高压蒸汽灭菌法、煮沸消毒法、药液浸泡消毒法。高压蒸汽灭菌法可杀灭包括芽胞在内的所有微生物，是灭菌效果最好、应用最广的灭菌方法。方法是将针具放在高压锅内，加热，在 103.4 kPa 蒸汽压下，温度达到 121.3 ℃，维持 15～20 min。煮沸消毒是将针具用纱布包扎，放入盛有清水的锅中煮沸 15～20 min。药物消毒常用的是将针具置于 75％酒精内，浸泡 30 min 后取出使用。

医者的双手施术前用肥皂水洗净，再用 75％的酒精棉球擦拭消毒。

对患者施术部位皮肤一般用 75％的酒精棉球擦拭消毒，若需用三棱针点刺放血或皮肤针重叩的部位宜先用医用碘伏擦拭消毒。

（二）日常练针

针刺练习，主要是对指力和手法的锻炼。指力是指医者持针之手进针操作的力度。

良好的指力是掌握针刺手法的基础,熟练的手法是运用针刺治病的条件。指力和手法必须常练,熟练后,则在施术时,进针快、透皮不痛;行针时,补泻手法运用自如。反之,则在施术时难以控制针体,进针困难,痛感明显;行针时动作不协调,影响针刺治疗效果。因此,初学者必须努力练好指力和手法的基本功。

开始练针时,可用纸垫或棉团练针法(图 3-1-8,图 3-1-9)。纸垫的制作:用松软的细草纸或毛边纸,折叠成 30～50 层,2 cm 左右厚度,长度 5～6 cm,外用丝线呈"井"字形扎紧。棉团制作:取棉絮一团,用白布包绕棉絮,并用线紧扎成直径 6～7 cm 的棉团。初学针术者先用较短的毫针在纸垫或棉团上练习进针、提插、捻转、出针等基本的操作方法,要求针身保持正直不弯曲、提插捻转操作频率均匀、动作协调、运用自如,短针操练较熟练后再练较长的针,待有一定的指力后进行自身试针,与学员之间相互试针。当针刺技术较为熟练后方能在病员身上进行操作。

图 3-1-8　棉团练针　　　　　　图 3-1-9　纸垫练针

(三)适用范围

内、外、伤、妇、儿、五官、皮肤等各科的许多疾病,大部分都能应用毫针刺法来治疗。世界卫生组织(WHO)所公布的用针灸治疗有突出疗效的 43 种疾病(目前增加到 56 种)主要如下。

(1)神经系统　如头痛、外伤后麻痹、周围神经炎、小儿麻痹症、美尼氏综合征、膀胱机能障碍、夜尿症、肋间神经痛、肩痛和网球肘、手术后痛、中风后遗症等。

(2)肌肉和骨骼　如肌肉痛和萎缩、坐骨神经痛、肌肉痉挛、关节炎、椎间盘问题等。

(3)上呼吸道疾病　如急慢性鼻窦炎、急慢性鼻炎、普通感冒、急慢性扁桃体炎等。

(4)呼吸系统疾病　如急慢性气管炎、支气管哮喘等。

(5)眼科疾病　如中心性视网膜炎、白内障、急性结膜炎、近视眼等。

(6)口腔疾病　如牙痛、拔牙后疼痛、齿龈炎、急慢性喉炎等。

(7)消化系统疾病　如食管贲门失弛缓、呃逆、胃下垂、急慢性胃炎、胃酸增多症、急慢性十二指肠溃疡、急慢性结肠炎、急慢性杆菌性痢疾、腹泻、便秘、麻痹性肠绞痛等。

以上病证集中在针疗的镇痛效果上,在现代的针疗临床中,针疗对于循环系统的冠心病、心绞痛、心律失常、血压调整,肾脏泌尿系统的尿失禁与尿潴留,妇产科的月经不调、产后缺乳、滞产、胎位不正等,均有显著疗效。

(四)注意事项

(1)凡重要脏器附近均不宜深刺。如后项部内有延髓,胸腹和腰背部内有重要脏器,必须掌握正确的针刺角度与深度,严禁深刺,不宜大幅度地提插、捻转和长时间留针;大血管附近要慎刺,如邻近动脉的委中、箕门、气冲、曲泽、冲阳等穴;小儿囟门未合时,头顶部腧穴不宜刺。

（2）皮肤有感染、溃疡、瘢痕或肿瘤的部位,有自发性出血或损伤后出血不止的患者,不宜针刺。

（3）孕妇尤其是有习惯性流产史者慎用针刺。妇女怀孕 3 个月以下者,不宜针刺下腹部腧穴。怀孕 3 个月以上者,腹部、腰骶部腧穴也不宜针刺,三阴交、合谷、昆仑、至阴等可引起子宫收缩的腧穴也应禁刺。妇女月经期,若非为了调经,亦不应针刺。

（4）针刺小腹部穴位时,应先排空小便,对尿潴留患者在针刺小腹部腧穴时,应掌握适当的针刺方向、角度和深度,以免误伤膀胱等器官,出现意外事故。

（5）劳累、饥饱、情绪激动等情况下避免针刺。

（五）针刺意外的处理和预防

针刺治病是一种安全有效、简便易行的方法,但由于种种原因,偶然也会出现异常情况,如晕针、滞针、弯针、折针等,必须立即进行有效处理。

1. 晕针

【原因】　多因体质虚弱、精神紧张、劳累、饥饿、大汗后、大泻后、大出血后等,或因患者体位不当,术者手法过重以及治疗室内空气闷热或寒冷等。

【现象】　轻度晕针,表现为精神疲倦,头晕目眩,恶心欲呕;重度晕针,表现为心慌气短,面色苍白,四肢发冷,出冷汗,脉象细弱,甚则神志昏迷,唇甲青紫,血压下降,二便失禁,脉微欲绝等。

【处理】　立即停止针刺,起出全部留针,扶持患者平卧,头部稍低,松解衣带,注意保暖。轻者静卧片刻,给饮温茶或糖水,即可恢复。重者,用指掐或针刺人中、足三里、十宣、合谷等急救穴,可恢复,如仍昏迷不醒,需采取急救措施。

【预防】　对初诊者要消除其畏针心理。过饥、过饱、大失血患者不宜针刺。针刺时尽可能选用卧位。对体质较弱者选穴不宜太多,针刺手法宜轻,以患者能耐受为度。操作时应密切观察患者神色变化,一有晕针先兆应立即处理,切不可远离患者。

2. 滞针

【原因】　患者精神紧张,当针刺入腧穴时,局部肌肉强烈收缩。或行针手法不当,向单一方向捻转太过,以致肌纤维缠绕针身而致。

【现象】　在行针时或留针后,医者感到针下涩滞,捻转不动,提插、出针均感困难,若勉强捻转、提插时,则患者疼痛难忍。

【处理】　若因患者精神紧张而致者,可嘱患者消除紧张状态,使肌肉放松,稍延长留针时间;或用手指在滞针腧穴附近进行揉按;或在附近再刺一针,以宣散气血而缓解肌肉的紧张。由单向捻针而致者,可向相反方向退转,将针捻回,并用刮柄、弹柄法,使缠绕在针身的肌肉组织回释,即可消除滞针。

【预防】　对精神紧张者,应先做好解释工作,消除其思想顾虑。医者手法要熟练,减少针刺疼痛,行针时捻转幅度、频率不宜过大过快,避免单向持续捻转。

3. 弯针

【原因】　医者进针手法不熟练,用力过猛过速,或因突然肌肉暂时痉挛,或针下碰到坚硬组织,或因留针时患者移动体位,亦有因针柄受到外物的压迫和碰撞,或发生滞针而未能及时处理。

【现象】　针柄改变了进针或刺入留针时的方向和角度,提插捻转困难,患者感到针下疼痛。

【处理】　发现弯针时,不可再行提插捻转手法。若针身轻微弯曲,应将针顺着针柄

Note

弯曲的方向慢慢拔出。由患者移动体位肌肉痉挛所致者,应使患者慢慢恢复原来的体位,放松肌肉,再将针缓缓拔出。切忌强行拔针,以防折针。

【预防】 医者施术手法要熟练,指力要均匀轻巧,进针不要过猛、过速。患者体位要舒适,不得随意改变体位,防止外物碰撞和压迫。如有滞针现象应及时处理。

4. 折针

【原因】 针具质量较差,针根或针身有剥蚀伤痕,针刺前疏于检查,或因行针时强力提插捻转,或因用电针时骤然加大强度,使肌肉猛烈收缩,或弯针、滞针未能及时正确地处理等。

【现象】 行针时或出针后发现针身折断,残留在患者体内。

【处理】 发现折针时,医生要沉着冷静,嘱患者不要移动体位,切勿惊慌乱动,以防断针向肌肉深层陷入。若断端外露,可用手指或镊子将针取出。如断端与皮肤相平或稍凹陷于皮内者,可用左手拇、食二指垂直向下挤压针孔两旁,使断端暴露体外,用右手持镊子将断针取出。若断针完全深入皮下或肌肉深层时,应在 X 线定位下,手术取出。

【预防】 针刺操作前认真检查针具,对不符合要求的针具应弃之不用。针刺时不宜将针身全部刺入腧穴。在行针或留针时,应嘱患者不得随意更换体位。避免过猛、过强地行针。在针刺过程中,如发现弯针,应立即退针。对于滞针、弯针,应及时处理,不可强拉硬拔。电针器在使用前要注意输出旋钮先置于最低位,切不可突然加大输出强度。

5. 出血与血肿

【原因】 针尖弯曲带钩,或因提插捻转幅度过大,或因腧穴下毛细血管丰富,刺伤皮下血管。

【现象】 出针后针孔出血,或针刺部位肿胀疼痛,继则局部皮肤呈青紫色。

【处理】 针孔出血者可用消毒干棉球按压针孔片刻,即可止血。对于微量的皮下出血而局部稍有青紫的,一般不必处理,可自行消退。对于局部青紫肿胀疼痛较重的,可先做冷敷止血,再做热敷或在局部轻轻揉按,以促使局部瘀血吸收消散。

【预防】 针刺前仔细检查针具,熟悉解剖部位。针刺时尽量避开大血管,在血管丰富部位不宜施行提插捻转手法。出针时立即用消毒棉球按压针孔。

6. 气胸

【原因】 针刺胸、背、腋、肋及锁骨上窝等部腧穴时,因角度和深度不当使空气进入胸膜腔可导致创伤性气胸。

【现象】 一旦发生气胸,轻者可见胸闷、胸痛、心慌、呼吸不畅,严重者则出现呼吸困难、心跳加速、唇甲发绀、出汗、血压下降等休克现象。

【处理】 轻者可让患者半卧位休息,给以消炎、镇咳药物,休息5～7天,气体可自行吸收。严重者应立即采用急救措施,如胸腔抽气减压、输氧、抗休克等。

【预防】 针刺胸、背、腋、肋及锁骨上窝等部腧穴时,要严格掌握针刺的角度和深度,不宜直刺过深和大幅度提插。

二、毫针操作方法

(一)进针方法

进针是毫针刺法的关键一步,一般需两手配合操作。其中用于持针操作的手称为刺手,另一手在所刺部位按压或辅助进针,称为押手,亦称压手。持针方式,一般以刺手拇、食、中三指夹持针柄,拇指指腹与食指、中指之间相对。进针时,运指力于针尖,使针快速

刺入皮肤。

临床上常用的进针方法有以下几种。

1. 单手进针法　以右手拇、食指指腹夹持针柄,中指指端靠近穴位,指腹紧紧抵住针尖和针身下端,当拇、食指向下用力时,中指随之屈曲,针尖迅速刺透皮肤(图 3-1-10)。

2. 双手进针法　左、右手互相配合将针刺入,常用方法有四种。

(1) 指切进针法　以左手拇指或食指端切按在腧穴位置的旁边,右手持针,紧靠左手指甲,将针刺入皮肤,适用于短针的进针(图 3-1-11)。

(2) 夹持进针法　以左手拇、食二指持捏消毒干棉球,夹住针身下端,露出针尖,将针尖固定在所刺腧穴的皮肤表面,右手持针柄,使针身垂直,在右手指力下压时,左手拇、食两指同时用力,两手协同将针刺入皮肤,适用于长针的进针(图 3-1-12)。

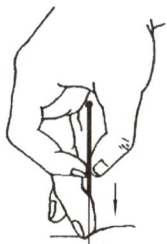

图 3-1-10　单手进针法　　　图 3-1-11　指切进针法　　　图 3-1-12　夹持进针法

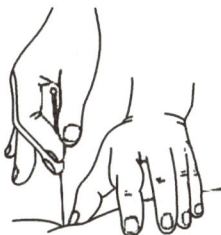

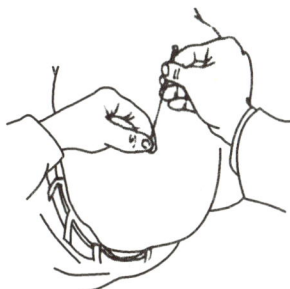

(3) 提捏进针法　以左手拇、食二指将针刺腧穴部位的皮肤捏起,右手持针,从捏起部的上端刺入皮下,适用于皮肉浅薄部位的进针(图 3-1-13)。

(4) 舒张进针法　用左手拇、食二指将所刺腧穴部位的皮肤向两侧撑开绷紧,右手持针,使针从左手拇、食二指的中间刺入,用于皮肤松弛部位腧穴的进针(图 3-1-14)。

3. 管针进针法　玻璃或金属制成的针管协助进针的方法。针管长度约比毫针短 5 mm,以便露出针柄,针管的直径以能顺利通过针尾为宜。进针时左手持针管,将针装入管内。针尖与针管下端平齐置于腧穴上,针管上端露出针柄 5 mm,用右手食指快速叩打或用中指弹击针管上端露出的针尾,使针尖刺入穴位,然后退出针管,再施行各种手法(图 3-1-15)。

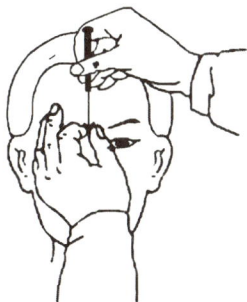

图 3-1-13　提捏进针法　　　图 3-1-14　舒张进针法　　　图 3-1-15　管针进针法

(二) 针刺角度与深度

在针刺操作过程中,掌握恰当的针刺角度、方向及深度,是增强针感、提高疗效、防止意外事故发生的重要环节。临床操作所取的针刺角度、方向、深度,主要依据施术部位、病情需要、患者体质及形体胖瘦的具体情况,灵活掌握。

1. 针刺的角度 进针时针身与皮肤表面所构成的夹角。针刺角度一般分为直刺、斜刺、平刺三类(图3-1-16)。

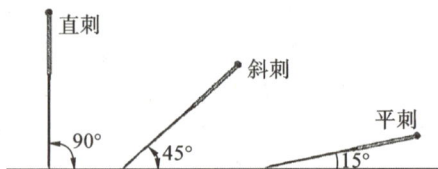

图3-1-16　针刺的角度

(1)直刺　针身与皮肤表面成90°角,垂直刺入,适用于人体大部分的腧穴,尤其是肌肉丰满部位的腧穴,如腹部、四肢、腰部的腧穴。

(2)斜刺　针身与皮肤约成45°角倾斜刺入,适用于皮肉较浅薄处,或内有重要脏器不宜直刺、深刺的腧穴和关节部位腧穴,如胸、背部。

(3)平刺　又称横刺、沿皮刺,针身与皮肤表面成15°角左右,横向刺入,适用于皮薄肉少处腧穴,如头面部的腧穴。

2. 针刺方向 进针时或进针后针尖所朝的方向。一般依经脉循行方向、腧穴的部位特点和治疗的需要而定。

3. 针刺深度 指针身刺入腧穴部位的深浅。应根据患者年龄、体质、形体胖瘦、所取腧穴部位的具体情况而定。一般老年人、小儿宜浅刺,年轻、气血旺盛者可深刺;新病宜浅刺,久病宜深刺;头面及胸背部宜浅刺,四肢及臀部可深刺。

(三)行针与得气

行针又名运针,是将针刺入腧穴后,为了使之得气,调节针感和进行补泻而施行的各种针刺手法。

行针手法包括基本手法和辅助手法两类。

1. 基本手法 行针的基本动作,常用的有以下两种。

(1)提插法　由浅层插向深层,再从深层提到浅层,如此反复地上提下插。提插幅度和频率不宜过大过快,以防晕针、损伤血管及深部重要脏器(图3-1-17)。

(2)捻转法　按顺时针和逆时针方向旋转捻动的操作方法。捻转幅度、频率,可根据患者体质、病情及腧穴特征掌握(图3-1-18)。

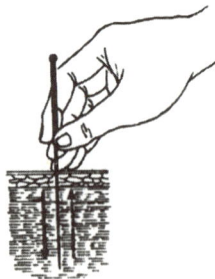

图3-1-17　提插法

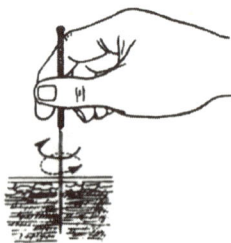

图3-1-18　捻转法

2. 辅助手法 针刺时用以辅助行针的操作方法。常用的有以下几种。

(1)循法　指沿针刺穴位所属经脉循行路线的上下轻轻地按揉或叩击,以促使针感传导(图3-1-19)。

(2)刮柄法　指腹轻轻抵住针尾,用食指或中指指甲自下而上地反复刮动针柄,以增

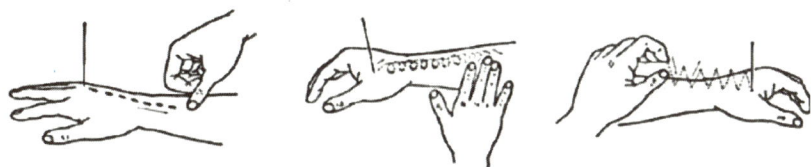

图 3-1-19　循法

强针感、催气、行气(图 3-1-20)。

（3）弹柄法　食指或中指轻弹针柄，使针身微微振动，以促使得气或催气速行(图 3-1-21)。

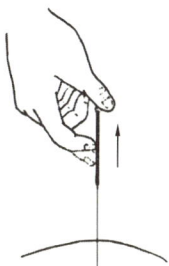

图 3-1-20　刮柄法　　　　　图 3-1-21　弹柄法

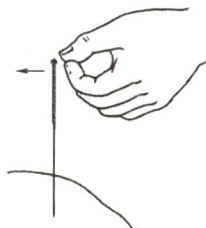

（4）摇柄法　刺入一定深度后，手持针柄，将针轻轻摇动，以行经气(图 3-1-22)。

（5）震颤法　以拇、食、中三指夹持针柄，用小幅度、快频率的提插捻转动作，使针身发生轻微震颤，以促使得气，增强针感(图 3-1-23)。

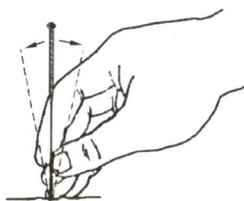

图 3-1-22　摇柄法　　　　　图 3-1-23　震颤法

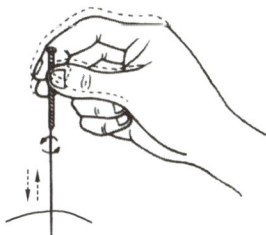

得气是指将针刺入腧穴后的经气感应，医者针下有沉紧感，患者针刺部位有酸、麻、胀、痛等感觉，甚至有沿着一定部位，向一定方向扩散传导的感觉。窦汉卿在《标幽赋》中说：轻滑慢而未来，沉涩紧而已至……气之至也，如鱼吞钩饵之浮沉；气未至也，如闲处幽堂之深邃。

得气与否及气至的迟速直接关系到针刺的治疗效果。《灵枢·九针十二原》曰：刺之要，气至而有效。《标幽赋》中提到：气速至而速效，气迟至而不治。一般来说，得气迅速时疗效较好，得气较慢时效果就差，若不得气，就可能无治疗效果。因此，在临床上针刺不得气时，就要分析经气不至的原因。影响得气的因素很多，如患者体质的强弱、取穴准确与否、针刺的角度深度不当等。如果取穴不准，应退针重新找准腧穴针刺；如针刺的角度、深度不当，可退针至浅层，调整进针的角度和深度；如患者体质虚弱、经气不足，可采取留针候气、行针催气之法，或加灸法，甚至配合服用补气药。

（四）针刺补泻

针刺补泻是根据《灵枢·经脉》"盛则泻之，虚则补之"的原则而确立的两种不同的治

123

疗方法。补法是指凡能鼓舞人体正气，使低下的功能恢复旺盛的方法；泻法是指能疏泄病邪，使亢进的功能恢复正常的方法。

针刺补泻通过针刺腧穴，激发经络之气，以达到补虚泻实、促进阴阳平衡的目的。针刺补泻效果的产生，取决于以下三个方面。

1. 机体的功能状态　人体功能在不同病理状态下，针刺可以产生不同的补泻效果。机体处于虚弱状态下，针刺可以引起补虚的作用；而机体处于邪盛的情况下，针刺则产生泻邪的作用。如胃肠痉挛疼痛时，针刺可以舒缓痉挛而解痉止痛，而胃肠蠕动缓慢而胀气时，针刺则使胃肠蠕动加快。针刺这种补虚泻实的作用和机体正气的盛衰有密切关系。当机体正气充盛时，经气易于激发，针刺调节作用佳；而当机体正气不足时，经气不易激发，针刺调节作用就较差。

2. 腧穴特性　少数腧穴有偏补或偏泻的特异性，即有些腧穴容易产生补的作用，如足三里、关元、气海、命门等穴，具有强壮作用，多用于补虚；而有些腧穴易产生祛邪的作用，如人中、十宣、十二井穴等，多用于泻热开窍。

3. 补泻手法　补泻手法是用人工手法进行外部干预，从而促使产生补或泻的方法。具体见表3-1-3。

表 3-1-3　常用针刺补泻手法列表

补泻名称	补　　法	泻　　法
捻转补泻	捻转角度小，频率慢，用力较轻或捻转中大拇指向前时用力大，后退时用力小	捻转角度大，频率快，用力较重或捻转中大拇指后退时用力大，向前时用力小
提插补泻	反复重插轻提或提插幅度小，频率慢	反复轻插重提或提插幅度大，频率快
徐急补泻	进针慢，出针快，反复进行	进针快，出针慢，反复进行
开阖补泻	出针后按压针孔	出针后不按针孔，甚至摇大针孔
呼吸补泻	呼气时进针，吸气时出针	吸气时进针，呼气时出针
迎随补泻	针尖随经脉循行方向，顺经而刺	针尖迎着经脉循行方向，逆经而刺
平补平泻	进针得气后，均匀地提插捻转	—

（五）留针与出针

留针的目的是加强针刺的作用和便于继续行针施术。一般病证留针10～30 min。对一些特殊病证，如急性腹痛、顽固性疼痛或痉挛性疾病，可适当延长留针时间，有时留针可达数小时，以便在留针过程中作间歇性行针，以增强、巩固疗效。若不得气时，也可静以久留，以待气至。在临床上留针与否及留针时间的长短，不可一概而论，应根据患者具体病情而定。

出针时以左手拇、食两指执持消毒干棉球按压在针刺部位，右手持针作轻微捻转并慢慢提至皮下，然后将针拔出，左手用棉球压住针孔，以防出血。最后清点针数，以免漏针。

（许　智）

第二节　电针技术

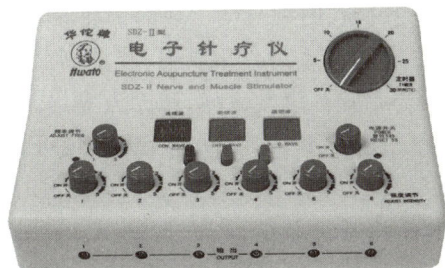

学习目标

学会电针技术基本操作。

熟悉电针的适用范围、注意事项及主治。

基本具备运用电针技术康复治疗常见病的能力。

案例引导

患者,男,45 岁。因左侧肢体活动不利伴口齿不清 1 个多月收入我院神经康复科。患者自述 1 个月前因脑出血在市人民医院治疗(具体用药不祥),后虽好转出院,但左侧肢体活动不利,行走困难,吐词欠流利、欠清晰,为求进一步治疗,遂来我院就诊。专科查体:左侧上肢近端肌力 1 级、远端肌力 2-级,肌张力尚可,左下肢近端肌力 3-级、远端肌力 3+级,左下肢肌张力降低,感觉减退,左巴氏征(+),左霍夫曼征(+),左侧踝阵挛。面色少华,乏力,舌质淡紫,苔薄白,脉细涩。问题:

1. 该患者诊断是什么?
2. 应采用何种电针波形?治疗时间及频率是多少?

一、电针常识

电针是在普通毫针针刺基础上,通以接近人体生物电的微量脉冲电流,通过不同的频率、强度、波幅使得人体经穴得到充分的有效刺激,从而达到提高临床疗效的一种治疗方法。目前临床上应用较为广泛的电针仪主要是传统脉冲电针仪和复合多功能电针治疗仪,但因后者存在参数设置较复杂、操作规范不明确等缺点,暂不做介绍。下文提及的电针仪是指传统脉冲电针仪(图 3-2-1)。

图 3-2-1　脉冲电针仪

Note

125

（一）电针的准备

1. 术前准备

（1）仔细检查患者，避免禁忌证，根据病情选择合适的经穴。

（2）对患者说明施术过程，解除患者顾虑和紧张，取得患者配合，增强治疗信心。

（3）术者做好双手清洁消毒。

（4）安排患者体位，既能使患者感到舒适、肌肉放松，又能充分暴露施术部位、方便操作。

（5）熟悉电针仪用途、性能及操作方法，严格遵守操作流程及注意事项。

2. 用物准备

（1）严格核查毫针是否生锈、弯曲、变色、缺损。若有上述情况，应及时废弃，避免在电针治疗过程中发生断针现象。

（2）检查电针仪是否有故障，输出是否平稳，治疗操作前是否将各旋钮归零。

（3）治疗盘、无菌干棉签、0.5%碘伏、弯盘。

（二）适用范围

电针的适用范围基本和毫针疗法相同。临床上常用于各种痛证、痹证、痿证，各种脏腑功能失调症、神经系统疾病（脑卒中、面神经炎等），肌肉、韧带、关节的损伤，以及抑郁、躁狂、睡眠障碍等精神疾病。

为满足不同临床治疗需求，电针仪具备不同的参数，这些参数就像针刺手法或药物剂量一样，对疾病治疗的有效性及安全性起着重要的作用。常用电针仪的主要参数有波形、频率、治疗时间等。

1. 波形 电针仪输出的交流电脉冲可分为如下几种。

（1）连续波 又分疏波及密波，属于规律脉冲，是指波形、幅度、频率固定的脉冲模式。疏波（2～5次/秒、小于30 Hz）刺激作用较强，对感觉、运动神经有兴奋作用，能引起肌肉收缩，提高肌张力，调节血管的舒张功能，常用于治疗脑梗死软瘫期、肌肉萎缩、软组织损伤等。密波（50～100次/秒、大于30 Hz）能降低神经应激功能，对感觉神经及运动神经产生抑制作用，有较强的镇痛效果，常用于止痛、缓解肌肉及血管痉挛等。因规律脉冲频率、波幅等参数固定，人体易产生适应性，可在治疗中提高刺激强度维持患者针感。

（2）疏密波 疏波和密波交替出现的一种波。疏、密波交替持续的时间各约1.5 s，其动力作用大，易产生兴奋效应，能加快代谢，促进气血循环，改善组织营养，消除炎性水肿。常用于面神经炎、肌无力、扭挫伤、关节周围炎等。

（3）断续波 是有节律的时断、时续自动出现的一种波。断时，在1.5 s内无脉冲电输出，续时，密波连续工作1.5 s。其动力作用颇强，能提高肌肉组织兴奋性，对横纹肌有良好的刺激收缩作用。常用于治疗弛缓性瘫痪、肌无力等。

2. 频率 连续波的频率一般在1～100 Hz范围，连续可调；疏密波的疏波频率是密波频率的1/5，密波频率为5～100 Hz可调，时间1.5 s，疏波时间1.5 s；断续波的频率在1～100 Hz范围，连续可调，断波时间1.5 s，续波时间1.5 s。

3. 治疗时间 一般分为15 min、20 min、30 min、40 min、1 h。一般疾病通电20～30 min，对不易获效的某些疾病，如偏瘫、截瘫患者，可稍延长通电时间，对体质虚弱或耐受力较差的患者，可适当减少通电时间。

（三）注意事项

（1）检查电针仪完好后，开机前一定先将调节输出旋钮归零，防止开机后电流太大，使患者有电击感。调节电流时，应根据患者感受缓慢由小调大，最大输出电流应控制在1 mA以内，以患者耐受的强度为宜。若出现输出线路接触不良，应及时更换输出线，切勿盲目调大电流，造成患者电击感。

（2）毫针针柄若经高温烧灼后，表面氧化不导电，则不宜使用。

（3）患者体位应选择既让患者感觉舒适以便持久保持，又能方便医者操作的姿势。对于老年人、体弱、眩晕及精神紧张的患者，应尽量采用卧位，以防止晕针的发生。

（4）治疗前向患者告知电针治疗时可能产生的感觉，尽量减少患者对电针治疗的紧张感、恐惧感，尤其对耐受力较差的患者，应提前做好相应的思想工作，取得患者配合，防止意外发生。

（5）无论患者有无心脏病，在胸背部治疗时，同一组输出线路应在人体前后正中线的同一侧接入，不能骑跨前后正中线，避免电流回路通过心脏。在延髓附近，如风池、天柱穴使用电针时，亦不可跨接后正中线，且电流宜小，以免引发脊髓休克等意外。在神经、血管丰富处，如腘窝、肘窝、腹股沟、颈动脉旁等，不宜通电，以免脉冲电产生的运动造成神经损伤及血肿。

（6）使用电针时应避免仪器与金属物接触，防止电磁波干扰。

（7）因电针刺激量大于普通针刺，接受治疗时，在疲劳、饥饿、恐惧情况下不宜接受电针治疗。

（8）孕妇及身体极度虚弱、有晕针史、心功能不全者慎用或禁用电针。尤其是安装心脏起搏器的患者，应禁止应用电针。

二、电针操作方法

（一）配穴处方

（1）与毫针刺法相同，根据脏腑辨证、经络辨证，近部与远部取穴相结合。

（2）以选用同侧肢体2～3对穴位为宜。

（3）电流要形成回路，选穴必须成对。

（二）电针方法

（1）按毫针治疗操作常规选穴、消毒、进针、得气、行针。

（2）接通电源，将输出电位归零，输出线路的两根导线接在同侧肢体两个针柄上，打开电源开关，选择波形、频率、时间，根据患者的感受缓慢调整每一组输出电流量，如有不适，随时调整，若发生晕针、断针等现象，应及时关闭电针仪。

（3）治疗结束时，先关闭每一组输出，再关闭电源，取下导线，拔出毫针。

（三）刺激强度

因个体差异，每个人对脉冲电流的耐受不同，因而产生的"感觉阈"和"痛阈"也存在差异。这就要求术者在临床实践中耐心细致地对待患者，找出每个患者"感觉阈"和"痛阈"间最合适的刺激量，以患者能耐受的强度为宜。对于使用规律脉冲波形（疏波、密波、连续波）的患者，易产生耐受性，若通电时间较长，可在治疗过程中调整大小，加大刺激强度，保持疗效。

知识链接

> 在选择刺激强度前,应该了解"感觉阈"和"痛阈"的意义。当电流强度达到一定值时,患者会产生麻、刺感,此即"感觉阈";随着电流刺激量渐渐增大,患者会产生不适甚至疼痛的感觉,此即"痛阈"。

(四)治疗时间及疗程

通电的时间应视患者疾病、病情及耐受力而定。病情较轻、病程短的患者通电时间不宜过长,一般在 15～30 min 之间,对于病情重、病程较长的患者可适当延长通电时间到 40～60 min。

电针一般 5～7 天为 1 个疗程,每天或隔天 1 次;慢性疾病 10 天为 1 个疗程,两个疗程之间休息 2～3 天。慢性疾病可治疗 2～3 个疗程。

(沈羽思)

数字课件 330

第三节　头针技术

学习目标

学会头针技术基本操作。
熟悉头针标准线的定位、适用范围、注意事项及主治。
基本具备运用头针技术康复治疗常见病的能力。

案例引导

患者,男,73 岁,因右侧肢体乏力伴口齿不清、口眼歪斜 2 个多月收入我院神经康复科。患者自诉 2 个月前因脑梗死于我院神经内科行改善循环、营养神经治疗,症状缓解。现患者神清,语言謇涩,口角歪斜,头晕头痛,无视物旋转,无恶心呕吐,无二便失禁,右侧肢体无力伴麻木,行走需搀扶,舌暗红,苔黄厚腻,脉弦滑。问题:

1. 该患者最可能的诊断是什么?
2. 可采用头部哪些穴线进行治疗?

一、头针常识

头针又称头皮针,是在头部特定的刺激区运用针刺防治疾病的一种方法。头针的理论依据主要有两种:一是传统的脏腑经络理论;二是根据大脑皮质的功能定位在头皮的

投影,选择相应的头穴线。头与脏腑经络的关系早在《素问·脉要精微论》中就有提及"头为精明之府"。头为诸阳之会,手足六阳经皆上循头面部,手少阴与足厥阴经直接巡行于头面部。

20 世纪 70 年代有医者根据大脑皮层的功能定位在头皮的投影,命名了头针穴线,并确定了相应的主治。1983 年中国针灸学会拟定了《头皮针针刺部位国际标准化方案》,并于 1984 年在日本召开的世界卫生组织西太平洋穴名工作会议上通过,在 1989 年 11 月世界卫生组织主持召开的国际标准针灸穴名科学组会议上正式通过,定名为《头皮针穴名国际标准化方案》。本书中标准头穴线的名称和定位均以《头皮针穴名国际标准化方案》为准。

(一) 标准头穴线的定位和主治

1. 额中线

【定位】 在前额部,从督脉神庭穴向前引一直线,长 1 寸(图 3-3-1)。

【主治】 癫痫、精神失常、鼻病等。

2. 额旁 1 线

【定位】 在前额部,从膀胱经眉冲穴向前引一直线,长 1 寸(图 3-3-1)。

【主治】 急慢性支气管炎、支气管哮喘及心、肺疾病等。

3. 额旁 2 线

【定位】 在前额部,从胆经头临泣穴向前引一直线,长 1 寸(图 3-3-1)。

【主治】 急慢性胃炎、胃溃疡、十二指肠溃疡、呃逆和肝胆病等。

4. 额旁 3 线

【定位】 在前额部,从胃经头维穴内侧 0.75 寸起向下引一直线,长 1 寸(图 3-3-1)。

【主治】 肾及膀胱疾病,如尿频、尿急等;生殖系统疾病,如遗精、阳痿及功能性子宫出血、子宫脱垂等。

5. 顶中线

【定位】 在头顶部,正中线上,督脉百会穴至前顶穴之间的连线(图 3-3-2)。

【主治】 腰腿足的疼痛、麻木和瘫痪,小儿遗尿、皮层性多尿、脱肛、头顶痛及高血压、老年性痴呆等。

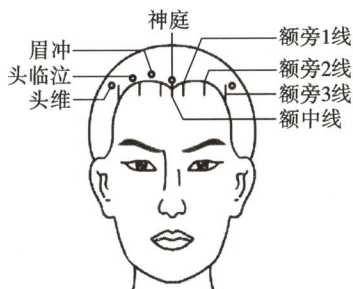

图 3-3-1 头针额区

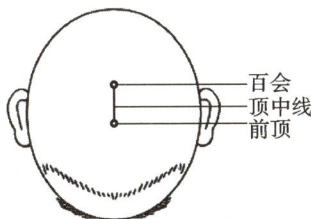

图 3-3-2 顶中线

6. 顶颞前斜线

【定位】 在头顶部侧面,是头部经外奇穴前神聪穴(百会前 1 寸)至颞部胆经悬厘穴之间的连线(图 3-3-3)。

【主治】 全线分 5 等份,上 1/5 用于治疗对侧躯干和对侧下肢的运动障碍,中 2/5 用于治疗对侧上肢的运动障碍,下 2/5 用于治疗运动性失语、对侧的中枢性面瘫、脑动脉硬

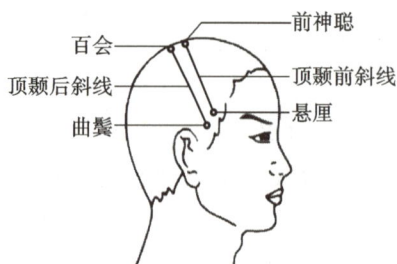

图 3-3-3　头针顶颞区

化和流涎等。

7. 顶颞后斜线

【定位】　在头顶部侧面，顶颞前斜线之后 1 寸，与其平行的线。督脉百会穴至颞部胆经曲鬓穴之间的连线（图 3-3-3）。

【主治】　全线分 5 等份，上 1/5 用于治疗对侧躯干和对侧下肢的疼痛、麻木等感觉障碍，中 2/5 用于治疗对侧上肢的感觉障碍，下 2/5 用于治疗对侧头面部的感觉障碍及口腔溃疡等。

8. 顶旁 1 线

【定位】　在头顶部，督脉旁 1.5 寸，从膀胱经通天穴向后引一直线，长 1.5 寸（图 3-3-4）。

【主治】　腰部和下肢的疼痛、麻木及瘫痪等。

9. 顶旁 2 线

【定位】　在头顶部，督脉旁开 2.25 寸，从胆经正营穴向后引一直线，长 1.5 寸到承灵穴（图 3-3-4）。

【主治】　上肢的疼痛、麻木和瘫痪等。

10. 颞前线

【定位】　在头的颞部，从胆经颔厌穴至悬厘穴之间的连线（图 3-3-4）。

【主治】　运动性失语、周围性面神经炎、偏头痛及口腔疾病等。

11. 颞后线

【定位】　在头的颞部，从胆经率谷穴向下至曲鬓穴之间的连线（图 3-3-4）。

【主治】　偏头痛、眩晕及耳鸣、耳聋等。

12. 枕上正中线

【定位】　在枕部，即督脉强间穴至脑户穴之间的连线，长 1.5 寸（图 3-3-5）。

【主治】　眼病及下肢疾病等。

13. 枕上旁线

【定位】　在枕部，由枕外粗隆督脉脑户穴旁开 0.5 寸起，向上引一直线，长 1.5 寸（图 3-3-5）。

【主治】　眼病，如皮层性视力障碍、近视、弱视、白内障等。

14. 枕下旁线

【定位】　在枕部，从膀胱经玉枕穴向下引一直线，长 2 寸（图 3-3-5）。

【主治】　后头痛以及由小脑疾病所导致的平衡障碍等。

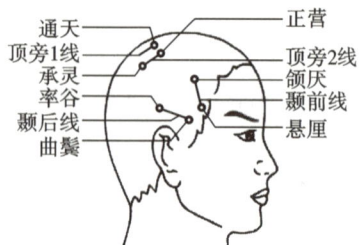

图 3-3-4　头针顶区与颞区

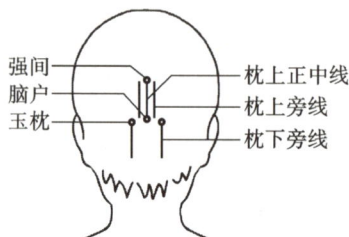

图 3-3-5　头针枕区

（二）头针的准备

1. 术前准备

（1）仔细检查患者，避免禁忌证，根据病情选择合适头穴线。

（2）对患者说明施术过程，解除患者顾虑和紧张，取得患者配合，增强治疗信心。

（3）术者做好双手清洁消毒。

（4）安排患者体位，既能使患者感到舒适、肌肉放松，又能充分暴露施术部位，方便操作。常取坐位或卧位。

2. 用物的准备

一般选用20～30号粗细、长0.5～2.0寸的毫针，治疗盘，无菌干棉签，0.5%碘伏，弯盘，电针仪，艾灸等。

（三）适用范围

1. 神经系统疾病 头皮针主要适应证，包括脑血管病引起的肢体瘫痪、麻木、失语、假性延髓性麻痹、皮层性多尿、皮层性视力障碍等；其他如帕金森综合征、小舞蹈病、脑性瘫痪、癫痫、老年性痴呆、脊髓疾病导致的截瘫等。

2. 疼痛和感觉异常 头痛、三叉神经痛、颈项痛、肩痛、腰背痛、坐骨神经痛、胆绞痛、胃痛、痛经等各种急慢性疼痛。

3. 精神疾病 精神分裂、焦虑抑郁症、抽动秽语综合征等。

4. 五官科疾病 耳鸣、耳聋、眼病、鼻病等。

5. 皮质内脏功能失调所致的疾病 高血压、冠心病、月经不调、功能性腹泻、失眠、脱发等。

（四）注意事项

（1）头皮血管丰富，容易出血，加上头发覆盖，不易及时发现。因此，必须做到针前严格消毒，针后按压针孔，防止血肿及感染。

（2）头针的刺激较强，治疗时应掌握适当的刺激量，观察患者表情，防止晕针。

（3）出针时应清点针数，防止遗漏。

（4）头针刺入时要迅速，应避开瘢痕及毛囊，行针时若遇阻力感或患者明显疼痛，需调整针刺角度和深度，确保针体在帽状腱膜下层。

（5）对脑出血患者，应待病情及血压稳定后方可行头针治疗。

（6）囟门和颅缝尚未骨化完全的婴儿不宜头针治疗。

（7）头颅手术部位、头皮严重感染、溃疡和创伤处不宜头针治疗。

（8）高热、急性炎症和心力衰竭者，慎用头针治疗。

知识链接

头皮在解剖学上可分为五层。皮层：较身体其他部位皮层厚而致密，含有丰富的血管和淋巴管，外伤时易出血，但易愈合。皮下层：由脂肪和粗大而垂直的纤维束构成。帽状腱膜层：帽状腱膜层为覆盖于颅顶上部的大片腱膜结构，前连于额肌，后连于枕肌，且坚韧有张力。腱膜下层：由纤细而疏松的结缔组织构成。骨膜层：紧贴颅骨外板，可自颅骨表面剥离。皮层、皮下层及帽状腱膜层三层纤维组织致密，针刺时阻力大，疼痛明显，宜快速通过，帽状腱膜下层因结缔组织疏松，阻力小，为留针部位。

Note

二、头针操作方法

1. 体位和消毒 取得患者合作后,取卧位或坐位。根据相应疾病,选择穴线,局部常规消毒。

2. 进针 针尖与头皮成30°左右夹角,快速将针刺入头皮下,当针尖抵达帽状腱膜下层时,指下感到阻力减小,此时将针与头皮平行,沿穴线继续刺入0.5~2.0寸。

3. 行针 术者肩、肘、腕关节、拇指固定,食指半屈曲状,用拇指第一节的掌侧面与食指第一节的桡侧面捏住针柄,然后以食指掌指关节不断屈伸,使针体来回快速旋转每分钟200次。每次捻转持续0.5~1 min,静留针5~10 min再重复捻转,用同样的方法再捻转两次。也可用电针仪代替手捻进行治疗。根据病情需要,如偏瘫患者可适当延长留针时间或行针时嘱其活动患肢,可提高疗效。

4. 起针 刺手夹持针柄轻轻捻转针身后退,压手固定针孔周围头皮,若针下无沉紧感,可快速或缓慢出针。出针后必须用无菌干棉签按压针孔片刻,防止出血。

5. 疗程 每日或隔日针刺1次,10次为1个疗程,休息2~3天,再做下一疗程。

(沈羽思)

第四节 耳针技术

学习目标

学会耳针技术基本操作。

熟悉耳穴分布规律、主治及注意事项。

基本具备运用耳针技术康复治疗常见病的能力。

案例引导

患者近十多年来睡眠差,多梦易醒,醒后不能再寐,胃脘时痛,灼热,多食易饥,口干,鼻干,面色晦暗无华,倦怠乏力,神疲懒言,面色萎黄,腰背酸痛,二便可。舌红有齿痕,脉细。既往有浅表性胃炎病史。问题:

1. 该患者主要考虑的诊断是什么?

2. 可选用哪些耳穴进行耳针治疗?

一、耳针常识

(一) 耳穴知识

1. 概述 耳针技术泛指用针刺或其他方法刺激耳郭穴位以防治疾病的方法。通过

数字课件 340

Note

望耳、触耳诊断疾病和刺激耳郭防治疾病的方法,在我国古代文献中早有记载。近 30 年来,我国进行了大量耳针技术的临床实践,并用现代科学知识开展实验研究,逐渐形成了我国独具特色的耳针学术体系。耳穴刺激方法除传统的毫针针刺外,还有电刺激法、埋针法、放血法、注射法、磁疗法、耳夹法、药敷法、贴膏法、压丸豆法、激光法等 20 多种。

目前,耳针疗法已在法、德、日、美等几十个国家使用,成为一种举世瞩目的独特医疗技术。《灵枢·口问》"耳为宗脉之所聚",指出了耳与全身经脉、脏腑的密切联系。利用针灸刺激耳郭治疗疾病,在历代医学文献中均有散在记载,民间也有流传,但未形成系统。

20 世纪 50 年代以来,通过吸收国外研究成果,临床应用有了突出的发展,已成为一种系统的针刺疗法。一般采用 0.5 寸的短柄毫针,常规消毒后,用左手固定耳郭,右手持针对准所选定的耳穴敏感点进针。进针深度应根据耳郭局部的厚薄确定,一般刺入皮肤 2~3 mm,以透过软骨但不穿透对侧皮肤为度。留针期间可间隔捻转数次以加强刺激。每日一次或隔日一次,连续 10 次为 1 个疗程。此法可用于治疗临床各科疾病,尤其对疼痛性疾病效果显著。现已经由单纯针刺发展为埋针、温针、电针、水针、穴位离子透入、艾灸、割治和放血等多种方法。

知识链接

耳针疗法的起源与发展:利用耳穴诊断疾病和治疗疾病,可以追溯到两千多年前的《黄帝内经》,到明代已经出版了耳穴图谱。清末,耳穴针灸随正统的针灸学的没落而几近湮没。20 世纪 50 年代,耳针在欧洲兴起,法国的医学博士 P. Nogier 在耳郭里发现了不少新穴位,并提出一个新的理论:耳朵穴位分布恰巧像一个倒置的胎儿。1958 年中国的学者萧月麟首次翻译成中文。从此之后,耳针学在中国得到很大的发展和创新。中国学者在 P. Nogier 耳穴图的基础上进行了丰富、发展。

2. 耳与经络、脏腑、神经血管的联系

(1)耳郭与经脉的关系 从历史文献中可以看到,耳与经脉是密切相关的,早在马王堆帛书《阴阳十一脉灸经》中就提到了与上肢、眼、颊、咽喉相联系的"耳脉"。到了《内经》时期,不仅将"耳脉"发展成了手少阳三焦经,而且对耳与经脉、经别、经筋的关系都作了比较详细的记载。在十二经脉循行中,有的经脉直接入耳中,有的分布在耳郭周围。因此,十二经脉均直接或间接上达于耳。所以《灵枢·口问》说:"耳者,宗脉之所聚也。"《灵枢·邪气脏腑病形》亦说:"十二经脉,三百六十五络,其血气皆上于面而走空窍。其精阳气上走于目而为睛,共别气走于耳而为听。"《奇经八脉考》一书还从奇经八脉角度阐述了耳和经络的关系。

(2)耳郭与脏腑的联系 耳与脏腑的生理、病理有着密切的联系。在经典著作中,有关耳与脏腑的关系论述很多。《黄帝内经》有"南方赤色,入通于心,开窍于耳,藏精于心""肾气通于耳,肾和则耳能闻五音矣"等。后来医家根据中医理论与临床实践不断总结经验,大大丰富完善了这一原理。《厘正按摩要术》在汇集前人经验基础上,提出了耳背与五脏的关系,指出"耳珠属肾,耳轮属脾,耳上轮属心,耳皮肉属肺,耳背玉楼属肝"的生理联系。与病理相关的如《素问·脏器法时论》说:"肝病者……耳无所闻。"《证治准绳》说:"肺气虚则少气……是以耳聋。"现代实验研究中提出的电针耳穴胃区,对胃的波幅和频率,其效应呈良性双向性调整作用,提示针刺耳穴胃区对病理状态下的胃十二指肠具有

良好的改善功能,如此产生阳性反应,更加证实了耳穴和内脏之间存在着密切的联系。

(3)耳郭与神经血管关系 耳郭的神经、血管、淋巴很丰富,有耳大神经、枕小神经、耳颞神经和面神经、舌咽神经、迷走神经的混合支,颞浅动脉、颈外动脉、耳后动脉、颞浅静脉、耳后经脉、淋巴管和淋巴结。有学者认为这些结构组成很大程度上与其作用机制密切联系。

3. 耳郭表面解剖 耳郭分为凹面的耳前和凸面的耳背,其体表解剖见图 3-4-1。

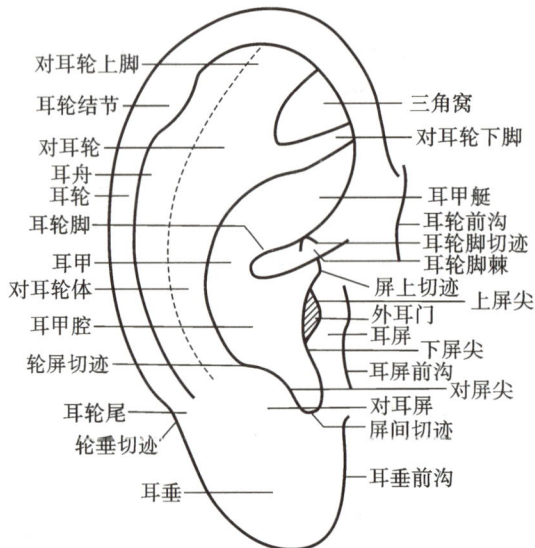

图 3-4-1 耳郭表面解剖图

(1)耳轮 耳郭卷曲的游离部分。

(2)耳轮结节 耳轮后上部的膨大部分。

(3)耳轮尾 耳轮向下移行于耳垂的部分。

(4)耳轮脚 耳轮深入耳甲的部分。

(5)对耳轮 与耳轮相对呈"Y"字形的隆起部,由对耳轮体、对耳轮上脚和对耳轮下脚三部分组成。

(6)对耳轮体 对耳轮下部呈上下走向的主体部分。

(7)对耳轮上脚 对耳轮向上分支的部分。

(8)对耳轮下脚 对耳轮下向前分支的部分。

(9)三角窝 对耳轮上、下脚与相应耳轮之间的三角形凹窝。

(10)耳舟 耳轮与对耳轮之间的凹沟。

(11)耳屏 耳郭前方呈瓣状的隆起。

(12)屏上切迹 耳屏与耳轮之间的凹陷处。

(13)对耳屏 耳垂上方、与耳屏相对的瓣状隆起。

(14)屏间切迹 耳屏和对耳屏之间的凹陷处。

(15)轮屏切迹 对耳轮与对耳屏之间的凹陷处。

(16)耳垂 耳郭下部无软骨的部分。

(17)耳甲 部分耳轮和对耳轮、对耳屏、耳屏及外耳门之间的凹窝。由耳甲艇、耳甲腔两部分组成。

(18)耳甲腔 耳轮脚以下的耳甲部。

Note

（19）耳甲艇　耳轮脚以上的耳甲部。

（20）外耳门　耳甲腔前方的孔窍。

4. 耳穴的分布　耳穴是指分布在耳郭上的一些特定区域。耳穴在耳郭的分布有一定的规律。根据形如胚胎的耳穴分布图可见，与头面相应的穴位在耳垂，与上肢相应的穴位居耳舟，与躯干和下肢相应的穴位在对耳轮体部和对耳轮上、下脚，与内脏相应的穴位集中在耳甲（图 3-4-2）。

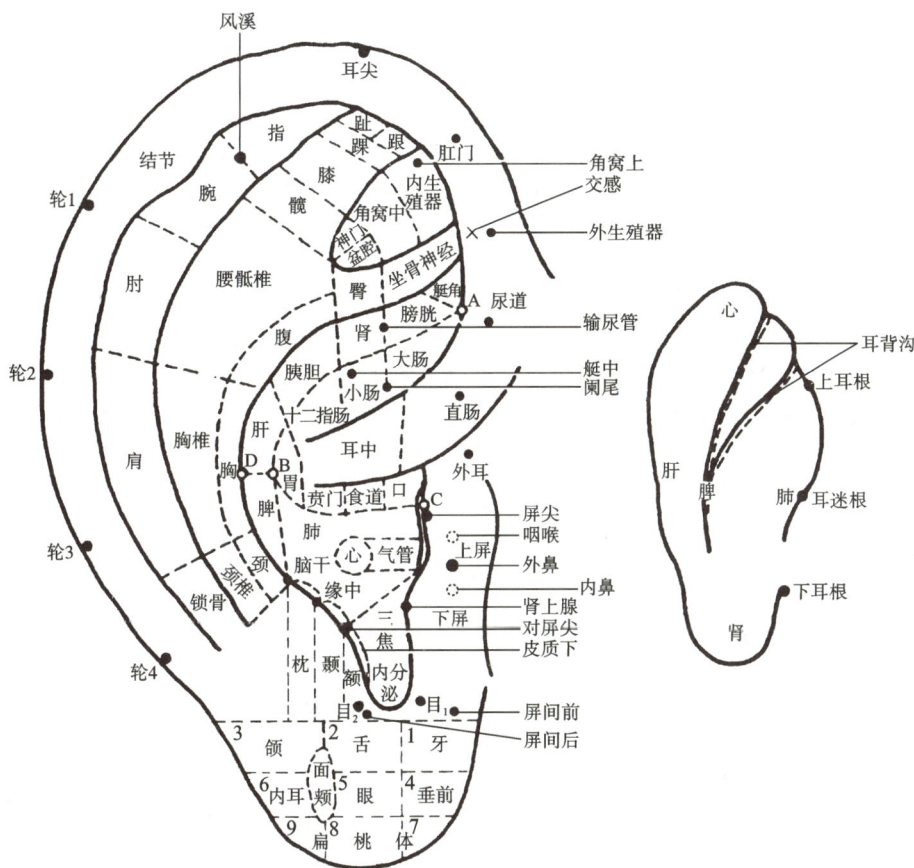

图 3-4-2　耳穴分布图

5. 耳穴的部位及主治　为了方便准确取穴，国标按耳的解剖将每个部位划分成若干个区，共计有 91 个穴位，分述如下。

（1）耳轮穴位　将耳轮分为 12 个区。耳轮脚为耳轮 1 区。耳轮脚切迹到对耳轮下脚上缘之间的耳轮分为 3 等份，自下向上依次为耳轮 2 区、3 区、4 区；对耳轮下脚上缘到对耳轮上脚前缘之间的耳轮为耳轮 5 区；对耳轮上脚缘到耳尖之间的耳轮为耳轮 6 区；耳尖到耳轮结节上缘为耳轮 7 区；耳轮结节上缘到耳轮结节下缘为耳轮 8 区。耳轮结节下缘到轮垂切迹之间的耳轮分为 4 等份，自上而下依次为耳轮 9 区、10 区、11 区和 12 区（表 3-4-1）。

表 3-4-1　耳轮穴位部位及主治

穴名	部　　位	主　　治
耳中	在耳轮脚处，即耳轮 1 区	呃逆、荨麻疹、皮肤瘙痒症、小儿遗尿、咯血、出血性疾病

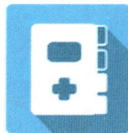

续表

穴名	部　位	主　治
直肠	在耳轮脚棘前上方的耳轮处，即耳轮2区	便秘、腹泻、脱肛、痔疮
尿道	在直肠上方的耳轮处，即耳轮3区	尿频、尿急、尿痛、尿潴留
外生殖器	在对耳轮下脚前方的耳轮处，即耳轮4区	睾丸炎、附睾炎、外阴瘙痒症
肛门	在三角窝前方的耳轮处，即耳轮5区	痔疮、肛裂
耳尖	在耳郭向前对折的上部尖端处，即耳轮6、7区交界处	发热、高血压、急性结膜炎、麦粒肿、牙痛、失眠
结节	在耳轮结节处，即耳轮8区	头晕、头痛、高血压
轮1	在耳轮结节下方的耳轮处，即耳轮9区	发热、扁桃体炎、上呼吸道感染
轮2	在轮1区下方的耳轮处，即耳轮10区	发热、扁桃体炎、上呼吸道感染
轮3	在轮2区下方的耳轮处，即耳轮11区	发热、扁桃体炎、上呼吸道感染
轮4	在轮3区下方的耳轮处，即耳轮12区	发热、扁桃体炎、上呼吸道感染

（2）耳舟穴位　将耳舟分为6等份，自上而下依次为耳舟1区、2区、3区、4区、5区、6区（表3-4-2）。

表3-4-2　耳舟穴位部位及主治

穴名	部　位	主　治
指	在耳舟上方处，即耳舟1区	甲沟炎、手指麻木和疼痛
腕	在指区的下方处，即耳舟2区	腕部疼痛
风溪	在耳轮结节前方，指区与腕区之间，即耳舟1、2区交界处	荨麻疹、皮肤瘙痒症、过敏性鼻炎
肘	在腕区的下方处，即耳舟3区	肱骨外上髁炎、肘部疼痛
肩	在肘区的下方处，即耳舟4、5区	肩周炎、肩部疼痛
锁骨	在肩区的下方处，即耳舟6区	肩周炎

（3）对耳轮穴位　将对耳轮分为13区。对耳轮上脚分为上、中、下3等份；下1/3为对耳轮5区，中1/3为对耳轮4区；再将上1/3分为上、下2等份，下1/2为对耳轮3区，再将上1/2分为前后2等分，后1/2为对耳轮2区，前1/2为对耳轮1区。

对耳轮下脚分为前、中、后3等份，中、前2/3为对耳轮6区，后1/3为对耳轮7区。

对耳轮体从对耳轮上、下脚分叉处至轮屏切迹分为5等份，再沿对耳轮耳甲缘将对耳轮体分为前1/4和后3/4两部分，前上2/5为对耳轮8区，后上2/5为对耳轮9区，前中2/5为对耳轮10区，后中2/5为对耳轮11区，前下1/5为对耳轮12区，后下1/5为对耳轮13区（表3-4-3）。

表3-4-3　对耳轮穴位部位及主治

穴名	部　位	主　治
跟	在对耳轮上脚前上部，即对耳轮1区	足跟痛
趾	在耳尖下方的对耳轮上脚后上部，即对耳轮2区	甲沟炎、趾部疼痛

续表

穴名	部　　　位	主　　　治
踝	在趾、跟区下方处,即对耳轮3区	踝关节扭伤
膝	在对耳轮上脚中1/3处,即对耳轮4区	膝关节疼痛、坐骨神经痛
髋	在对耳轮上脚的下1/3处,即对耳轮5区	髋关节疼痛、坐骨神经痛、腰骶部疼痛
坐骨神经	在对耳轮下脚的前2/3处,即对耳轮6区	坐骨神经痛、下肢瘫痪
交感	在对耳轮下脚末端与耳轮内缘相交处,即对耳轮6区前端	胃肠痉挛、心绞痛、胆绞痛、输尿管结石、自主神经功能紊乱
臀	在对耳轮下脚的后1/3处,即对耳轮7区	坐骨神经痛、臀筋膜炎
腹	在对耳轮体前部上2/5处,即对耳轮8区	腹痛、腹胀、腹泻、急性腰扭伤、痛经、产后宫缩痛
腰骶椎	在腹区后方,即对耳轮9区	腰骶部疼痛
胸	在对耳轮体前部中2/5处,即对耳轮10区	胸胁疼痛、肋间神经痛、胸闷、乳腺炎
胸椎	在胸区后方,即对耳轮11区	胸痛、经前乳房胀痛、乳腺炎、产后泌乳不足
颈	在对耳轮体前部下1/5处,即对耳轮12区	落枕、颈椎疼痛
颈椎	在颈区后方,即对耳轮13区	落枕、颈椎综合征

（4）三角窝穴位　将三角窝由耳轮内缘至对耳轮上、下脚分叉处分为前、中、后3等份,中1/3为三角窝3区;再将前1/3分为上、中、下3等份,上1/3为三角窝1区,中、下2/3为三角窝2区;再将后1/3分为上、下2等份,上1/2为三角窝4区,下1/2为三角窝5区(表3-4-4)。

表3-4-4　三角窝穴位部位及主治

穴名	部　　　位	主　　　治
角窝上	在三角窝前1/3的上部,即三角窝1区	高血压
内生殖器	在三角窝前1/3的下部,即三角窝2区	痛经、月经不调、白带过多、功能性子宫出血、阳痿、遗精、早泄
角窝中	在三角窝中1/3处,即三角窝3区	哮喘
神门	在三角窝后1/3的上部,即三角窝4区	失眠、多梦、戒断综合征、癫痫、高血压、神经衰弱
盆腔	在三角窝后1/3的下部,即三角窝5区	盆腔炎、附件炎

（5）耳屏穴位　将耳屏分成4区。耳屏外侧面分为上、下2等份,上部为耳屏1区,下部为耳屏2区。将耳屏内侧面分为上、下2等份,上部为耳屏3区,下部为耳屏4区(表3-4-5)。

表3-4-5　耳屏穴位部位及主治

穴名	部　　　位	主　　　治
上屏	在耳屏外侧面上1/2处,即耳屏1区	咽炎、鼻炎
下屏	在耳屏外侧面下1/2处,即耳屏2区	鼻炎、鼻塞

Note

续表

穴名	部　位	主　治
外耳	在屏上切迹前方近耳轮部,即耳屏1区上缘处	外耳道炎、中耳炎、耳鸣
屏尖	在耳屏游离缘上部尖端,即耳屏1区后缘处	发热、牙痛、斜视
外鼻	在耳屏外侧面中部,即耳屏1、2区之间	鼻前庭炎、鼻炎
肾上腺	在耳屏游离缘下部尖端,即耳屏2区后缘处	低血压、风湿性关节炎、腮腺炎、链霉素中毒、眩晕、哮喘、休克
咽喉	在耳屏内侧面上1/2处,即耳屏3区	声音嘶哑、咽炎、扁桃体炎、失语、哮喘
内鼻	在耳屏内侧面下1/2处,即耳屏4区	鼻炎、上颌窦炎、鼻衄
屏间前	在屏间切迹前方耳屏最下部,即耳屏2区下缘处	咽炎、口腔炎

（6）对耳屏穴位　将对耳屏分为4区。由对屏尖及对屏尖至轮屏切迹连线之中点,分别向耳垂上线作两条垂线,将对耳屏外侧面及其后部分成前、中、后3个区域,前为对耳屏1区、中为对耳屏2区、后为对耳屏3区。对耳屏内侧面为对耳屏4区(表3-4-6)。

表3-4-6　对耳屏穴位部位及主治

穴名	部　位	主　治
额	在对耳屏外侧面的前部,即对耳屏1区	偏头痛、头晕
屏间后	在屏间切迹后方对耳屏前下部,即对耳屏1区下缘处	额窦炎
颞	在对耳屏外侧面的中部,即对耳屏2区	偏头痛、头晕
枕	在对耳屏外侧面的后部,即对耳屏3区	头晕、头痛、癫痫、哮喘、神经衰弱
皮质下	在对耳屏内侧面,即对耳屏4区	痛症、间日疟、神经衰弱、假性近视、失眠
对屏尖	在对耳屏游离缘的尖端,即对耳屏1、2、4区交点处	哮喘、腮腺炎、睾丸炎、附睾炎、神经性皮炎
缘中	在对耳屏游离缘上,对屏尖与轮屏切迹之中点处,即对耳屏2、3、4区交点处	遗尿、内耳性眩晕、尿崩症、功能性子宫出血
脑干	在轮屏切迹处,即对耳屏3、4区之间	眩晕、后头痛、假性近视

（7）耳甲穴位　将耳甲用标志点、线分为18个区。在耳轮的内缘上,设耳轮脚切迹至对耳轮下脚间中、上1/3交界处为A点;在耳甲内,由耳轮脚消失处向后作一水平线与对耳轮耳甲缘相交,设交点为D点;设耳轮脚消失处至D点连线中、后1/3交界处为B点;设外耳道口后缘上1/4与下3/4交界处为C点;从A点向B点作一条与对耳轮耳甲艇缘弧度大体相仿的曲线;从B点向C点作一条与耳轮脚下缘弧度大体相仿的曲线。

将BC线前段与耳轮脚下缘间分成3等份,前1/3为耳甲1区,中1/3为耳甲2区,后1/3为耳甲3区。ABC线前方,耳轮脚消失处为耳甲4区。将AB线前段与耳轮脚上缘及部分耳轮内缘间分成3等份,后1/3为5区,中1/3为6区,前1/3为7区。

将对耳轮下脚下缘前、中1/3交界处与A点连线,该线前方的耳甲艇部为耳甲8区。

将 AB 线前段与对耳轮下脚下缘间耳甲 8 区以后的部分,分为前、后 2 等份,前 1/2 为耳甲 9 区,后 1/2 为耳甲 10 区。在 AB 线后段上方的耳甲艇部,将耳甲 10 区后缘与 BD 线之间分成上、下 2 等份,上 1/2 为耳甲 11 区,下 1/2 为耳甲 12 区。由轮屏切迹至 B 点作连线,该线后方、BD 线下方的耳甲腔部为耳甲 13 区。以耳甲腔中央为圆心,圆心与 BC 线间距离的 1/2 为半径作圆,该圆形区域为耳甲 15 区。过 15 区最高点及最低点分别向外耳门后壁作两条切线,切线间为耳甲 16 区。15、16 区周围为耳甲 14 区。将外耳门的最低点与对耳屏耳甲缘中点相连,再将该线以下的耳甲腔部分为上、下 2 等份,上 1/2 为耳甲 17 区,下 1/2 为耳甲 18 区(表 3-4-7)。

表 3-4-7　耳甲穴位部位及主治

穴名	部　　位	主　　治
口	在耳轮脚下方前 1/3 处,即耳甲 1 区	面瘫、口腔炎、胆囊炎、胆石症、戒断综合征、牙周炎、舌炎
食管	在耳轮脚下方中 1/3 处,即耳甲 2 区	食管炎、食管痉挛
贲门	在耳轮脚下方后 1/3 处,即耳甲 3 区	贲门痉挛、神经性呕吐
胃	在耳轮脚消失处,即耳甲 4 区	胃痉挛、胃炎、胃溃疡、消化不良、恶心呕吐、前额痛、牙痛、失眠
十二指肠	在耳轮脚及部分耳轮与 AB 线之间的后 1/3 处,即耳甲 5 区	十二指肠溃疡、胆囊炎、胆石症、幽门痉挛、腹胀、腹泻、腹痛
小肠	在耳轮脚及部分耳轮与 AB 线之间的中 1/3 处,即耳甲 6 区	消化不良、腹痛、腹胀、心动过速
大肠	在耳轮脚及部分耳轮与 AB 线之间的前 1/3 处,即耳甲 7 区	腹泻、便秘、咳嗽、牙痛、痤疮
阑尾	在小肠区与大肠区之间,即耳甲 6、7 区交界处	单纯性阑尾炎、腹泻
艇角	在对耳轮下脚下方前部,即耳甲 8 区	前列腺炎、尿道炎
膀胱	在对耳轮下脚下方中部,即耳甲 9 区	膀胱炎、遗尿、尿潴留、腰痛、坐骨神经痛、后头痛
肾	在对耳轮下脚下方后部,即耳甲 10 区	腰痛、耳鸣、神经衰弱、肾盂肾炎、遗尿、遗精、阳痿、早泄、哮喘、月经不调
输尿管	在肾区与膀胱区之间,即耳甲 9、10 区交界处	输尿管结石绞痛
胰胆	在耳甲艇的后上部,即耳甲 11 区	胆囊炎、胆石症、胆道蛔虫症、偏头痛、带状疱疹、中耳炎、耳鸣、急性胰腺炎
肝	在耳甲艇的后下部,即耳甲 12 区	胁痛、眩晕、经前期紧张症、月经不调、更年期综合征、高血压、近视、单纯性青光眼
艇中	在小肠区与肾区之间,即耳甲 6、10 区交界处	腹痛、腹胀、胆道蛔虫症
脾	在 BD 线下方,耳甲腔的后上部,即耳甲 13 区	腹胀、腹泻、便秘、食欲不振、功能性子宫出血、白带过多、内耳性眩晕

续表

穴名	部　　位	主　　治
心	在耳甲腔正中凹陷处,即耳甲 15 区	心动过速、心律不齐、心绞痛、无脉证、神经衰弱、癔病、口舌生疮
气管	在心区与外耳门之间,即耳甲 16 区	哮喘、支气管炎
肺	在心、气管区周围处,即耳甲 14 区	咳嗽、胸闷、声音嘶哑、皮肤瘙痒症、荨麻疹、便秘、戒断综合征
三焦	在外耳门后下,肺与内分泌区之间,即耳甲 17 区	便秘、腹胀、上肢外侧疼痛
内分泌	在屏间切迹内,耳甲腔的前下部,即耳甲 18 区	痛经、月经不调、更年期综合征、痤疮、间日疟、甲状腺功能减退症或亢进症

(8) 耳垂穴位　将耳垂分为 9 区。在耳垂上线至耳垂下缘最低点之间划两条等距离平行线,于上平行线上引两条垂直等份线,将耳垂分为 9 个区域,上部由前到后依次为耳垂 1 区、2 区、3 区;中部由前到后依次为耳垂 4 区、5 区、6 区;下部由前到后依次为耳垂 7 区、8 区、9 区(表 3-4-8)。

表 3-4-8　耳垂穴位部位及主治

穴名	部　　位	主　　治
牙	在耳垂正面前上部,即耳垂 1 区	牙痛、牙周炎、低血压
舌	在耳垂正面中上部,即耳垂 2 区	舌炎、口腔炎
颌	在耳垂正面后上部,即耳垂 3 区	牙痛、颞颌关节功能紊乱症
垂前	在耳垂正面前中部,即耳垂 4 区	神经衰弱、牙痛
眼	在耳垂正面中央部,即耳垂 5 区	急性结膜炎、电光性眼炎、麦粒肿、近视
内耳	在耳垂正面后中部,即耳垂 6 区	内耳性眩晕症、耳鸣、听力减退、中耳炎
面颊	在耳垂正面与内耳区之间,即耳垂 5、6 区交界处	面瘫、三叉神经痛、痤疮、扁平疣、面肌痉挛、腮腺炎
扁桃体	在耳垂正面下部,即耳垂 7、8、9 区	扁桃体炎、咽炎

(9) 耳背穴位　将耳背分为 5 个区域。分别过对耳轮上、下脚分叉处耳背对应点和轮屏切迹耳背对应点作两条水平线,将耳背分为上、中、下 3 部,上部为耳背 1 区,下部为耳背 5 区,再将中部分为内、中、外 3 等份,内 1/3 为耳背 2 区、中 1/3 为耳背 3 区、外 1/3 为耳背 4 区(表 3-4-9)。

表 3-4-9　耳背穴位部位及主治

穴名	部　　位	主　　治
耳背心	在耳背上部,即耳背 1 区	心悸、失眠、多梦
耳背肺	在耳背中内部,即耳背 2 区	哮喘、皮肤瘙痒症
耳背脾	在耳背中央部,即耳背 3 区	胃痛、消化不良、食欲不振
耳背肝	在耳背中外部,即耳背 4 区	胆囊炎、胆石症、胁痛
耳背肾	在耳背下部,即耳背 5 区	头痛、头晕、神经衰弱
耳背沟	在对耳轮沟和对耳轮上、下脚沟处	高血压、皮肤瘙痒症

（10）耳根穴位 见表3-4-10。

表 3-4-10 耳根穴位部位及主治

穴名	部 位	主 治
上耳根	在耳根最上处	鼻衄
耳迷根	在耳轮脚后沟的耳根处	胆囊炎、胆石症、胆道蛔虫症、腹痛、腹泻、鼻塞、心动过速
下耳根	在耳根最下处	低血压、下肢瘫痪、小儿麻痹后遗症

6. 选穴原则

（1）按相应部位选穴 当机体患病时，在耳郭的相应部位上有一定的敏感点，它便是本病的首选穴位，如胃痛取"胃"穴等。

（2）按脏腑辨证选穴 根据脏腑学说的理论，按各脏腑的生理功能和病理反应进行辨证取穴，如脱发取"肾"穴、皮肤病取"肺"和"大肠"穴等。

（3）按经络辨证选穴 根据十二经脉循行和其病候选取穴位，如坐骨神经痛取"膀胱"或"胰胆"穴、牙痛取"大肠"穴等。

（4）按西医学理论选穴 耳穴中一些穴名是根据西医学理论命名的，如"交感""肾上腺""内分泌"等。这些穴位的功能基本上与西医学理论一致，故在选穴时应考虑其功能，如炎性疾病取"肾上腺"穴。

（5）按临床经验选穴 临床实践发现有些耳穴具有治疗本部位以外疾病的作用，如"外生殖器"穴可以治疗腰腿痛。

（二）用物准备

1. 毫针法（电针法） 短毫针、嵌针、三棱针、酒精、酒精棉球、消毒干棉球（或棉签）、电针仪。

2. 压丸法 王不留行、白胶布、耳穴板、镊子。

3. 埋针法 皮内针、酒精、酒精棉球、消毒干棉球（或棉签）。

4. 穴位注射法 一次性注射器、药物、酒精、酒精棉球、消毒干棉球（或棉签）。

（三）适用范围

耳针在临床治疗的疾病很广，不仅用于治疗许多功能性疾病，对一部分器质性疾病也有一定疗效。

（1）各种疼痛性疾病 如对头痛、偏头痛、三叉神经痛，肋间神经痛、带状疱疹、坐骨神经痛等神经性疼痛，扭伤、挫伤、落枕等外伤性疼痛，五官、颅脑、胸腹、四肢各种外科手术后所产生的伤口痛，麻醉后的头痛、腰痛等手术后遗痛，均有较好的止痛作用。

（2）各种炎症性疾病 如对急性结合膜炎、中耳炎、牙周炎、咽喉炎、扁桃体炎、腮腺炎、气管炎、肠炎、盆腔炎、风湿性关节炎、面神经炎、末梢神经炎等，有一定的消炎止痛功效。

（3）一些功能紊乱性疾病 如对眩晕症、心律不齐、高血压、多汗症、肠功能紊乱、月经不调、遗尿、神经衰弱、癔症等，具有良性调整作用，促进疾病缓解和痊愈。

（4）过敏与变态反应性疾病 如对过敏性鼻炎、哮喘、过敏性结肠炎、荨麻疹等，能消炎、脱敏、改善免疫功能。

（5）内分泌代谢性疾病 如对单纯性甲状腺肿、甲状腺功能亢进症、经绝期综合征

Note

等,有改善症状、减少药量等辅助治疗作用。

(6)部分传染性疾病　如对菌痢、疟疾、青年扁平疣等,有恢复和提高机体的免疫防御功能,加速疾病的治愈。

(7)各种慢性疾病　如对腰腿痛、肩周炎、消化不良、肢体麻木等,有改善症状、减轻痛苦的作用。

(8)其他　针刺麻醉(耳针麻醉),妇产科催产、催乳,预防感冒、晕车、晕船,预防和处理输血、输液反应,戒烟、减肥,国外还用于戒毒等。

(四)注意事项

(1)严密消毒,防止感染。耳郭暴露在外,结构特殊,容易感染,一旦引起化脓性软骨膜炎,将造成不良后果。若针后针眼发红,耳郭胀痛,多有轻度感染,可用2%碘酒或医用碘伏涂擦,并辅以消炎药物,防治感染加重。

(2)习惯性流产者、耳郭冻伤或有炎症者、过度疲劳或身体极度衰弱者、严重器质性病变和重度贫血的患者、耳郭有湿疹、溃疡、冻疮者,不宜耳针。妇女怀孕期间应慎用,尤其不宜用子宫、内分泌、肾等穴。

(3)耳针亦可能发生晕针,应注意预防并及时处理。此外,对年老体弱、有严重器质性疾病者、高血压患者,治疗前应适当休息,手法要轻柔,以防意外。

(4)耳郭针刺毕竟疼痛,针刺前应向患者说明耳针疗法的特点,取得其配合。

(5)使用毫针、电针,一般隔1天;埋籽法可隔5~7天1次。急性病,可两侧耳穴同用;慢性病,每次用一侧耳郭,两耳交替针刺。同一耳穴,无论用何种方法刺激,治疗次数均以5~10次为宜。

二、耳针操作方法

(一)毫针法

1. 定穴　根据诊断,确定处方,选定耳穴。尽可能在选用的耳区内探准敏感反应点,并以探棒或针柄稍用力按压做一标记。

2. 消毒　除了针具和医者手指消毒外,耳穴皮肤应先用医用碘伏消毒。

3. 针刺　耳针的刺激方法很多,根据治疗需要可选用短毫针、电针、嵌针、三棱针进行针刺,亦可选用耳穴注射、埋针、压籽、激光照射等。

毫针针刺时,左手拇、食指固定耳郭,中指托着针刺部位,这样既可掌握针刺深度,又可减轻进针时的疼痛。右手持针180°顺时针方向捻转刺入,深度以穿入软骨但不透过对侧皮肤为度,要求操作既准确又迅速。针刺手法以小幅捻转为主,留针时间一般为20~30 min,慢性病、疼痛性疾病可适当延长,小儿、老人不宜多留。起针时,左手托住耳背,右手快速起针,然后用消毒干棉球压迫针孔,以防出血。必要时进行常规消毒,以防感染。

(二)压丸法

(1)耳穴压丸的材料多种多样,可选用王不留行、白芥子等植物种子,六神丸、益视丸等中成药丸,以及磁珠、绿豆、小米、菜籽等,其中王不留行因表面光滑,大小和硬度适宜而多用。应用前可用沸水烫洗,晒干装瓶备用。

(2)在使用时先将王不留行贴在0.6 cm×0.6 cm大小胶布中央,用镊子夹住贴敷在已选的耳穴之上,每日自行按压3~5次,每次每穴按压30~60 s,3~7日更换1次,双耳交替。

(三)埋针法

埋针法是将皮内针埋入耳穴治疗疾病的方法,适用于慢性疾病和疼痛性疾病,起到

Note

持续刺激、巩固疗效和防止复发的目的。

使用时,左手固定常规消毒后的耳部,右手用镊子夹住皮内针柄,轻轻刺入所选耳穴,再用胶布固定。一般埋患侧耳郭,必要时埋双耳,每日自行按压3次,每次留针3～5日,5次为1个疗程。

(四)电针法

针刺获得针感后,接上电针机两个电极,具体操作参照电针法。通电时间一般以10～20 min 为宜。适用于神经系统疾病、内脏痉挛、哮喘等。

(五)穴位注射法

将微量药物注入耳穴的治疗方法。一般使用结核菌素注射器配26号针头,依病情吸取选用的药物,左手固定耳郭,右手持注射器刺入耳穴的皮内或皮下,行常规皮试操作,缓缓推入0.1～0.3 mL药物,使皮肤上形成小皮丘,耳郭有痛、胀、红、热等反应,完毕后用消毒干棉球轻轻压迫针孔,隔日1次。

(六)耳穴磁疗法

耳穴磁疗法是用磁场作用于耳穴治疗疾病的一种方法。它利用磁体中产生的磁力线透入耳穴,在磁场的作用下产生治疗作用。本法具有良好的镇静、止痛、止痒、止喘和调整自主神经的作用,对头痛、失眠、肋间神经痛、腹泻、慢性肝炎、急性卡他性结合膜炎、咳嗽、哮喘等均有一定的疗效。

磁疗法所用的材料是用恒磁体制成的磁珠或磁片,磁场强度要大于500 Gs,以75%酒精消毒后备用。

1. 直接贴敷法 根据病情选定耳穴,寻找敏感点后压痕做标记,并用75%酒精棉球擦洗耳郭,以消毒、脱脂。将磁珠或磁片放置在小块胶布中央,直接贴在耳穴上即可。最好在耳郭的正面的背面,用两块异名极磁片相对贴压(若耳郭正面皮肤贴压为北极,耳郭背面皮肤应为南极),这样可使磁力线穿透耳穴,更好地发挥治疗作用。直接贴敷法对于皮肤疾病,疗效较好。

每次贴一侧耳穴,两耳交替贴敷。一般只取用1个耳穴,用2块磁片相对贴压,也可取用2个耳穴,但耳穴相距不宜太近。应用时最多磁片不超过2片,磁珠不超过4粒。

2. 间接贴敷法 用薄层脱脂棉将磁珠、磁片包起来,然后固定在耳郭上,这样可以减少磁珠或磁片直接作用于皮肤而产生的副作用,尤其对磁过敏的人较为适用。临床上用异名极磁片贴敷治疗浆性耳软骨膜炎,若不用棉花间接隔开,易发生吸力过大造成局部皮肤坏死。

此法也可用于薄棉花包裹的磁珠塞在外耳道中,治疗耳聋、耳鸣。

临床上应用耳穴磁疗法,除了"直接贴敷"和"间接贴敷"两种方法外,常用的还有一种"埋针加磁法",是埋针和磁疗两法的综合运用。先按埋针法把皮内针埋入耳穴内,然后在针柄上再敷一颗磁珠,用胶布固定,使磁场通过针体导入耳穴内,予以较长时间的刺激,可以起到埋针与磁疗的双重作用。此法对于一些痛证和皮肤病效果较好,优于单用埋针或磁疗。

在耳穴磁力的过程中,有5%～10%的患者出现不良反应,产生头晕、恶心、乏力、嗜睡、局部胀痛、兴奋、失眠等现象,这是磁体的副作用。一般几分钟即可消失,也可持续数天,各种症状均会自行消退。只有1%左右的患者症状可持续加重,只需取下磁体,1～3 h后即可消失,没有后遗症。

（七）耳穴光针法

耳穴光针法又称耳穴激光照射法，是用小功率激光装置发射出的激光照射耳穴，以激光对耳穴的刺激作用和热力作用治疗疾病的一种方法。

此法最大的优点是没有任何痛感，免除了耳郭感染的可能，而且光针的照射剂量适当，对人体无损害，特别适合于年老体弱、畏惧针刺的患者和儿童。近年来，运用光针治疗高血压、哮喘、心律不齐、痛经、过敏性鼻炎、复发性口疮等，都取得了一定的疗效。但光针法不如传统的毫针法那样简易，需要特殊设备，价格昂贵，所以它不可能完全取代其他耳穴刺激法。

1. 激光装置　目前应用于临床的激光装置为小功率气体激光仪器，以"氦-氖激光器"运用最为普遍。它能连续输出波长为 6328 埃的红色激光，具有较强的穿透力，并对皮肤和黏膜产生光热作用。

应用氦-氖激光器时必须注意分清激光管的正极和负极，切勿接错。一般高压引线中红色的为正极，其他颜色的为负极。

2. 操作方法　按照激光器的操作的程序，接通电源，调节电压，待红色激光束稳定输出时，达到该机的最佳工作状态，即可直接顺序照射耳穴。在耳穴激光照射时，一般被照射的耳穴并没有什么特殊感觉，仅少数患者有热、麻或轻微刺痛感。若出现这些现象，往往治疗效果较佳。

一般每个耳穴照射 3～5 min，每次取 1～3 个穴位照射即可。每天或隔天照射 1 次，10 次为 1 个疗程，疗程间应停照休息 1 周。

由于个体差异和不同组织对激光能量的需求不一，应在临床实践中观察摸索规律。有些患者激光照射 1～2 次没有什么反应，以后继续施治才会逐渐出现治疗效果，因此不要轻易中断治疗。还有一些患者在治疗过程中，往往从第三天开始，在半个月之内疗效最佳，以后出现有规律性地下降，即所谓"抛物线特征"。出现这种现象，应该另换其他耳穴照射，或休息数日后再进行治疗，在休息期间可辅以其他疗法。

（八）耳穴按摩法

耳穴按摩法是在耳郭不同部位用双手进行按摩、提捏以治疗疾病的一种方法。此法在民间长期广为沿用。此法没有痛苦，对某些疾病如头痛、神经衰弱、高血压等确有辅助治疗效果。如果每日早、晚长期坚持按摩耳郭，可以激发经气，通经活络，并具有一定的保健作用。

1. 自我耳郭按摩法　患者自行用双手在耳郭不同部位进行按摩和提捏的方法，包括全身按摩、手摩耳轮和提捏耳垂，因其具有自我保健，强身防病的作用，故有"修其城郭"之称。

（1）全耳按摩　先将双手掌心摩擦发热，然后按摩耳郭的腹背两侧。一般先将耳郭向后按摩腹面，再将耳郭向前按摩背面，来回反复按摩 5～6 次，致使双耳充血发热。

（2）手摩耳轮　双手握空拳，用拇、食二指沿外耳轮（包括对耳轮）上下来回按摩，不拘遍数，致使耳轮充血发热。

（3）提捏耳垂　用双手拇、食二指捏住耳垂，由上向下一方面下拉，另一方面摩擦，手法由轻到重，每次 3～5 min，早晚各提捏耳垂 1 次，此法可治头痛、头昏、小儿高热、惊厥，另外还有预防感冒的作用。

2. 耳郭穴位按摩法　耳郭穴位按摩法是医生用双手在患者穴位上按摩的方法，主要采用点按、掐按、揉按等手法。

（1）点按法　用压痛棒或弹簧压力棒点按与疾病有关的相应穴位，或用指尖对准穴位点按。每个穴位点压 1～2 min，压力由轻到重，以患者能够耐受为度。

（2）掐按法　用拇指对准耳前穴位点，食指对准耳后与耳前相对应的穴位进行掐按。

每穴掐按数十次,每次 1～3 穴,力量由轻到重。

(3)揉按法　穴位区点处用压痛棒或食指尖对准相应耳穴,以顺时针的方向进行揉按,压力由轻到重,以局部有热胀感、舒适感为宜,适用于婴幼儿及体质敏感者。

在临床上,耳穴的刺激强度,主要是指手法的轻重,施灸的多少和出血量的大小。手法的轻重,首先要因人、因证而异。凡体质较弱,属于虚证或新发病的,手法宜轻;而体质强壮的,属于实证或久病的,手法宜重。其次,需要注意穴位的刺激方向,一般当针尖刺向或揉按着力朝着耳轮或对耳轮时,感觉往往加重。运用时可以通过调整刺激方向来调节刺激量,但以针感传向病灶者为最佳。至于针刺、埋针或压丸时的轻刺激、中等刺激和重刺激,其等级是以患者对刺激的感觉来决定的。通常情况是,不觉难受为轻度,稍觉难受为中度,较为难受为重度。至于施灸的多少,不是一成不变的,也应随病证的变化而增减。一般初灸时宜少,疗效显著的也宜少;而疗程长时对热灸已适应,疗效不好时提示刺激量可能不够,均可适当地多灸。出血量的大小与疗效也有很大的关系。一般对重病和顽固性病证宜多出血,如用耳尖放血法退烧,若出血量不及 3 滴以上者,往往效果不佳。

刺激的时间和留针的长短,对慢性病来说以常规为准,急性病以病情明显减轻或消失为度。如急性痛证留针时间要长,甚至达数小时之多,但个别患者如腮腺炎,按经验可针刺得气后即出针。

总之,针灸耳穴时的刺激量,应在得气的前提下,适合于治疗疾病的需要,并能让患者平静地忍受整个刺激过程。

知识链接

　　压豆安眠方。选耳穴神门、皮质下、枕、垂前、失眠(主穴)、心、肝、脾、肾、胆、胃(配穴)。先用 75% 酒精局部消毒,然后取王不留行贴在 0.6 cm 见方的胶布中间,对准穴位贴敷,并用手指按压,每日 3～5 次,每次 3 min 左右,贴敷 1 次持续 3～5 天。功能:清心安神,交通心肾。主治顽固性失眠。

　　压豆定喘方。生白芥子或王不留行。取耳部支气管、肺、肾上腺、前列腺、内分泌等穴,将药籽置于 0.3 cm×0.5 cm 的胶布中央,贴双耳上述穴位,嘱患者每日压 4～6 次,每次每穴按压 1～2 min。功能:宣肺平喘。主治各型哮喘。

(黄承伟)

第五节　皮肤针技术

学习目标

学会皮肤针技术的操作方法。

熟悉皮肤针技术的适用范围和注意事项。

基本具备运用皮肤针技术康复治疗常见病的能力。

数字课件 350

患者，男，71岁。一年前右季肋区、右肩胛下区出现带状疱疹，以后一直出现局部疼痛感和瘙痒感，入夜尤甚，夜间经常起床2～3次，在疼痛、瘙痒处轻轻叩击半小时左右才能缓解，方可入睡。经中西医药物治疗，无明显疗效。查体：神清语利，右季肋区、右肩胛下区外观未见红肿水疱，有挠痕，无皮损，无压痛点，右肩部活动可。舌淡红，苔薄白，脉弦细。问题：

1. 按照中医辨证，该患者诊断为何病何证？

2. 如何运用皮肤针技术为患者实施康复治疗？如何操作？

一、皮肤针常识

皮肤针技术，是运用皮肤针叩击人体的一定部位或穴位，通过激发经络之气，调整人体脏腑气血，以达到防治疾病、康复医疗的一种针刺方法。属于中医的外治法，目前临床上皮肤针技术应用于康复医学比较普遍。

皮肤针技术是在我国古代"半刺""浮刺""毛刺""扬刺"等针法上发展而来的，具有疏通气血、调和脏腑、消瘀散结、消肿止痛、祛风止痒等作用，可用于多种疾病的康复治疗。《素问·皮部论》曰："凡十二经络脉者，皮之部也。是故百病之始生也，必先舍于皮毛。"十二皮部与人体经络、脏腑联系密切，运用皮肤针叩刺皮部，可以调节脏腑经络功能，促进机体恢复正常。

现代皮肤针是针头呈小锤形的一种针具，由多根不锈钢短针集成一束，或如莲蓬状固定在针柄的一端而组成的，称为针头；针柄一般用牛角做成，长15～19 cm。根据所用针具、数目，皮肤针又分别称为梅花针（五根针）、七星针（七根针）、罗汉针（十八根针）等。目前还创造了一种用金属制成的滚刺筒状皮肤针，具有刺激面广、刺激量均匀、使用方便等特点。

（一）用物准备

皮肤针、消毒棉球、棉签、75％酒精、医用碘伏、针盘、镊子、棉球缸、橡皮管、无菌敷料、胶布等。

（二）适用范围

皮肤针技术适应范围广泛，针刺的适应证均适于皮肤针，既可以用于经络病，又可以用于脏腑病的康复医疗，尤其是对痛证、痿证及瘫痪、皮肤病、功能失调性疾病疗效较好。

1. 痛证 如头痛、偏头痛、胸痛、胁痛、胃脘痛、脊背痛、腰痛、上下肢痛、颈椎病、肩周炎、关节痹痛、痛经等。

2. 痿证及瘫痪 如痿证、面瘫、中风偏瘫、小儿脑瘫等。

3. 皮肤病 如斑秃、银屑病、神经性皮炎、顽癣、蛇串疮等。

4. 功能失调性疾病 如失眠、神经衰弱、呃逆、呕吐、咳嗽、哮喘、遗尿、遗精、月经不调、心悸、眩晕、近视、目疾等。

（三）注意事项

（1）施术前注意检查针具，一旦发现针尖有钩毛、缺损或针锋参差不齐，针柄与针盘

衔接不牢固者,必须及时修理完好或更换后方可使用。

(2) 针具、针刺部位皮肤(包括穴位)及医者手均应严格消毒。叩刺后,局部皮肤必须用 75%酒精或医用碘伏擦拭消毒,并注意保持针刺局部清洁干燥,以防感染。

(3) 叩刺局部皮肤有创伤、溃疡、感染、瘢痕者不宜使用,肿瘤、出血性疾病患者不宜使用,孕妇的腹部、腰骶部及合谷穴、三阴交、肩井穴等部位不宜叩刺。

(4) 叩刺时针尖必须垂直向下,避免斜刺、挑刺、钩刺、拖刺等,以减少疼痛。

二、皮肤针操作方法

1. 针具检查　皮肤针针尖不宜太锐,应呈松针形。针柄要坚固具有弹性,全束针的针尖应平齐、不要有偏斜、钩曲、锈蚀和缺损。检查针具时,可用干脱脂棉轻触针尖,如果棉絮被带动,说明针尖有钩或有缺损。

2. 消毒　皮肤针疗法属于对皮肤有损伤性的技术,因此在使用前必须无菌消毒,一般可用高压消毒,或用 75%酒精浸泡 30 min 消毒,然后在器械消毒液中备用。叩刺部位用 75%酒精或医用碘伏消毒,注意做到一人一用一灭菌,以防交叉感染。

3. 持针姿势　临床多用右手持针。硬柄皮肤针的持针式是以拇、中二指夹持针柄两侧,食指压针柄中段上方,以无名指和小指将针柄末端固定在小鱼际处,针柄末端一般露出手掌后 2~5 cm。软柄皮肤针的持针式是将针柄末端固定在掌心,拇指在上方,食指在下方,其余手指呈握拳状握住针柄末端。

4. 叩刺方法　皮肤针的针尖对准叩刺部位,使用腕力,将针尖垂直叩刺在皮肤上,并立即弹起,然后再叩下,反复进行。每分钟叩刺 100 次左右。要求叩刺力度、速度要均匀(图 3-5-1,图 3-5-2)。

图 3-5-1　皮肤针持法

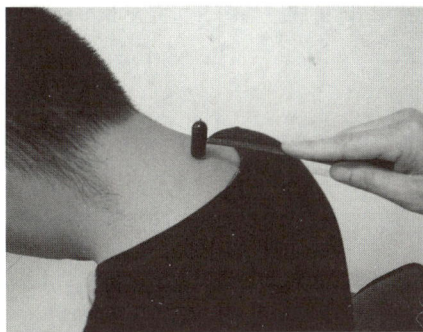

图 3-5-2　皮肤针叩刺

5. 叩刺强度　根据患者体质、年龄、症状和部位的不同,叩刺强度分为轻、中、重三种。

(1) 轻刺激　用较轻的腕力进行叩刺,针尖接触皮肤时间较短,局部皮肤仅见轻微潮红充血,以患者无疼痛感为度。适用于年老体弱、孕妇小儿,以及头面、五官、肌肉浅薄的部位。

(2) 重刺激　用较重的腕力进行叩刺,针尖接触皮肤的时间稍长,局部皮肤可见隐隐渗血,患者有疼痛感。适用于年壮体强,以及实证、新病患者,适宜在肩、背、腰、臀、四肢等肌肉丰厚的部位。

(3) 中刺激　叩刺的腕力介于轻、重刺激之间,局部皮肤潮红,但无渗血,患者感觉轻微疼痛。适宜于多数患者,除头面、五官、肌肉浅薄等处外,其余部位均可用此法。

轻刺激用力较小,针尖接触皮肤的时间愈短愈好;重刺激用力稍大,针尖接触皮肤的

时间稍长。不论轻刺激、重刺激，都应注意运用腕部的弹力，使针尖刺到皮肤以后，因反作用力而使皮肤针弹起，这样可减轻针刺部位的疼痛感。中等程度刺激，用力介于轻刺激和重刺激之间。

6. 叩刺部位 皮肤针叩刺部位一般可分为局部叩刺、穴位叩刺和循经叩刺三种。

（1）局部叩刺 在病变局部进行叩刺的一种方法。例如，扭伤以后局部的瘀肿疼痛、斑秃、顽癣等，操作时可在局部进行围刺或散刺。

（2）穴位叩刺 根据穴位的主治作用，选取与所治疾病相关的穴位进行叩刺的一种方法。临床上常选用某些特定穴、华佗夹脊穴和阿是穴等。

（3）循经叩刺 沿着病变经络循行路线进行叩刺的一种方法。首先，常用于颈项部、背部、腰骶部的督脉和膀胱经。因督脉为阳脉之海，能调节一身之阳气；足太阳膀胱经的背腧穴，能调节五脏六腑的功能，故其治疗范围颇广。从现代解剖学的角度来看，脊神经根由此处发出，具有调节神经系统的功能。因此，脊柱两侧视为人体的整体调节部位和常规刺激部位。故临床上治疗疾病时，通常先叩刺脊柱两侧的经脉、穴位，再叩刺病变局部或阳性反应部位（如阳性反应点、条索状物、结节等）。其次，循经叩刺常用于十二经络在四肢肘、膝关节以下的循行部位，因其分布着各经的原穴、络穴、郄穴、五输穴等，可以治疗各相应脏腑经络的病变。操作时一般每隔 1 cm 左右叩刺一下，单侧可循经叩刺 8～18 次。

知识链接

滚刺法：滚刺是用金属制成的滚刺筒状皮肤针，经高压消毒或 75% 酒精浸泡 30 min，手持针筒柄，将针筒在皮肤上来回滚动，使刺激范围形成一个狭长的平面，或扩展成一片广泛的区域。应用时注意不要在骨骼突出部位滚刺，以免产生疼痛和出血。滚刺具有刺激面广、刺激量均匀、使用方便等特点。

（焦　磊）

第六节　三棱针技术

学习目标

学会三棱针技术的操作方法。

熟悉三棱针技术的适用范围和注意事项。

基本具备运用三棱针技术康复治疗常见病的能力。

案例引导

患者，男，20 岁，2016 年 3 月 20 日初诊。主诉：发热伴咽喉疼痛 2 天。患者因 2 天前吃烧烤后出现发热、咽喉干燥、疼痛，吞咽困难，疼痛难忍而影响进食，查体:体温 39.1 ℃。神志清楚,精神一般,双侧扁桃体Ⅱ度肿大、充血,隐窝处可见黄白色干酪样点状物,下颌淋巴结肿大,并有压痛。血常规示:白细胞总数 $13.2 \times 10^9/L$。舌质绛红,苔黄,脉数。问题:

　　1. 按照中医辨证,该患者诊断为何病何证?

　　2. 如何运用三棱针技术为患者实施康复治疗?

一、三棱针常识

三棱针技术是应用三棱针刺破穴位或浅表血络,放出少量血液,或挑断皮下纤维组织,从而激发经络之气,调整人体脏腑气血,以达到防治疾病、康复医疗的一种针刺方法。古人称为"刺血络"或"刺络法",现代称为"放血疗法"。目前临床上三棱针技术应用于康复医学已非常普遍。

三棱针技术由古代的砭石刺络法发展而来。相传最初使用砭石治疗疾病的是伏羲氏,晋代皇甫谧在《帝王世纪》中提到,伏羲氏"尝百草而制九针"。《内经》记载的九针,其中的"锋针",就是现代三棱针的雏形,用于"泻热出血"。古代对三棱针的记载较多,《灵枢·九针论》曰:四曰锋针,取法于絮针,筒其身,锋其末,长一寸六分,主痈热出血……令可以泻热出血,而痼病竭。《灵枢·九针十二原》提出"锋针者,刃三隅以发痼疾",可"宛陈则除之"。《灵枢·官针》中记载的"络刺""赞刺""豹文刺"等,都属于刺络放血的具体方法。说明刺络法可用于实证、热证,具有开窍泄热、通经活络、活血化瘀、消肿止痛的功效。

现代三棱针一般采用不锈钢制成,针长约 6 cm,针柄粗呈圆柱形,针身呈二棱状,针尖锋利,尖端三面有刃,有大、小两种型号。临床上可根据患者年龄、体质、病证、部位等,选择适当的型号。

(一)用物准备

大、小号三棱针,消毒棉球,棉签,75%酒精,医用碘伏,针盘,镊子,棉球缸,橡皮管,无菌敷料,胶布等。

(二)适用范围

三棱针技术是刺破孙络、浮络的放血疗法,适用于各种急证、热证、实证、瘀证、痛证等。

1. 点刺法　适用于中暑、发热、惊厥、手足肿痛、麻木、眩晕、高血压、中风闭证、急性咽喉肿痛等疾病。

2. 散刺法　适用于丹毒、痈疮、血肿、扭挫伤等瘀血疼痛、顽癣等疾病。

3. 挑刺法　适用于治疗小儿厌食症、麦粒肿、目赤肿痛、痤疮、痔疮、支气管哮喘、血管性神经性头痛、肩周炎、颈椎病、胃脘痛等疾病。

4. 刺络法　适用于治疗高血压、中暑、急性吐泻、急性腰扭伤、下肢静脉曲张、丹毒、急性淋巴管炎等疾病。

(三)注意事项

(1)施术前对患者做好必要的解释工作,消除其思想上的顾虑。三棱针刺激较强,治疗时应让患者采取合适体位,并需与医生配合,预防晕针。

(2)局部皮肤有创伤、溃疡、感染、瘢痕、肿瘤者禁用;体弱、贫血、低血压、孕产妇和有

自发性出血倾向或损伤后出血不止等情况的患者,不宜使用。

(3)必须无菌操作,针具、针刺部位皮肤(包括穴位)及医者手部注意严格消毒,防止感染。

(4)操作时手法要轻、准、稳、快,一针见血,出血不宜过多,以数滴为宜。用力不可过猛,防止刺入过深、创伤过大,损伤其他组织,更不可伤及动脉。

二、三棱针操作方法

(一)针具检查、消毒与持针

1. 针具检查 三棱针针尖应尖锐,不要有钩曲和锈蚀。检查针具时,可用干脱脂棉轻触针尖,如果棉絮被带动,说明针尖有钩,必须修复或更换后方可使用。

2. 消毒 三棱针刺法属于对皮肤有损伤性的操作技术,三棱针在使用前必须无菌消毒,一般可用高压消毒或在75%酒精中浸泡30 min。注意做到一人一用一灭菌,以防交叉感染。点刺部位用75%乙醇或医用碘伏消毒。

3. 持针姿势 一般以左手拇、食、中三指捏住被刺部位,右手持针,其状如握毛笔,刺手用拇、食两指捏住针柄中段,中指指腹紧靠针身的下段侧面,露出针尖3～5 mm,对准消毒部位(图3-6-1)。

(二)操作

三棱针技术的操作有四种方法:即点刺法、散刺法、挑刺法和刺络法。

1. 点刺法 点刺又称"速刺",是用三棱针快速刺入腧穴后,快速出针的一种方法。针刺前先在点刺腧穴的上下推按,使血液积聚于点刺部位。局部常规消毒后,医者左手拇、食、中三指固定点刺部位,右手持针,用拇、食二指捏住针柄,中指指腹紧贴针身下端,露出针尖0.3～0.5 cm,对准所要放血的消毒部位,迅速向下直刺0.3 cm左右,迅速退出,以出血为度。出针后不要按闭针孔,让血液自然流出,或采用轻轻挤压针孔周围皮肤及皮下组织的方法,使之出血数滴,右手捏干棉球将血液或液体及时擦去。最后,用消毒干棉球按压针孔止血。此法多用于四肢末端十宣穴、十二井穴及耳尖、攒竹、太阳、大椎、肺俞等穴位或部位的放血(图3-6-2)。

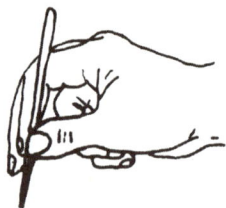

图 3-6-1　三棱针持法　　　　图 3-6-2　三棱针点刺

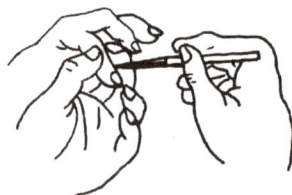

2. 散刺法 散刺又称"豹纹刺",是用三棱针在病变周围进行多点刺血的一种方法。局部常规消毒后,根据病变部位的面积,可连续点刺10～20针,由病变部位的外围向中心环形点刺,针刺深度可根据病变局部肌肉组织厚薄、血管深浅而定。一般在本法应用后,也可加用拔罐技术配合治疗,以促使局部瘀血或水肿排除,达到去瘀生新、通经活络的作用。此法多用于皮肤病局部病变及扭伤、挫伤后局部瘀血、血肿等部位(图3-6-3)。

3. 挑刺法 用三棱针挑断穴位皮下纤维组织,以治疗疾病的一种方法。挑刺部位可以是穴位或阳性反应点(如压痛点、敏感点、丘疹、条索状物等),但与痣、毛囊炎、色素斑等相区别。常规消毒后,用左手捏起施术部位两侧的皮肤,或按压住皮肤,使皮肤固定,

右手持针横向迅速刺入腧穴或反应点皮肤,挑破皮肤 0.2～0.3 cm,再将针深入皮下,挑断皮下白色纤维组织,挑尽为止,并挤出少量的血液或黏液,然后用医用碘伏棉签擦拭,以无菌敷料保护创口,胶布固定。此法多用于挑刺四缝穴、病变的反应点、阿是穴等。

4. 刺络法 用三棱针在浅表静脉放血的一种方法。先用止血带或橡皮管结扎针刺部位上端(近心端),令局部静脉充盈,常规消毒后,左手拇指按压在被针刺部位下端,右手持三棱针对准针刺部位的静脉迅速点刺,迅速出针。操作时采取向心斜刺,即针体与静脉血管的角度成 45°左右,针尖朝上,针尾朝下,针刺深度 0.2～0.3 cm,以刺穿血管壁,使血液流出为度,也可轻按静脉上端,以助瘀血排出,毒邪得泻。出血停止前应松开橡皮管,出血停止后用消毒干棉球按压针孔止血。一次出血量可达 5～10 mL。若出血量不足,可加用拔罐法配合。此法多用于曲泽、委中、阿是穴等腧穴(图 3-6-4)。

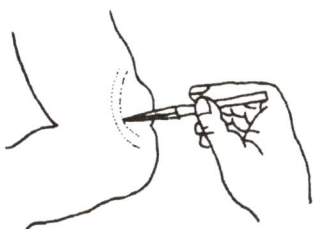
图 3-6-3　三棱针散刺法

图 3-6-4　三棱针刺络法

(三) 刺激强度与疗程

三棱针技术的刺激强度与针刺部位的深浅、范围及出血量有关。病情轻、范围小、体质差的患者,宜浅刺、少刺,用出血量较少的轻刺激;反之,病情重、范围大、体质好的患者,可深刺、多刺,用出血量较多的强刺激。疗程要根据病情轻重、针刺方法和出血量而定。一般点刺法、散刺法每日或隔日 1 次,3～5 天 1 个疗程,出血量不宜过多,一般以数滴为宜;挑刺法、刺络法,治疗需出血量较多者,可每周放血 2～3 次,每隔 1～2 周放血 1 次。

知识链接

　　现代医学对刺络技术的机理研究报道颇多。例如,有学者认为,针刺四缝穴,挤出少量血液和黄色黏液,可使血清钙和磷上升,使碱性磷酸酶的活性降低,有助于小儿的骨骼生长发育;有学者认为,针刺四缝穴可使肠道胰蛋白酶、胰淀粉酶和胰脂肪酶增加,使胆汁分泌量增加,有助于食物的消化吸收。有学者报道,刺络通过微循环的变化,能导致身体的应激性,影响神经体液的机能状态,从而抑制变态反应。还有学者认为,刺络疗法可以调整机体的免疫功能。

(焦　磊)

能力检测

单选题

1. 腰痛患者,取双侧肾俞、大肠俞、委中穴针刺,最合适的体位是(　　　　)。

A. 仰卧位　　　　B. 俯卧位　　　　C. 侧卧位　　　　D. 仰靠坐位　　　　E. 俯伏坐位

2. 同时针面部、下腹部及足背部穴最适宜的体位是(　　)。

A. 仰卧位　　　　B. 俯卧位　　　　C. 侧卧位　　　　D. 仰靠坐位　　　　E. 俯伏坐位

3. 毫针针刺时容易折断的部位是(　　)。

A. 针尾　　　　B. 针柄　　　　C. 针根　　　　D. 针身　　　　E. 针尖

4. 在皮肉较浅薄处进针宜采用(　　)。

A. 指切进针法　　　　　　B. 夹持进针法　　　　　　C. 舒张进针法

D. 提捏进针法　　　　　　E. 以上均不宜

5. 在皮肉松弛的部位进针宜采用(　　)。

A. 指切进针法　　　　　　B. 夹持进针法　　　　　　C. 舒张进针法

D. 提捏进针法　　　　　　E. 以上均不宜

6. 处理晕针患者,下列哪种方法是错误的?(　　)

A. 立即出针　　　　　　B. 患者平卧　　　　　　C. 头部垫高

D. 注意保暖　　　　　　E. 轻者饮用温糖水

7. 针刺造成创伤性气胸时,患者不会出现(　　)。

A. 胸闷　　　　　　B. 唇甲发绀　　　　　　C. 心慌

D. 咳嗽　　　　　　E. 听诊时呼吸音明显减弱

8. 关于滞针的处理下列哪种方法不妥?(　　)

A. 暂留针　　　　　　B. 附近再刺一针　　　　　　C. 附近循按

D. 单向捻针而致者,可向相反方向捻针　　　　　　E. 用力拔针

9. 处理断针时,下列哪项是错误的?(　　)

A. 保持镇静　　　　　　　　B. 患者切勿乱动

C. 患者保持原来体位　　　　D. 患者坐起来以方便取针

E. 断端完全陷入肌肉时以外科手术取针

10. 下列除哪项外,直刺过深可发生气胸?(　　)

A. 背部第 10 胸椎旁穴　　　B. 侧胸部第 11 肋间　　　C. 前胸部第 5 肋间

D. 前胸部第 4 肋间　　　　E. 前胸部第 2 肋间

11. 押手作用不包括(　　)。

A. 固定腧穴　　　　　　　　B. 夹持针柄

C. 使针身有依靠,不致弯曲　　　　D. 减少疼痛

E. 加强针刺作用

12. 呼吸补泻法中补法的操作方法是(　　)。

A. 呼气时捻转,吸气时提插　　　　B. 呼气时提插,吸气时捻转

C. 呼气时进针,吸气时出针　　　　D. 呼气时出针,吸气时进针

E. 呼气时捻转提插,吸气出针

13. 提插补泻之泻法操作是(　　)。

A. 反复重插轻提　　　　B. 反复轻插重提　　　　C. 反复快插慢提

D. 反复慢插快提　　　　E. 提插时用力较大

14. 针刺膻中穴的针刺角度一般为(　　)。

A. 平刺　　　B. 30°角斜刺　　　C. 45°角斜刺　　　D. 60°角斜刺　　　E. 直刺

15. 关于针刺补泻,下列说法错误的是(　　)。

A. 在同一穴位上针刺,不同的人可能产生不同的补泻效果

B. 针刺虚证一般比针刺实证患者的效果好

C.机体处于邪盛的情况下,针刺易产生泻邪的作用

D.人中、十宣、十二井穴针刺易产生泻的作用

E.平补平泻是行针时均匀地提插捻转

16. 属于基本行针手法的是(　　)。

A.提插法　　　　B.震颤法　　　　C.刮柄法　　　　D.循法　　　　E.摇柄法

17. 下面哪项不是不得气的原因?(　　)

A.取穴不准　　　　　　　　B.针刺深度不当　　　　　　　　C.针刺角度不当

D.体质太虚弱　　　　　　　E.毫针太粗

18. 下面操作属于补法的是(　　)。

A.针刺列缺穴朝肘关节方向斜刺　　　　B.针刺合谷穴朝手指方向斜刺

C.针刺足三里穴朝膝关节方向斜刺　　　　D.针刺三阴穴朝足踝方向斜刺

E.针刺曲池穴朝肘关节方向斜刺

19. 对横纹肌有良好刺激作用的波形是(　　)。

A.疏波　　　　B.密波　　　　C.连续波　　　　D.断续波　　　　E.疏密波

20. 以下哪些部位不宜通电?(　　)

A.头皮部　　　　　　　　B.前臂外侧　　　　　　　　C.腰部

D.腘窝　　　　　　　　　E.颈椎棘突旁开 1.5 寸处

21. 顶颞前斜线上 1/5 主治(　　)。

A.对侧下肢及躯干运动障碍　　　　　　　　B.对侧下肢及躯干运动障碍

C.同侧下肢及躯干运动障碍　　　　　　　　D.运动性失语

E.中枢性面瘫

22. 子宫脱垂应用哪条穴线?(　　)

A.顶旁 1 线　　　B.顶旁 2 线　　　C.颞前线　　　D.顶中线　　　E.额旁 3 线

23. 头针治疗时,针应留于头皮哪一层?(　　)

A.皮层　　　　　　　　　B.皮下层　　　　　　　　C.帽状腱膜层

D.帽状腱膜下层　　　　　E.骨膜层

24. 下列哪些人群不宜采用头针治疗?(　　)

A.老年患者　　　　　　　　　B.脑出血恢复期患者

C.颅骨缝骨化不完全的婴儿　　　D.月经期妇女

E.头痛患者

25. 额旁 2 线的定位是(　　)。

A.从膀胱经眉冲穴向前引一 1 寸直线

B.从胆经头临泣穴向前引一 1 寸直线

C.从胃经头维穴内侧 0.75 寸起向下引一 1 寸直线

D.督脉旁 1.5 寸,从膀胱经通天穴向后引一 1.5 寸直线

E.督脉旁开 2.25 寸,从胆经正营穴向后引一直线,长 1.5 寸到承灵穴

26. 关于头针治疗,以下哪项说法是错误的?(　　)

A.头颅手术部位、头皮严重感染、溃疡和创伤处不宜头针治疗

B.高热、急性炎症和心力衰竭等症者,一般慎用头针治疗

C.出针后必须用无菌干棉签按压针孔片刻,防止出血

D.颞前线的主治是运动性失语、周围性面神经炎、偏头痛及口腔疾病等

E.进针时,针尖与头皮成 60°左右夹角,缓慢将针刺入头皮下,当针尖抵达帽状腱膜

Note

层时,沿穴线继续刺入 0.5~2.0 寸

27. 在耳穴分区中,与头面部相应的耳穴分布在( )。

A. 耳垂及耳垂邻近　　　　　B. 耳轮脚周围　　　　　　　C. 对耳轮

D. 耳甲腔　　　　　　　　　E. 耳舟

28. 耳轮向耳屏对折时,耳郭上部尖端处的耳穴是( )。

A. 耳迷根　　　B. 指　　　C. 趾　　　D. 耳尖　　　E. 肝阳

29. 耳穴中的颈位于( )。

A. 对耳轮体下 1/5 处　　　　　B. 对耳轮体中 2/5 处

C. 对耳轮体上 2/5 处　　　　　D. 对耳轮体下 1/5 处的前侧耳腔缘

E. 对耳轮体上 2/5 处的前侧耳腔缘

30. 耳穴中的胃位于( )。

A. 耳轮脚下方内侧 1/3 处　　　　　　　　B. 耳轮脚下方外侧 1/3 处

C. 耳轮脚消失处　　　　　　　　　　　　D. 耳轮脚上方外侧 1/3 处

E. 耳轮脚上方内侧 1/3 处

31. 在耳甲腔中心最凹陷处的耳穴是( )。

A. 肝　　　B. 心　　　C. 脾　　　D. 肺　　　E. 肾

32. 治疗内脏痉挛疼痛应选( )。

A. 肾上腺　　　B. 交感　　　C. 缘中　　　D. 皮质下　　　E. 内分泌

33. 下列哪项属于皮肤针技术的禁忌证?( )

A. 斑秃　　　B. 银屑病　　　C. 牛皮癣　　　D. 蛇串疮　　　E. 血管瘤

34. 下列哪个部位不适宜皮肤针技术的重刺激手法操作?( )

A. 头面部　　　B. 背部　　　C. 腰部　　　D. 臀部　　　E. 四肢部

35. 上肢麻木,采用皮肤针叩刺最适宜的部位是( )。

A. 局部叩刺　　　B. 穴位叩刺　　　C. 循经叩刺　　　D. 头部叩刺　　　E. 手指叩刺

36. 三棱针疗法,古人称为( )。

A. 点刺法　　　B. 散刺法　　　C. 刺络法　　　D. 挑刺法　　　E. 芒刺法

37. 多用于四肢末端十宣穴、十二井穴等部位放血的是三棱针技术的哪种操作方法?( )

A. 点刺法　　　B. 散刺法　　　C. 刺络法　　　D. 挑刺法　　　E. 芒刺法

38. 多用于委中穴放血的是三棱针技术的哪种操作方法?( )

A. 点刺法　　　B. 散刺法　　　C. 刺络法　　　D. 挑刺法　　　E. 芒刺法

39. 多用于挫伤后局部瘀血、血肿等部位放血的是三棱针技术的哪种操作方法?( )

A. 点刺法　　　B. 散刺法　　　C. 刺络法　　　D. 挑刺法　　　E. 芒刺法

40. 多用于四缝、病变的反应点放血的是三棱针技术的哪种操作方法?( )

A. 点刺法　　　B. 散刺法　　　C. 刺络法　　　D. 挑刺法　　　E. 芒刺法

第四章 艾灸技术

数字课件400

学习目标

学会艾灸技术的操作方法。

熟悉艾灸技术的适用范围和注意事项。

基本具备运用艾灸技术康复治疗常见病的能力。

案例引导

患者,女,32岁,教师。患者近一年来大便溏泻,水谷不化,饮食减少,肠鸣腹痛,胃脘部胀闷不舒,面色萎黄,疲倦乏力,怕冷,饮食不堪或受寒后,症状加重,舌质淡,苔白,脉细弱。问题:

1. 按照中医辨证,该患者为何病何证?

2. 该患者能否使用艾灸治疗? 如何操作?

灸法是用艾绒为主要材料制成的艾炷或艾条点燃以后,在人体的穴位或特定部位熏灼,给人体以温热性刺激以达到预防或治疗疾病的一种疗法,也是针灸学的一个重要组成部分。《灵枢·官能》篇指出"针所不为,灸之所宜"。《医学入门》也说,凡病"药之不及,针之不到,必须灸之",均说明灸法可以弥补针刺之不足。

第一节 艾灸常识

一、艾灸材料

艾绒是施灸时所用的主要材料,是将干燥的艾叶(菊科植物艾蒿的叶)捣碎,去除杂质,制成纤维状的物质。根据加工的程度,艾绒有粗细之分,细艾绒的纤维短,杂质少,可塑性大,可制成较小的艾炷,多用于直接灸法;粗艾绒的纤维长,杂质稍多,制成的艾炷较大,多用于间接灸法。

二、艾灸适用范围

艾灸的适用范围比较广泛,尤其适用于慢性虚弱性及风寒湿邪为患的病证。

Note

（1）艾灸有温经通络、行气活血、祛湿散寒的作用，可用来治疗风寒湿邪为患的病证及气血虚引起的眩晕、贫血、乳少、闭经等。

（2）艾灸有温补中气，回阳固脱的作用，可用于治疗久泄、久痢、遗尿、崩漏、脱肛、阴挺及寒厥等。

（3）艾灸有消瘀散结的作用，对于乳痈初起、瘰疬、疖肿未化脓者，有一定疗效。

（4）常灸关元、气海、足三里等腧穴，可鼓舞人体正气，增强抗病能力，起到防病保健的作用。

（5）隔姜灸有解表散寒、温中止呕的作用，可用于外感表证、虚寒性呕吐、泄泻、腹痛等。

（6）隔蒜灸有清热、解毒、杀虫的作用，可用于治疗疔肿疮疡、毒虫咬伤，对哮喘、脐风、肺痨、瘰疬等也有一定的疗效。

（7）隔附子饼灸有温肾壮阳作用，可用于命门火衰而致的遗精、阳痿、早泄等。

（8）隔盐灸有温中散寒、扶阳固脱的作用，可用于虚寒性呕吐、泄泻、腹痛、虚脱、产后血晕等。

（9）温针灸具有针刺和艾灸的双重作用，一般针刺和艾灸的共同适应证均可运用。

三、艾灸注意事项

（1）施灸时，应注意安全，防止艾绒脱落，烧损皮肤或衣物。

（2）一般先灸上部、胸部，后灸下部、腹部；先灸头身，后灸四肢。但在特殊情况下，需灵活运用，不可拘泥。

（3）实证、热证及阴虚发热、大量出血、中风闭证及肝阳上亢者一般不宜灸；颜面五官和大血管的部位不宜施瘢痕灸；孕妇的腹部和腰骶部不宜灸。

（4）施灸后，局部皮肤出现微红灼热的，属正常现象，无需处理，很快自行消失。若因施灸过量，时间过长，局部出现小水疱，只要不擦破，可任其自然吸收。若水疱较大，可用消毒毫针刺破水疱，放出水液，或用注射器抽出水液，再涂以龙胆紫或医用碘伏，并以纱布包裹。行化脓灸者，灸疱化脓期间，要注意适当休息，保持局部清洁，防止感染，可用敷料保护灸疮，待其自然愈合。

第二节　艾灸操作方法

一、艾炷灸

将纯净的艾绒放在平板上，用手指搓捏成圆锥形状，称为艾炷（图4-2-1）。每燃烧一个艾炷称为一壮。艾炷灸分为直接灸和间接灸两类。

1. 直接灸　将艾炷直接放在皮肤上施灸称直接灸。根据灸后有无烧伤痕，分为瘢痕灸和无瘢痕灸。

（1）无瘢痕灸　先在施灸部位涂抹少量凡士林，将艾炷置于穴位上点燃，当艾炷燃到约2/5患者感到灼痛时，即更换艾炷再灸，一般灸3～7壮，使局部皮肤充血起红晕为度。

（2）瘢痕灸　又称"化脓灸"，施灸前用大蒜捣汁涂敷施灸部位后，放置艾炷施灸。每炷必须燃尽方可继续加炷施灸，一般灸5～10壮。因施灸时疼痛较剧，灸后产生化脓并

留有瘢痕,所以灸前必须征得患者的同意。对施灸中的疼痛,可用手在施灸部周围轻轻拍打,以缓解灼疼。在正常情况下,灸后一周左右,施术部位化脓(称"灸疮"),5～6周后,灸疮自行痊愈,结痂脱落,留下瘢痕。

2. 间接灸 又称隔物灸,即艾炷不直接接触皮肤,而用生姜、盐等物质隔开放在皮肤上施灸的方法。

(1)隔姜灸 用鲜生姜切成约0.5 cm厚的薄片,中间以针刺数孔,置于施术处,上面再放艾炷灸之(图4-2-2),一般每穴灸5～7壮。

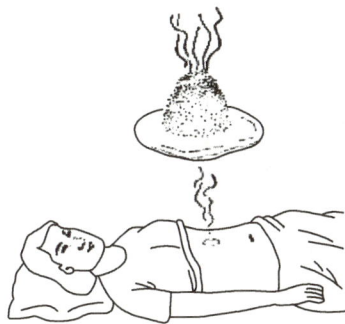

图4-2-1 艾炷　　　　　　图4-2-2 隔姜灸

(2)隔蒜灸 用独头大蒜切成约0.5 cm厚的薄片,中心刺数孔,置于施术处,上面再放艾炷灸之,一般每穴灸5～7壮。

(3)隔盐灸 用食盐填敷于脐部,上置大艾炷连续施灸,至症状改善为止。

(4)隔附子饼灸 用附子粉末和酒,做成硬币大的附子饼,中间用针刺数孔,置于施术处,上面放艾炷灸之,一般每穴灸5～7壮。

二、艾条灸

艾条是取艾绒平铺在质地柔软疏松而又坚韧的桑皮纸上,将其卷成直径约1.5 cm的圆柱形封口而成,也有在艾绒中掺入其他药物粉末的,称药条。艾条灸有悬起灸和实按灸两种。

(一) 悬起灸

将点燃的艾条悬于施灸部位,距皮肤约3 cm,灸15～20 min,至皮肤温热红晕又不烧伤为度,可分为温和灸、雀啄灸、回旋灸。

1. 温和灸 将艾条的一端点燃,对准施灸处,距皮肤2～3 cm进行熏烤,使患者局部有温热感而无灼痛。一般每处灸15 min左右,至皮肤稍起红晕为度。

2. 雀啄灸 艾条燃着的一端,与施灸处不固定距离,而是像鸟雀啄食一样,上下移动来施灸。

3. 回旋灸 艾条燃着的一端,与施灸处保持一定的距离,但位置不固定,而是均匀地向左、右方向移动或反复旋转施灸(图4-2-3)。

图4-2-3 回旋灸

(二) 实按灸

先在施灸部位垫上数层布或纸,点燃艾条一端,趁热按于施灸部位上,使热力透达深部。由于用途不同,艾绒里掺入的药物处方各异,又分为太乙神针、雷火神针等。

三、温针灸

温针灸是针刺与艾灸结合使用的一种方法,适用于既需要留针又必须施灸的疾病,方法是,先针刺得气后,将毫针留在适当深度,再将艾绒捏在针柄上点燃直到艾绒燃完为止,或在针柄上穿置一段长1~2 cm的艾条点燃施灸,使热力通过针身传入体内,达到治疗目的。

四、温灸器灸

图 4-2-4　温灸器

用温灸器施灸的方法叫温灸器灸。温灸器是一种专门用于施灸的金属器具,底部及筒壁有数个小孔,筒壁安有长柄,上部有盖,可随时取下。内部有一小筒,用于装置艾绒和药物(图4-2-4)。操作时,先将艾绒及药物放入温灸器的小筒内点燃,用手持柄将温灸器置于穴位或治疗部位上方来回熨烫,至局部发红为止。

知识链接

大量临床研究表明,艾灸法的治疗作用是通过多方面的综合因素实现的,近年来一些学者从不同角度进行了实验,取得一些进展。如用艾条灸治856名患者,灸感出现率达85%,病情重急的,感传现象也随之减弱与消失,在感传线与感传区域内出现温度上升与痛阈提高,且灸感走向与腧穴位置、疾病部位有关,说明艾灸是通过腧穴经络而起作用的。

（张志明）

能力检测

单选题

1. 不适合艾灸治疗的病证是(　　　)。

A. 胃痛　　　　B. 咳嗽　　　　C. 皮肤溃疡　　　　D. 风湿痹　　　　E. 落枕

2. 隔盐灸适用于下列哪种病证?(　　　)

A. 痢疾　　　　B. 虚脱　　　　C. 感冒　　　　D. 头晕　　　　E. 呕吐

3. 以下适用于隔盐灸的穴位有(　　　)。

A. 神堂　　　　B. 神道　　　　C. 神庭　　　　D. 神阙　　　　E. 神门

4. 瘢痕灸属于(　　　)。

A. 直接灸　　　　B. 间接灸　　　　C. 艾条灸　　　　D. 温针灸　　　　E. 雷火针

5. 在医学专著中,灸法最早见于(　　　)。

A.《内经》　　　　　　B.《难经》　　　　　　C.《针灸甲乙经》

D.《针灸资生经》　　　E.《外台秘要》

6. 下列不属于灸法要素的是(　　　)。

A. 艾灸时患者的体位　　　　　　　　B. 艾条施灸的距离

C. 施灸时间的长短　　　　　　　　　D. 艾炷的大小

E. 施灸的壮数

7. 下列不属于灸法适应证的是(　　　)。

A. 腹泻　　　　B. 遗精　　　　C. 胎位不正　　　　D. 高热　　　　E. 虚脱

8. 隔盐灸的作用是(　　　)。

A. 具有消肿、拔毒、散结、止痛作用,治疗痈、疽、疮等病证

B. 具有温中散寒、止呕解表作用,适用于感冒、呕吐、腹痛、泄泻等病证

C. 具有温肾壮阳作用,适用于各种阳虚证,如阳痿、早泄、遗精等

D. 具有回阳、救逆、固脱作用,适用于急性腹痛、吐泻、痢疾、四肢厥冷和脱证

E. 适用于顽固性疾病者

Note

第五章 拔罐技术

学习目标

学会拔罐技术的操作方法。

熟悉拔罐技术的适用范围和注意事项。

基本具备运用拔罐技术康复治疗常见病的能力。

案例引导

患者,男,45岁,农民。自诉腰痛1个月。患者1个月前因睡觉未盖被而受风寒,之后出现腰痛,逐渐加重,并漫延至整个腰背发紧疼痛,活动不利。自用热水袋外敷可暂时缓解,因拒服西药来诊。舌淡苔薄白,脉浮紧。问题:

1. 中医可用哪些方法康复?

2. 拔罐疗法是否适合该患者?如何操作?

拔罐,是以罐为主要工具,采用燃烧、抽吸、挤压等作用排除罐内空气,使罐体内为负压从而吸附于施术部位的一种中医疗法。

拔罐疗法,古称"角法",这是因为远古时代医家是应用动物的角作为吸拔工具的。目前依据拔罐的方法和罐具的不同又有拔火罐、煮罐、药罐、抽气罐等之分。

第一节 拔罐常识

数字课件 510

一、拔罐准备

（一）术前准备

（1）仔细检查患者,避免禁忌证,根据病情选择合适的拔罐方法。

（2）检查所用物品是否齐全,所用罐具擦拭干净,按次序排列。

（3）对患者说明施术过程,解除患者顾虑和紧张,取得患者配合,增强治疗信心。

（4）术者做好双手清洁消毒。

（5）安排患者体位,既能使患者感到舒适、肌肉放松,又能充分暴露施术部位、方便操

作。常用的体位有如下几种：①仰卧位，适用于在前额、胸腹、上下肢的前面拔罐；②俯卧位，适用于在肩部、腰背部、臀部及上下肢的后面拔罐；③侧卧位，适用于在侧头面部、侧胸、髋及下肢的侧面拔罐；④坐位或俯伏坐位，适用于在项部、肩背部、上肢拔罐。

（二）罐具准备

根据所拔部位面积的大小、患者体质的强弱及病情的需要选择大小和数量合适的竹罐、陶罐、玻璃罐、抽气罐等，也可利用广口瓶和杯子，要求罐口光滑、平整并能与所拔部位相合。各种罐体的结构和特点如下：

1. 竹罐 一般用直径 3～5 cm 坚固无损的竹子，截成 6～8 cm 或 8～10 cm 长的竹管，一端保留竹节做底，另一端做罐口，用刮刀刮去竹管的青皮及内膜，制成形如腰鼓的圆筒，用砂纸磨光，使罐口光滑平正。竹罐的优点是取材容易，经济易制，轻巧，不易摔碎，缺点是容易爆裂漏气，吸附力不大，多适用于煮罐或药罐（图 5-1-1）。

2. 陶罐 用陶土烧制而成，有大有小，罐的两端较小，中间向外凸出，状如瓷鼓，底平，罐口光滑。这种罐的优点是吸力大，缺点是质地较重，容易摔碎损坏，且不透明，不便观察罐内情况，多适用于火罐（图 5-1-2）。

图 5-1-1 竹罐

图 5-1-2 陶罐

3. 玻璃罐 在陶制罐的基础上，改用玻璃加工而成，其形如球状，罐口平滑，分大、中、小三种型号。其优点是质地透明，使用时可直接观察罐内局部皮肤的变化，便于掌握时间，临床应用较为普遍，其缺点是易摔碎、易损坏，多适用于火罐、刺络放血拔罐、走罐等（图 5-1-3）。

4. 抽气罐 用透明塑料制成，有大、中、小等不同型号，上面加置活塞，便于抽气。主要特点是罐体透明，不易破碎，罐内负压可根据患者的体质和病情随意调整，易于观察罐内皮肤变化，便于掌握拔罐时间，适用于抽气拔罐（图 5-1-4）。

图 5-1-3 玻璃罐

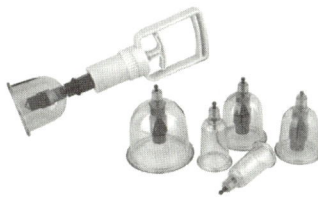

图 5-1-4 抽气罐

（三）其他物品的准备

拔罐方法不同，所需物品亦有不同。

1. 火罐所需物品 大、中、小不同型号的玻璃罐或陶罐若干，95％的酒精棉球、点火工具（打火机或火柴）、长柄镊子或止血钳。

2. 水罐所需物品 竹罐若干、相应药物(依据病证选择所需药物)、大号镊子、煎药锅具、消毒毛巾。

3. 抽气罐所需物品 抽气罐若干、抽气枪、连接导管。

二、拔罐适用范围

拔罐可以对施术部位产生温热刺激并造成局部充血、瘀血等现象,具有通经活络、行气活血、消肿止痛、祛风散寒等作用,可以防病治病、强身健体。其适应范围较为广泛,如风湿痹痛、各种神经麻痹以及一些急慢性疼痛如腹痛、背腰痛、痛经、头痛,还可用于感冒、咳嗽、哮喘、消化不良、胃脘痛、眩晕等。此外,丹毒、红丝疔、毒蛇咬伤、疮疡初起未溃等外科疾病亦可用拔罐法。

三、拔罐注意事项

(1)拔罐时要选择适当的体位和肌肉丰满的部位。体位不当或移动,骨骼凸凹不平、毛发较多的部位,不可拔罐。

(2)皮肤过敏、溃疡、水肿者,及大血管分布部位,不宜拔罐。高热抽搐者,以及孕妇的腹部、腰骶部,亦不宜拔罐。

(3)精神紧张、饭后半小时内或饥饿疲劳时不宜拔罐,在拔罐前半小时内禁止吸烟、喝酒,以避免晕罐。

(4)拔罐时要根据所拔部位的面积大小选择大小适宜的罐。操作时必须迅速,才能使罐拔紧,吸附有力。

(5)当气候寒冷时,为避免罐体的冷感,拔罐前可先将罐放在火上熏烤,使罐不再寒凉,温度与体温相当即可。

(6)当施术部位需要同时拔多个罐时,罐和罐之间的距离一般不超过 3 cm。

(7)拔罐过程中应密切观察患者反应并及时询问患者感受,若有不适应及时处理。当罐的吸附力过大造成疼痛时应按起罐方式稍稍让空气进入罐体,以减少吸力;如罐体吸力不足,可起罐后重新再拔。

(8)用火罐时应注意勿灼伤或烫伤皮肤。当烫伤或留罐时间太长而皮肤起水疱时,小的无须处理,仅敷以消毒纱布,防止擦破即可。水疱较大时,可用消毒针将水疱刺破放出水液,涂以医用碘伏或龙胆紫药水,或用消毒纱布包敷,以防感染。

(9)刺络放血拔罐时注意无菌操作。施术部位、罐体、罐口及所需针具等都需进行消毒处理,留罐时注意观察罐内出血情况和患者反应,防止晕罐。

(10)拔罐次数一般一日或隔日一次,10 次为 1 个疗程,1 个疗程结束后可以休息3~5天,特殊的罐法应根据具体情况而定。

第二节 拔罐操作方法

一、拔罐方法

依据使罐内产生负压的方法不同,拔罐方法分为火罐法、水罐法、抽气罐法。

1. 火罐法 利用燃烧时火的热力排出罐内空气,形成负压,将罐吸在皮肤上。具体

操作有以下几种。

（1）闪火法　用镊子或止血钳夹持 95％ 的酒精棉球，点燃后在罐内中下部绕 1～2 圈后迅速抽出，并立即将罐扣在应拔的部位上。

这种方法比较安全，是常用的拔罐方法，但须注意的是点燃的酒精棉球不可在罐口长时间停留，以免将罐口烧热，烫伤皮肤。

（2）投火法　把 95％ 的酒精棉球燃着后投入罐内，趁火最旺时，迅速将火罐扣在应拔的部位上。

这种方法吸附力强，但由于罐内有燃烧物质，火球落下很容易烫伤皮肤，故宜在侧面横拔。

（3）贴棉法　用略浸 95％ 酒精的棉球压平贴在罐内壁的中、下部或罐底，用火柴点燃后，将罐子迅速扣在选定的部位上。

这种方法须注意棉球的酒精含量不宜过多，否则燃烧的酒精滴下时，容易烫伤皮肤。

2. 水罐法　此法一般适用于竹罐，将竹罐倒置在沸水或药液之中，煮沸 1～2 min，然后用镊子夹住罐底，倒出液体，甩去水液，用湿润的消毒毛巾迅速冷却罐口后立即按在应拔部位上，即能吸住。这种方法所用的药液，可根据病情决定。

3. 抽气罐法　先将大小合适的抽气罐紧扣在应拔部位上，用连接导管连接抽气枪和罐底活塞，抽出空气，使罐内产生负压，即能吸住。

二、拔罐运用

1. 留罐　又称坐罐，即拔罐后将罐子吸拔留置于施术部位 10～15 min，当施术部位的皮肤充血、瘀血时，将罐起下。若罐大吸拔力强，可适当缩短留罐时间，以免起疱。此法是一种常用的方法，一般疾病均可使用，而且单罐、多罐皆可使用。

2. 走罐　又称推罐，一般用于面积较大、肌肉丰厚的部位，如腰背部、大腿部等。可选用口径较大的罐，最好用玻璃罐，罐口要平滑，先在罐口或欲拔罐部位涂一些凡士林油膏或甘油等润滑剂，再将罐吸拔在相应部位，然后用手握住罐体，上下往返推移。直至相应部位皮肤潮红、充血甚至瘀血时起罐。

3. 闪罐　将罐拔住后，又立即取下，再迅速拔住，如此反复多次地拔上起下，起下再拔，直至皮肤潮红为度。

4. 针罐　将针刺和拔罐结合使用的一种方法。先将毫针刺入相应腧穴，得气后留针，再以针为中心点，将火罐拔上，留置 10～15 min，然后起罐起针。

5. 刺络拔罐　在应拔罐部位的皮肤消毒后，先用三棱针点刺出血或用皮肤针叩刺，然后将火罐吸拔于点刺的部位上，使之出血，以加强刺血治疗的效果。一般针后拔罐留罐时间为 10 min 左右，亦可观察罐内出血情况，及时起罐。

三、起罐

起罐时一般先用左手抓住火罐，略微向上提起，右手拇指或食指按压罐口边缘的皮肤，使空气进入罐内，即可将罐取下。起罐时切不可强行上提或旋转提拔，以免损伤皮肤。

四、罐后反应及处理

1. 正常反应　拔罐后施术部位会留有因负压吸附作用产生的印痕，局部组织可隆起于周围皮肤，患者可能会有局部发胀、牵拉、发紧，或有热感或凉感，抑或有舒适之感，一

般不需特殊处理,对局部酸胀感明显者可以对施术部位少施按摩。正常罐印一般多为潮红色,或有紫红色皮疹点,一般3~7天后会自然消退,若罐中烫伤或罐后起水疱等可参照注意事项进行处理。

2. 病理反应 拔罐后罐印的色泽、状态可以反映病情病性。若罐印显水疱、水肿或水气状,多代表湿盛或寒湿;若罐印水气为黄色多代表湿热;若罐印色深紫多代表血瘀;若罐印有痒感或出现皮纹多代表风邪;若罐印无皮色变化,触之不温多为虚寒;若罐印色深紫黑,伴身热,多为热毒瘀结。

3. 晕罐 晕罐是拔罐过程中出现的特殊情况,与晕针有相似之处,虽较少发生但亦当注意。

(1)晕罐的症状 拔罐时若患者出现头晕目眩、面色苍白、恶心呕吐、呼吸急促、心慌心悸、四肢发凉或冷汗淋漓、血压降低、神志不清,扑倒在地脉微欲绝等表现为晕罐。

(2)晕罐的原因 一般患者过度紧张时,或空腹饥饿状态,或过度疲劳,或体质极度虚弱时容易晕罐;另外医者手法过重,刺激强度过大,拔罐时间过长等亦可引起晕罐。

(3)晕罐的处理 晕罐发生后应立即起罐,使患者平卧,注意保暖,轻者服温开水或糖水即可迅速恢复正常;重者应根据患者具体情况及时采取相应急救措施。

(4)晕罐的预防 术者应掌握熟练的拔罐技巧,防止手法过重或操作不当;拔罐前应做好说明和解释工作,消除患者顾虑和紧张情绪;拔罐时应仔细询问和观察患者,避免在不当的身体状态下拔罐,若发现异常反应应立即停止拔罐。

(崔剑平)

第六章 刮痧技术

数字课件 600

学习目标

学会刮痧技术的操作方法。

熟悉刮痧技术的适应范围及注意事项。

基本具备运用刮痧技术康复治疗常见病的能力。

刮痧疗法历史悠久,是我国民间流传的一种古老的自然疗法,是用铜钱、硬币、瓷汤匙等边缘较钝的工具,在患者的体表皮肤上反复刮拭摩擦,以达到防治疾病、强身健体目的的一种方法。现代刮痧疗法是运用表面光滑的多功能牛角、玉石、木鱼石刮痧板,按照配穴原则,选择相应的经脉、腧穴,涂以特制的刮痧润滑剂进行刮痧操作。

第一节 刮痧常识

一、刮痧准备

(一)核对与安抚患者

核对患者姓名,了解病情与诊断,介绍并解释施术过程,消除患者恐惧心理,取得患者配合。

(二)选择体位

根据患者的病情,确定施术部位。根据施术部位采取舒适的体位,暴露施术部位。刮痧施术时,体位的选择应以术者能够正确取穴和施术方便、患者感到舒适自然并能持久配合为原则,常用的体位有以下几种。

1. **仰卧位** 适用于胸腹部、头部、面部、颈部、四肢前侧刮痧。
2. **俯卧位** 适用于头、颈、肩、背、腰、四肢后侧刮痧。
3. **侧卧位** 适用于侧头部,面颊一侧,颈项和侧腹、侧胸以及上下肢侧刮痧。
4. **仰靠坐位** 适用于前头、颜面、颈前和上胸部刮痧。
5. **俯伏坐位** 适用于头顶、后头、项背部刮痧。
6. **侧伏坐位** 适用于侧头、面颊、颈侧、耳部刮痧。

(三)选择刮痧器具与介质

目前比较常用的刮痧器具为刮痧板、刮痧介质为润滑剂。刮痧板有木制、竹制、石

Note

制、动物角质或仿动物角质,要求板面洁净,棱角光滑(图 6-1-1)。

图 6-1-1　刮痧器具

润滑剂多选用红花油、液状石蜡、麻油或刮痧专用的活血剂。使用前应仔细检查刮痧板边缘是否光滑、边角是否钝圆、厚薄是否适中及有无裂纹及粗糙,以免刮伤皮肤。

（四）选穴

选准穴位或经络、皮部,因刮痧的面积宽,不至于像针灸时要求的那么严,而是经、穴不离面,在其中即可。

（五）消毒

刮痧治疗前必须严格消毒,包括刮痧用具消毒、术者手指和施术部位消毒。

施术部位用热毛巾擦洗干净,再进行常规消毒。刮具要用 1：100 新洁尔灭溶液或 75％酒精严格消毒,防止交叉感染。术者须事先将手用肥皂水洗刷干净,再用 75％酒精棉球擦拭消毒,然后方可刮痧施术。

二、刮痧适用范围

刮痧技术应用广泛,适用于内、外、妇、儿、五官等各科疾病的治疗以及防病强身。

刮痧对颈椎病、肩周炎、腰腿痛、关节炎、腰扭伤等疼痛性疾病治疗效果良好,对高血压、糖尿病、哮喘、中风偏瘫等慢性病有辅助治疗作用,对牛皮癣、不孕不育、类风湿等一些疑难杂病也有一定的效果,还可以用于中暑、心绞痛等。刮痧还有增智、增高、增加食欲,预防和治疗近视,调理脏腑,延年益寿,养颜美容的功效。

三、刮痧注意事项

（1）有出血倾向的疾病忌用或慎用;非正常皮肤部位慎用;妇女、儿童及年老体弱者,妇女经期下腹部,女性面部等处,刮拭手法宜轻,用补法,忌用大面积泻法刮拭;孕妇下腹部、腰骶部及三阴交、合谷等穴位禁刮。

（2）过饥、过饱、疲劳时不宜刮痧;对刮痧恐惧或过敏者,慎用或忌用刮痧。

（3）刮痧时需暴露皮肤,且刮痧时皮肤汗孔开泄,故需避风寒,防生他变。刮痧前后可适量饮温开水,有助于补充津液及排毒。需待皮肤毛孔闭合恢复原状后,方可洗浴,以避风寒侵袭。

（4）刮拭手法要用力均匀,以患者能耐受为度,达到出痧为止,但不可一味追求出痧而用重手法或延长刮痧时间。出痧多少受多方面因素影响,一般痧证、实证、热证出痧多;虚证、寒证出痧少;服药过多者,特别是服用激素类药物者不易出痧;肥胖与肌肉丰满者不易出痧;阴经较阳经不易出痧;室温低时不易出痧。

（5）刮拭时,术者要精神专注,随时观察患者神色,经常询问患者有无不适感。

第二节　刮痧操作方法

一、刮痧基本手法

（一）持板方式与角度

右手持刮痧板（治疗时,刮板厚的一边朝手掌;保健时,刮板薄的一边对手掌）,刮痧板一般与皮肤之间角度以 45°～90°为宜,刮板倾斜与刮拭方向一致,不可成推、削之势。灵活运用腕力、臂力,用力要均匀,适中,由轻渐重,压力要深透深层组织,以患者能耐受为度,不可忽轻忽重,忌用蛮力。刮拭面要尽量拉长距离,如背部每条 6～15 cm。

（二）不同部位的刮痧手法和顺序

1. 刮痧方法　不同部位采用不同的刮痧方法,常用的刮痧方法有平刮、竖刮、斜刮、角刮。

（1）平刮　用刮板的平边,着力于施术部位,按一定方向进行较大面积的平行刮拭。

（2）竖刮　用刮板的平边,着力于施术部位上,方向为竖直上下而进行的大面积刮拭。

（3）斜刮　用刮板的平边,着力于施术部位上,进行斜向刮拭。适用于人体某些部位,不能进行平刮、竖刮的情况下采用的操作手法。

（4）角刮　用刮板的棱角和边角,着力于施术部位上,进行较小面积或沟、窝、凹陷地方的刮拭,如鼻沟、耳屏、神阙、听宫、听会、肘窝、关节等处。

2. 刮痧顺序　整体刮拭的顺序是自上而下,先头部、颈、背腰部或胸腹部,后四肢,背腰部及胸腹部可根据病情决定刮拭的先后顺序。每个部位一般先刮阳经,再刮阴经,先刮拭身体左侧,再刮拭身体右侧。

（三）刮痧补泻

刮痧疗法同针治疗法一样,分为补法、泻法和平补平泻法。刮痧疗法的补泻作用,取决于刮拭操作力量的轻重、速度的急缓、时间的长短及刮拭方向等诸多因素。

1. 刮拭力量、速度与时间　刮拭按压力小,速度慢,刺激时间较长的为补法,适用于年老、体弱、久病、重病或体形瘦弱的虚证患者。刮拭按压力大,刮拭速度快,刺激时间较短的为泻法,适用于年轻体壮、新病、急病、形体壮实的患者。平补平泻法介于补法和泻法之间,有三种刮拭方法:第一种,按压力大,刮拭速度慢;第二种,按压力小,刮拭速度快;第三种,按压力中等,速度适中。此法常用于正常人保健或虚实兼见的治疗。

2. 刮拭的方向　顺经脉循行方向者为补法;逆经脉循行方向者为泻法。

3. 其他因素　选择痧痕点个数少者为补法,选择痧痕点数量多者为泻法。

4. 附注　刮痧后加温灸者为补法;刮痧后加拔罐者为泻法。

二、刮痧方法

1. 直接刮法　在施术部位涂上刮痧介质（刮痧润滑剂）,然后用刮痧工具直接接触患者皮肤,在体表的特定部位反复进行刮拭,至皮下呈现痧痕为止。具体操作是患者取坐

位或俯伏位,术者用热毛巾擦洗患者被刮部位的皮肤,进行常规消毒,再均匀地涂上刮痧介质,然后持刮痧工具,在刮拭部位进行刮拭,以刮出出血点为止。

2. 间接刮法 先在患者将要刮拭的部位放一层薄布,然后再用刮拭工具在布上刮拭。此法可保护皮肤,适用于儿童、年老体弱及某些皮肤病患者。

3. 揪痧法 术者五指屈曲,用食、中两指的第二指节夹住搓痧部位并提起,反复进行,发出"巴巴"声响,直至皮肤出现红紫痕。特点是用力较重,有明显痛感。

4. 拍痧法 术者五指并拢成勺状或借助工具,在肌肉丰满或关节部位适度用力、反复拍打直至出"痧"。

三、刮痧后的反应

一般刮拭数分钟,凡有病源之处,其体表受刮拭皮肤会出现痧痕。有痛感无痧痕则无病灶。一般刮拭后半小时左右,皮肤表面的痧点会逐渐融合成片,刮痧后24～48 h出痧表面的皮肤触摸时有疼痛、发痒、虫行感或自觉局部皮肤有微微发热,这些都属于正常反应。痧痕一般3～7天后才会消失。

四、人体各部位刮拭方法

(一)头部

头部有头发覆盖,必须在头发上面用刮板刮拭,不必涂刮痧润滑剂。为增强刮拭效果可使用刮板边缘或刮板角部刮拭。术者一手扶患者头部,以保持头部稳定,采用平补平泻法,每个部位刮30次左右,刮至头皮发热为宜。

1. 循行路线

(1)刮拭头部两侧 从头部两侧太阳穴开始至风池穴,经过头维、颔厌等穴位(图6-2-1)。

(2)刮拭前头部 从百会经囟会、前顶、通天、上星至头临泣(图6-2-2)。

(3)刮拭后头部 从百会经后顶、脑户、风府至哑门(图6-2-3)。

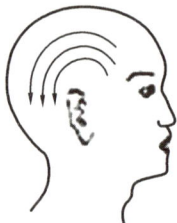

图 6-2-1 头部两侧刮痧　　图 6-2-2 前头部刮痧　　图 6-2-3 后头部刮痧

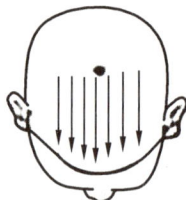

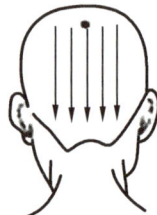

图 6-2-4 全头部刮痧

(4)刮拭全头部 以百会为中心,呈放射状向全头发际处刮拭,经过全头穴位和运动区、语言区、感觉区等(图6-2-4)。

2. 适应证 头部刮拭有改善头部血液循环,疏通全身阳气的作用,可预防和治疗中风及中风后遗症、头痛、脱发、失眠、感冒等病证。

（二）面部

面部出痧影响美观，因此面部刮拭手法要轻柔，以不出痧为度，面部不需涂抹刮痧润滑剂（亦可依据皮肤性质，选择适宜的刮痧介质），通常用补法，忌用重力大面积刮拭，方向由内向外按肌肉走向刮拭，每天一次（图6-2-5）。

1. 循行路线

（1）刮拭前额部　从前额正中线分开，经鱼腰、丝竹空朝两侧刮拭。

（2）刮拭两颧部　由内侧经承泣、四白、下关、听宫、耳门等。

图 6-2-5　面部刮痧

（3）刮拭下颌部　以承浆为中心，经地仓、大迎、颊车等。

2. 适应证　面部刮拭有养颜祛斑美容的功效，主治颜面五官病，如眼病、鼻病、耳病、面瘫、雀斑、痤疮等。

（三）颈项部

颈后高骨下为大椎穴，用力要轻柔，用补法，不可用力过重，可用刮板棱角刮拭，以出痧为度。肩部肌肉丰富，用力宜重些，从风池穴一直到肩髃穴，应一次到位，中间不要停顿，一般用平补平泻手法。

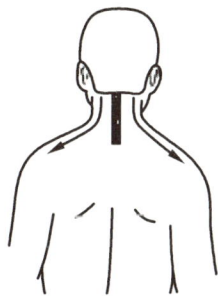

图 6-2-6　颈项部刮痧

1. 循行路线

（1）刮拭督脉颈项部位　从哑门刮到大椎（图6-2-6）。

（2）刮拭项部两侧到肩　从风池开始经肩井、巨骨至肩髃（图6-2-6）。

2. 适应证　人体颈部有六条阳经通过，其中精髓直接通过督脉灌输于脑，颈项部是必经之路，所以经常刮拭颈项部，具有育阴潜阳、补益人体正气、防治疾病的作用，可主治颈、项病变，如颈椎病、感冒、头痛、近视、咽炎等证。

（四）背部

背部由上向下刮拭，一般先刮后背正中线的督脉，再刮两侧的膀胱经脉和夹脊穴。背部正中线刮拭时手法应轻柔，用补法，不可用力过大，以免伤及脊椎，可用刮板棱角点按棘突之间。背部两侧可视患者体质、病情选用补泻手法，用力要均匀，中间不要停顿。

1. 循行路线　刮督脉和足太阳膀胱经及夹脊穴，从大椎刮至长强。足太阳膀胱经位于后正中线旁开 1.5 寸和 3 寸处。夹脊穴位于后正中线旁开 0.5 寸（图6-2-7）。

2. 适应证　刮拭背部可以治疗全身五脏六腑的病证。刮拭胆俞可治疗黄疸、胆囊炎、胆道蛔虫、急慢性肝炎等；刮拭大肠俞可以治疗肠鸣、泄泻、便秘、脱肛、痢疾、肠痈等。背部刮痧还有助于诊断疾病。若刮拭心俞部位出现压痛或明显出痧斑时，则提示心脏有病变或预示心脏即将出现问题，其他穴位类推。

（五）胸部

刮拭胸部正中线用力要轻柔，不可用力过大，宜用平补平泻法；两侧用刮板棱角沿肋间隙刮拭。乳头处禁刮。

1. 循行路线

（1）刮拭胸部正中线　从天突穴经膻中穴向下刮至鸠尾穴，用刮板角部自上而下刮

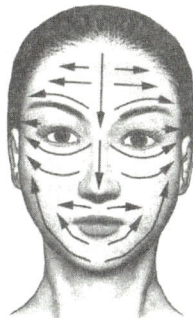

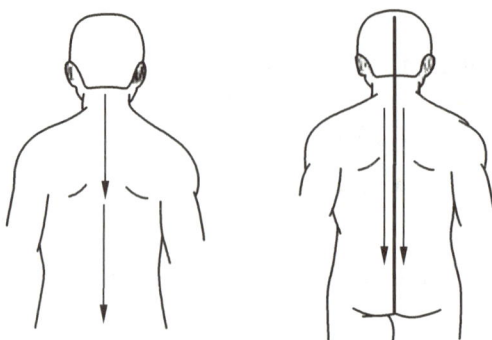

图 6-2-7　背部刮痧

拭(图 6-2-8)。

（2）刮拭胸部两侧　从正中线由内向外刮,先左后右,用刮板整个边缘由内向外沿肋骨走向刮拭,中府穴处宜用刮板角部从上向下刮拭(图 6-2-8)。

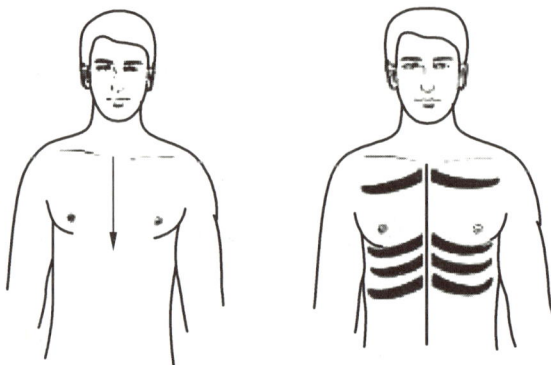

图 6-2-8　胸部刮痧

2. 适应证　胸部主要有心肺二脏,故刮拭胸部,主治心、肺疾病,如冠心病、慢性支气管炎、支气管哮喘、肺气肿等。另外,可预防和治疗妇女乳腺炎、乳腺癌等。

（六）腹部

空腹或饱餐后禁刮,急腹症忌刮,神阙穴禁刮。

1. 循行路线

（1）刮拭腹部正中线　从鸠尾经中脘、关元刮至曲骨(图 6-2-9)。

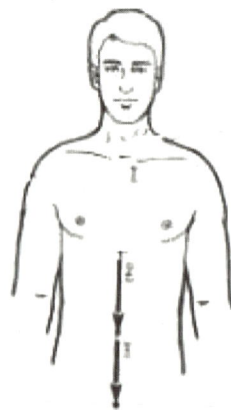

（2）刮拭腹部两侧　从幽门刮至日月。

2. 适应证　腹部有肝胆、脾胃、膀胱、肾、大肠、小肠等脏腑,故刮拭腹部可治疗以上脏腑病变,如胆囊炎、慢性肝炎、胃及十二指肠溃疡、呕吐、胃痛、慢性肾炎、前列腺炎、便秘、泄泻、月经不调、不孕症等。

（七）四肢

刮拭四肢时,遇关节部位不可强力重刮。对下肢静脉曲张、水肿应从下向上刮拭。皮肤如有感染、破溃、痣瘤等,刮拭时应避开。急性骨关节创伤、挫伤之处不宜刮痧,但在康复阶段做保健刮痧可提前康复。

图 6-2-9　腹部刮痧

1. 循行路线

（1）刮拭上肢外侧部 由上向下刮，在肘关节处可作停顿或分段刮至外关（图6-2-10）。

（2）刮拭上肢内侧部 由上向下刮，尺泽穴可重刮（图6-2-10）。

（3）刮拭下肢前面 从上向下刮，从伏兔至梁丘，由足三里至下巨虚（图6-2-11）。

（4）刮拭下肢外侧部 从上向下刮，从环跳至膝阳关，由阳陵泉至悬钟（图6-2-11）。

（5）刮拭下肢后面 从上向下刮，经承扶至委中，由委中至跗阳，委中穴可重刮（图6-2-11）。

（6）刮拭下肢内侧部 从上向下经过足太阴脾经、足厥阴肝经和足少阴肾经刮拭（图6-2-11）。

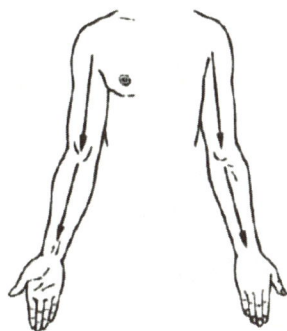

图 6-2-10 上肢刮痧   图 6-2-11 下肢刮痧

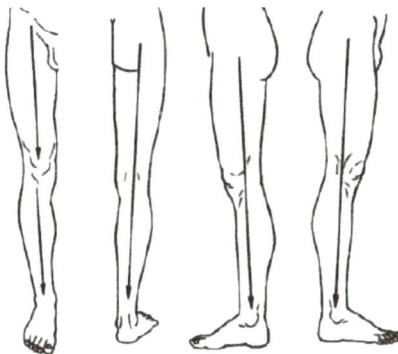

2. 适应证 四肢刮痧可主治全身病证，如刮拭手少阴心经主治心脏疾病。刮拭足阳明胃经主治消化系统疾病。刮拭四肢肘膝以下五输穴可主治全身疾病。

（八）膝部

膝关节结构复杂，刮痧时宜用刮板棱角刮拭，以便掌握刮痧正确的部位、方向，避免损伤关节。刮拭关节动作应轻柔。膝关节内积水者，局部不宜刮，可取远端穴位刮拭。膝关节后方及下端刮痧时易起痧疱，起疱时应轻刮，如遇曲张的静脉可改变方向，由下向上刮。

1. 循行路线

（1）刮拭膝眼 刮拭前先用刮板的棱角点按膝眼（图6-2-12）。

（2）刮拭膝关节前部 膝关节以上部分从伏兔刮至梁丘，膝关节以下部分从犊鼻刮至足三里（图6-2-12）。

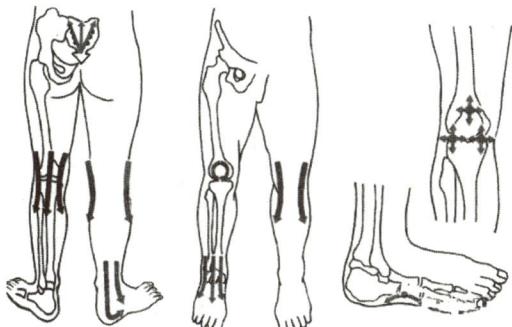

图 6-2-12 膝部刮痧

（3）刮拭膝关节内侧部　从血海穴刮至阴陵泉（图 6-2-12）。

（4）刮拭膝关节外侧部　从膝阳关刮至阳陵泉（图 6-2-12）。

（5）刮拭膝关节后部　委中穴可重刮（图 6-2-12）。

2. 适应证　主治膝关节的病变，如风湿性关节炎、膝关节韧带损伤、肌腱劳损等。另外对腰背部疾病、胃肠疾病有一定的治疗作用。

（九）踝部

踝部有足三阴、足三阳经循行，对治疗腰痛，膝、踝部病疗效颇佳。

1. 循行路线　由足三阴经、足三阳经及经外奇穴在踝关节周围的 18 个穴组成，从踝上悬钟、三阴交处起板，向下刮至足背、足跟一周处（图 6-2-13）。

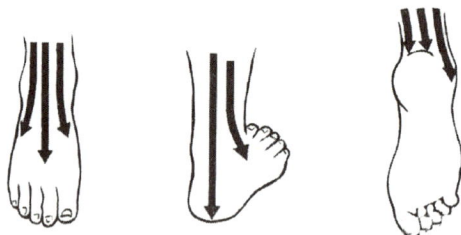

图 6-2-13　踝部刮痧

2. 适应证　对踝关节周围病痛有一定的疗效。踝部及足背部极易扭、挫伤，必须在明确诊断、无骨折时方可行轻手法刮拭。

（范秀英）

第七章　中药外治技术

🔵➕ **学 习 目 标**

学会常用中药贴敷、热熨、熏洗等外治技术的操作方法。

熟悉常用外治技术的适应范围及注意事项。

基本具备运用贴敷、热熨、熏洗等外治技术康复治疗常见病的能力。

第一节　穴位贴敷技术

数字课件 710

穴位贴敷，是中医药外治的常用技术之一。以中医经络、腧穴理论为指导，将中药打粉后以水、酒、醋、植物油等溶剂进行混合；或将药粉做成膏、丸、饼等剂型，贴敷于特定腧穴以预防或治疗疾病的方法。

一、穴位贴敷常识

（一）用物准备

1. 药物准备　由于穴位贴敷在用药选择方面有较强灵活性，在药物准备时首先应注意辨证，或根据治疗需求选择适宜的药物配伍。如：治疗外感疾病，应选择解表药配伍；治疗风湿类疾病，应选择祛风湿药配伍；治疗跌打损伤类疾病或瘀证，应选择活血类药物配伍。

在辨证配伍的基础上，还应根据患者体质、年龄等特点进行配伍调整，选择适宜的药物配方，要注意避免选择容易引起皮肤过敏等副作用的药物。例如，白芥子是常用的贴敷药物，具有辛温及加强渗透效果的作用，但也容易引起皮肤发疱及过敏，如果贴敷的目的不要求发泡，则应慎重选用。

2. 赋形剂准备　赋形剂也可称为辅料或溶剂。实际应用中可根据不同的治疗或使用目的灵活选择赋形剂。常用的贴敷，直接使用适量热水将药粉调为糊状即可使用；需要加强药物透皮效果的，可使用酒、醋、油脂等赋形剂与药粉进行混合使用；需要药物能保存一段时间的，可选择加入一定数量的防腐剂，但应注意，所加的防腐剂不能影响药效，不会对皮肤产生强烈刺激。

3. 其他物品准备

（1）除药粉、赋形剂等物品外，还应准备棉布或面积能够覆盖腧穴的医用橡皮膏作为贴敷的载体。

Note

173

（2）贴敷前应准备热水或开水以便能够充分调制药粉；还应准备小型刮铲以方便调制药糊。

（3）可准备药物奄包、中频治疗仪、特定电磁波治疗仪等热疗设备，在贴敷后配合使用以加强疗效。

（二）适用范围

1. 内科疾病 感冒、咳嗽、哮喘、呕吐、泄泻、便秘、失眠、头痛、遗精等。

2. 外科疾病 跌打损伤、扭挫伤、颈椎病、腰椎病、痹证、痿证等。

3. 妇科疾病 月经不调、妇科慢性炎症、崩漏、痛经等。

4. 儿科疾病 小儿感冒、咳嗽、哮喘、惊风、小儿积滞、遗尿、夜啼等。

5. 附注 对于不适合使用药物内服且能够接受贴敷的患者，均可选用穴位贴敷治疗；对于有预防疾病诉求的人群，在没有禁忌证的情况下，也可选择穴位贴敷作为保健方法。

（三）注意事项

（1）为取得较佳疗效，进行穴位贴敷前应对患者进行认真辨证，选择适宜的腧穴及腧穴配伍。

（2）严重高血压者、心律不齐者、糖尿病者血糖控制不理想时期、孕妇、月经期女性，要慎用；皮肤有破损或皮肤病者、刚发生骨折的患者，局部慎用。

（3）皮肤过敏最为常见，故对已知药物成分过敏或对橡皮膏过敏者禁用局部贴敷；一旦发现皮肤过敏现象，应立即停止贴敷，清除皮肤表面附着的药渣等残留物；对于皮肤受损的情况，应根据受损程度采取不同处理措施。

（4）皮肤起疱患者，若水疱如米粒大，可不做特殊处理，尽量不擦破，待其自然吸收即可；若水疱较大，可挑破水疱，彻底排出水液后，对皮肤进行消毒处理，最后以无菌纱布覆盖，防止感染。

（5）有特殊情况需采用类似化脓灸等治疗方法的，应对化脓部位进行妥善处理。

二、穴位贴敷操作方法

（一）腧穴选择

可根据患者具体病情或使用需要进行选穴。主要的选穴原则有如下几种。

（1）局部取穴：在病变部位的局部或邻近范围选取穴位进行贴敷。

（2）远部取穴：在距离病变部位较远的地方选取穴位进行贴敷。

（3）辨证取穴：根据疾病的证候特点，分析病因病机、辨证选取穴位贴敷。

（4）随症取穴：针对个别突出的症状或疾病的特殊症状选取腧穴贴敷治疗。

（5）还可选取常用的保健穴进行贴敷以达到保健目的。

（二）贴敷方法

1. 贴法 本操作适用于针对单个或多个腧穴的贴敷。以较为常用的热水调药粉贴敷为例进行操作流程介绍。

（1）对患者进行辨病辨证，分析患者病情及身体状况，确认患者适宜进行穴位贴敷治疗，并确定所选腧穴。选择贴敷的腧穴可一侧或双侧，可选择一个或数个腧穴进行贴敷。

（2）选择温度适宜、光线充足、能够保障患者隐私的治疗环境，与患者沟通，取得患者理解及配合后进行操作。

（3）准备好纱布或方形、圆形橡皮膏作为药糊载体，大小可根据贴敷部位适当调整；也可选择部分商家已制备好的尺寸适宜的穴位贴，敷入药糊即可使用。

（4）根据患者证型，提前准备好中药并打粉；取开水或热水冲入药粉，搅拌为糊状备用。水与药粉的比例以能够将药粉调为稠糊状为宜。

（5）使用刮铲将药糊拓至纱布、橡皮膏或穴位贴内，数量以能够被纱布、橡皮膏或穴位贴完全包裹、不会溢出为宜；如选用开水调药，则应注意温度应降至不引起烫伤为宜。

（6）嘱患者充分暴露贴敷部位，准备贴敷。若贴敷部位有汗渍或其他污物，应以酒精棉球彻底清除污物后再行贴敷。

（7）将带有药糊的纱布、橡皮膏或穴位贴粘贴至所选腧穴皮肤表面，注意药糊要对准腧穴范围，纱布、橡皮膏或穴位粘贴过程中避免产生皱褶。

（8）贴敷完毕后，嘱患者留观 20 min 左右，确认患者无皮肤过敏等异常状况后方可同意患者离开；如出现异常情况应立即采取适宜的处理措施。

2. 敷法　此法适用于病变范围较大部位的操作，如腰部、肩背部等。仍以热水调药粉贴敷为例介绍操作流程。

（1）各项准备工作完成后，选择 1～2 层无菌纱布作为载体准备药糊。注意纱布的大小应根据操作部位进行调整，以能够完全覆盖治疗部位为宜。

（2）将调制好的敷稠的药糊拓于纱布之上，用纱布将药糊完全包裹后置于患处进行药物热敷治疗。

（3）如药包放置不稳，可用弹力绷带进行辅助固定，另可在药包外部贴敷中频治疗仪等仪器的电极片进行配合治疗以加强药物离子的渗透吸收。

（4）贴敷治疗整个过程以及治疗后均应关注患者是否出现异常情况并及时妥善处理。

3. 填法　此法适用于体表凹陷部位的贴敷治疗。药品调制过程同贴法及敷法。由于操作部位易于容纳药糊，在准备阶段，除使用热水外，还可灵活选择酒、油膏介质作为赋形剂。在治疗结束后应彻底清除治疗部位残留的药渣。

4. 熨贴法　此法适用于病变范围较大部位的治疗。选择本法治疗，不必将药物制成较细碎的药粉，可直接将药物置于布袋内一同煎煮，当药物成分析出时，挤去多余药液，将温热的药袋置于病变部位熨贴即可。除制作药袋外，还可根据需要选用药膏熨、盐熨、生姜熨、蛋熨等熨贴方法。

以上贴敷方法除单独使用外，若需要加强贴敷效果或需要配合热疗的，可选用特定电磁波治疗仪、中频治疗仪等热疗仪进行配合治疗。

（三）贴敷时间

（1）要对单个或数个腧穴进行贴敷的，在确保贴敷稳固的情况下，可留置贴膏 12 h。两次贴敷时间间隔约 12 h，为皮肤的休整留出适当时间，且方便记忆去除贴敷及下次贴敷的时间。

（2）要在治疗室选用药包等贴敷方式的患者，贴敷时间约半小时，或以患者汗出为度，或根据患者耐受程度调整贴敷治疗时间。

（3）患者皮肤未出现异常改变的，可每日或隔日进行贴敷治疗，一般 7～10 次贴敷治疗为 1 个治疗周期。

（4）以保健或特殊需求为目的的贴敷，可配合节气进行贴敷，如"三伏贴"，但应注意预防虚火上炎等情况。

（四）贴敷反应及处理

可参照注意事项相关内容进行处理。若患者出现恶心、呕吐等特殊情况，应根据异常反应的程度采取相应处理措施，如嘱患者半卧或平卧观察，让患者口服糖水等；极少数患者可能会出现昏迷甚至休克，应及时联系急诊科进行急救处理。

（李继峰）

数字课件 720

第二节　中药热熨技术

中药热熨技术是用一些中草药或者其他传热的物体，加热后用布包好，放在人体局部或穴位上，做来回往返或旋转的移动，利用温度使药性通过体表透入血脉、经络，从而达到温经通络、行气活血、散寒止痛、祛瘀消肿作用的一种外治技术。该法广泛应用于临床，因操作简单，取材方便，安全有效，得到广泛推广。

一、中药热熨常识

（一）物品准备

治疗盘、遵医嘱准备药物及器具、凡士林、压舌板、外包布袋、纱布或纸巾，必要时备屏风、大毛巾、毛毯、温度计等。

（二）适用范围

适用于风湿痹证引起的关节冷痛、酸胀、沉重、麻木，跌打损伤等引起的局部瘀血、肿痛，扭伤引起的腰背不适、行动不便、脾胃虚寒所致的胃脘疼痛、腹冷泄泻、呕吐等症状。

（三）注意事项

（1）严格掌握热熨法的温度和手法力量的大小。温度以患者能够耐受为准，过烫易使皮肤烫伤，过低会影响药物的渗透。热熨的手法有推、揉、擦、按等，力量要恰当，随温度的变化从快到慢，由轻到重的顺序进行。

（2）凡热性病、高热、神昏、谵语、神经分裂症的患者，均不可用本法。

（3）孕妇腹部及腰骶部、大血管处、皮肤破损及炎症、局部感觉障碍处忌用。

（4）有出血性疾病，如血小板减少性紫癜、月经过多等，不宜用本法。

（5）在应用热熨法时，在患者皮肤上加垫布，防止热熨包烫伤皮肤。

（6）操作过程中要经常询问熨剂温度，询问患者的反应。如出现头晕、头痛、心悸、呕吐等不适以及皮肤烫伤、擦伤、过敏等现象，要及时停止治疗。

（7）在热熨完成后，患者可在治疗室内走动，暂时不得外出，要注意避风，防止着凉。

二、中药热熨操作方法

（一）普通热熨

1. 暖水袋热熨　准备一个约 500 mL 的热水袋，提前做好防漏检查。装容量 2/3 的热水后，先在患处放上一个装满葱白的布袋，布袋上放置一块布垫，然后放上暖水袋做局部热熨。开始时暖水袋的热度较高，可拿暖水袋一起一落反复熨烫，待温度稍降后，将热

Note

水袋直接放置于患处不动,进行固定熨烫。此法常应用于跟骨刺引起的疼痛、一般性的腹痛等。

2. 盐熨　用食盐一包(约 250 g),爆炒加热后,加入陈醋 200 mL,随撒随炒,经均匀地加入锅内后,再炒 30～60 s。然后装入布袋或用布包好,将布袋扎紧,放于患处熨烙。治疗时间一般为 20～30 min,每日或隔日一次,一个疗程约 15 次。此法常用于女性痛经、夜间小腿抽筋和坐骨神经痛等症。单纯盐熨治疗胃疼、腹痛、吐泻。

3. 沙热熨　取适量沙粒,放入铁锅内炒热至人体能耐受的温度,直接热敷于患处或用布包包裹,热熨于患处。

4. 蜡热　利用加热融化的医用蜡涂抹于人体表面,又称"蜡疗",具有温中散寒、消肿止痛、促进愈合等功效。

> **知识链接**
>
> 　　上古时代先民们已经知道用火烤过的石块来熨治关节疼痛。《史记·扁鹊仓公列传》有扁鹊"病情尚浅时,可用热敷疗法治之"的论述,并记载了用热敷疗法治疗虢太子昏迷的病案。

(二) 药物热熨

将药物加热处理后,敷熨于患处,药性借助温热之力透过皮肤,从表达里,起到疏经活络、温中散寒、通利气机、镇痛消肿的作用,从而达到治愈疾病的目的。

1. 药包热熨　将选好的药物在砂锅内煮热,用布包裹放置于患处。

2. 药饼热熨　将选好的药物碾压成粉,挤压成饼状,在锅内加热后,贴在患处或穴位上,凉后及时更换。

3. 药液热熨　药物熬好,取药汤,用纱布或棉花吸取药液,贴于患处或穴位上。

4. 药渣热熨　药物熬制好,去药汤留药渣,用热药渣直接贴于患处或穴位上。

第三节　中药熏洗技术

数字课件 730

熏洗疗法是利用药物煎熬成药汤,煮沸后的热气在皮肤或患处进行熏蒸,以及用药汤淋洗的治疗方法。一般先进行药物熏蒸后,待药汤稍温后再洗。此疗法是借助药性和热力,通过皮肤、黏膜作用于肌体,促使腠理疏通、脉络调和、气血流畅,从而达到预防和治疗的目的。

一、中药熏洗常识

(一) 用物准备

治疗盘、中药液、镊子、毛巾、橡皮单、纱布、熏洗盆、面盆或坐浴盆、坐浴架、大浴巾(根据熏洗部位选用以上物品)、水温计,必要时备屏风和换药物品。

(二) 适用范围

适用于疮疡、筋骨疼痛、目赤肿痛、皮肤病、阴痒带下、肛门疾病等。

Note

（三）注意事项

（1）外治之理即内治之理，临证必须根据病情辨证选取适当的药材，辨病选用具体操作方法，或熏或洗。

（2）女性月经病或妊娠病期间不宜坐浴或熏洗阴部；传染病、皮肤病、寄生虫病患者，应提前做好消毒防护工作；慢性肢体动脉闭塞性疾病，严重肢体缺血，坏疽者，禁止使用中高温（超过 38 ℃）熏洗；凡有过敏史者不得使用致敏药物。

（3）使用熏洗时尽量不用难闻的药物，使用洗法时不宜使用对皮肤、黏膜有剧烈刺激、腐蚀性的药物。

（4）一般洗法多用温热浴液，但若病情需要，如扭伤后不足 24 h 等，可用冷浴液洗浴。

（5）饱食、饥饿，以及过度疲劳时，不宜熏洗。

二、中药熏洗操作方法

（一）全身熏蒸法

1. 室内熏蒸　密闭治疗室，将所用药物煮沸，患者裸露或坐或卧，室内温度从 30℃ 开始，渐增至 40℃ 左右，熏蒸 20～30 min。熏蒸后安静卧床休息。每日或隔日一次。10 次 1 个疗程。

2. 简易熏蒸　将煮沸的药汤倒入较大容器内，容器上放置带孔木板，患者裸坐，用布单圈住全身，仅漏头面进行熏蒸。此法可在患者家中进行。

（二）局部熏蒸法

将煮沸的药液倾入适当大小容器中，使药液占容器的一半左右，患处置于容器上方，距离药液一定距离，以皮肤感觉舒适为度。

（1）手部熏洗法　根据疾病先配好药物处方，按照比例熬制药汤，准备好盆、毛巾、布单。将熬制好的药汤倒入盆中，患者先把手臂放于盆口上方，上敷布单不使热气外泄。待药汤稍温后，把患者手臂浸入药汤中洗浴。熏洗后用干毛巾轻轻擦拭，避风。

（2）足部熏洗法　根据疾病先配好药物处方，按照比例熬制药汤，准备好木桶或铁桶、小木凳、毛巾、布单。桶内放置小木凳，将熬制好的药汤倒入桶中，液面略低于木凳。患者坐在桶旁，将患足搁置在小木凳上，上敷布单不使热气外泄。待药汤稍温后，把患足浸入药汤中泡洗。根据病情需要，药汤可浸至踝关节或膝关节。熏洗后用干毛巾轻轻擦拭，避风。

（3）眼熏洗法　根据疾病先配好药物处方，按照比例熬制药汤，准备盆、洗眼杯、热水瓶、消毒药棉或消毒纱布、毛巾、布单。

熏时将熬制好的药汤倒入盆中，患者取端坐位，微向前弯腰，面向药汤，双眼紧闭，然后用布单盖严，勿使热气外泄，或将药汤倒入保温瓶内，患者将患眼对准瓶口进行熏蒸。待药汤变温后用消毒药棉或消毒纱布频洗患眼。

洗时用温热药液盛入洗眼杯中（约为容积的 2/3），患者将头低下，使洗眼杯紧扣患眼，然后紧持洗眼杯随同抬头，不断开合眼睑并转动眼球，使药液与眼球充分接触。当患眼分泌物较多时，可用新鲜药液多洗几次。熏洗后用干毛巾轻轻擦干眼部，闭目休息 10 min 左右。

（4）坐浴熏洗法　根据疾病先配好药物处方，按照比例熬制药汤，准备好盆、坐浴凳、毛巾、布单。将熬制好的药汤放置盆中，先熏蒸，待药液温度下降后浸洗肛门或阴部。每

次 10～20 min,每日 2～3 次。熏洗后用干毛巾轻轻擦拭,避风。

（三）全身熏洗法

根据疾病先配好药物处方,按照比例熬制药汤,准备好盆、坐浴凳、毛巾、布单等。外罩布单,使入浴者头部外露,先熏蒸,再淋洗,然后浸洗全身。熏洗次数及时间根据病情而定,一般时间在 20～30 min,最长不能超过 1 h,每日 1～2 次。

知识链接

熏蒸疗法最早见于汉代,长沙马王堆汉墓出土的《五十二病方》记载了有用薤和酒煮沸,以其热气熏蒸治疗伤科疾病的方法。《黄帝内经》记录了用椒、姜、桂和酒煮熏治疗关节肿胀、疼痛、伸屈不利等痹证的方法。其后历代相传习用,治疗范围不断扩大。唐代孙思邈《备急千金要方》记载了用大剂量黄芪防风汤熏蒸治疗中风不语的方法。清代吴师机《理瀹骈文》记载熏蒸方药 20 余首,涉及多种疾病的治疗。

（王　冉）

能 力 检 测

单选题（包括第五、六、七章内容）

1. 拔火罐的方法有（　　　）。

A. 闪火法　　　　　B. 煮罐法　　　　　C. 抽气法　　　　　D. 药罐法　　　　　E. 玻璃罐法

2. 以下刮痧要点不正确的是（　　　）。

A. 刮板与刮拭方向一般保持在 45°～90°

B. 刮痧时间一般每个部位刮 3～5 min

C. 刮痧次数一般是第一次刮完等 3～5 天,痧退后再进行第二次刮拭

D. 刮痧时要在一个部位来回刮拭

E. 对于一些不出痧或出痧少的患者,不可强求出痧

3. 中药热熨的适应证为（　　　）。

A. 阴虚证　　　　　B. 实热证　　　　　C. 虚寒证　　　　　D. 火热证　　　　　E. 阳亢证

4. 刮拭胸腹部、头部、面部、颈部、四肢前侧宜选用的体位是（　　　）。

A. 俯伏坐位　　　B. 俯卧位　　　　　C. 站位　　　　　D. 侧卧位　　　　　E. 仰卧位

5. 刮痧泻法不包括（　　　）。

A. 按压力度大　　　　　B. 刮拭速度快　　　　　C. 刮拭时间相对较短

D. 选择痧痕点个数少　　　E. 刮拭方向逆经脉运行方向

6. 静脉曲张者刮拭的方向应为（　　　）。

A. 由上而下　　　B. 由下而上　　　C. 由内而外　　　D. 由外而内　　　E. 由左而右

7. 刮痧后可（　　　）。

A. 洗澡　　　　　　　　B. 吹风　　　　　　　　C. 喝杯温开水

D. 大量运动　　　　　　E. 喝杯凉开水

8. 年老体弱、儿童、疼痛敏感者手法应用（　　　）。

A. 轻刮法   B. 重刮法   C. 泻刮法   D. 逆刮法   E. 顺刮法

9. 在什么情况下不可以刮痧？（　　　）

A. 肩关节疼痛   B. 肩关节活动受限   C. 肩关节麻木

D. 肩关节骨折   E. 高血压

10. 选择神阙穴进行穴位贴敷治疗，最适宜的方法是（　　　）。

A. 贴法   B. 敷法   C. 填法   D. 熨贴法   E. 热敷法

11. 穴位贴敷法最常见且最应预防的异常情况是（　　　）。

A. 晕厥   B. 起疱   C. 瘙痒   D. 疼痛   E. 皮肤过敏

12. 拔火罐最为常用而又不易烫伤皮肤的方法是（　　　）。

A. 闪火法   B. 投火法   C. 贴棉法   D. 架火法   E. 滴酒法

13. 若肩背疼痛且范围较大应选下列哪种方法为好？（　　　）

A. 走罐   B. 针罐   C. 闪罐   D. 药罐   E. 刺血拔罐

14. 下述哪项不属于拔罐的应用范围？（　　　）

A. 感冒   B. 皮肤溃疡   C. 痛经   D. 胃脘痛   E. 丹毒

15. 走罐法应该用何种罐子？（　　　）

A. 竹罐   B. 玻璃罐   C. 陶罐   D. 抽气罐   E. 金属罐

16. 罐子吸拔后立即取下，反复多次的是（　　　）。

A. 单罐   B. 多罐   C. 针罐   D. 闪罐   E. 刺血拔罐

第八章　神经系统常见病的传统康复

学习目标

基本具备运用传统康复技术对神经系统常见病进行康复评定的能力。
基本具备运用传统康复技术对神经系统常见病进行康复治疗的能力。
基本具备运用传统康复技术对神经系统疾病进行健康指导的能力。
基本具备医患沟通协调能力,能使患者和医生做到有效的治疗配合。

数字课件810

第一节　脑卒中的传统康复

案 例 引 导

患者,男,63岁。因右侧肢体活动不利 10 h 收入我院神经内科。患者一天前与邻居生气,临睡时感觉头晕、右手麻木未引起重视,次日晨起发现右侧肢体无力,遂来我院急诊,当时血压 180/100 mmHg,行头 CT 检查未见明显异常。现见:神志清楚,语言謇涩,口角歪斜,头晕头痛,无视物旋转,无恶心呕吐,无二便失禁,右侧肢体无力伴麻木,行走需人搀扶,舌暗红苔黄厚腻,脉弦滑。
问题:
1. 该患者最可能的诊断是什么?
2. 该患者的康复要点是什么?

脑卒中,属于现代医学脑血管病范畴,是指脑血管破裂出血或血栓形成引起的以脑部出血性或缺血性损伤症状为主要临床表现的一组疾病,传统医学又称"中风"。本病主要因风(肝风、外风)、火(肝火、心火)、痰(风痰、湿痰)、气(气逆)、虚(阴虚、气虚)、瘀(血瘀)等因素,造成阴阳失调,气血逆乱,上犯于脑导致发病。

一、康复评定

(一)病因病机

本病是由于气血不足,脏腑阴阳失调,痰浊瘀血风火内盛引起。脑血栓形成多由正

Note

181

气内虚、肝风内动为本病致病原因,同时与老年人运化不健,痰湿阻滞经络,气血运行不畅有关。脑栓塞多由于心阳不振、血瘀阻络及气血不足等因素,影响了气血的正常运行,加之肝风内动、清窍不利所致。脑出血则多因饮食不节,素体痰盛,阴亏于下,阳亢于上,遇恼怒等诱因引起肝阳暴涨化风,扰动气血,血随气逆,挟痰挟火,上冲于脑,蒙蔽清窍而致。病发之时,风火痰等邪势鸱张,阳气或被邪闭,或致外脱。危急过后,可因风痰、瘀血等阻滞经络,气血不复留下后遗症状。

（二）辨证分型

临床上常在急性期将本病分为中脏腑与中经络两大类。中脏腑者,病位较深,病情较重,主要表现为神志不清,喎僻不遂,并且常有先兆及后遗症状出现。中经络者,病位较浅,病情较轻,一般无神志改变,仅表现为口眼喎斜,语言不利,半身不遂。一般可辨证分为以下证型。

1. 络脉空虚,风邪入中型　手足麻木,肌肤不仁,或突然口眼喎斜、语言不利、口角流涎,甚则半身不遂。或兼见恶寒发热,肢体拘急,关节酸痛等,舌苔薄白,脉浮弦或弦细。

2. 肝肾阴虚,风阳上扰型　平素头晕头痛,耳鸣目眩,腰酸腿软,突然发生口眼喎斜,舌强语謇,半身不遂,舌质红或苔黄,脉弦细数或弦滑。

3. 气虚血瘀,脉络瘀阻型　半身不遂,肢软无力,或见肢体麻木,患侧手足浮肿,语言謇涩,口眼喎斜,面色萎黄,或暗淡无华,舌色淡紫、瘀斑瘀点、苔白,脉细涩无力。

4. 肝阳上亢,痰火阻络型　半身不遂,患侧僵硬拘挛,语言謇涩或不语,兼见头痛头晕,面赤耳鸣,舌红苔黄糙或黄腻,脉弦滑有力。

二、康复治疗

（一）推拿治疗

治以舒筋通络、行气活血,重点选取手、足阳明经脉及腧穴。

推拿对于抑制痉挛、缓解疼痛、防止关节挛缩、促进随意运动恢复都有良好作用。在偏瘫弛缓期,应多采用兴奋性手法提高患肢肌张力,促使其随意运动恢复。在痉挛期,则应多采用较缓和的手法控制痉挛。

1. 头面部　患者取仰卧位,术者坐于患侧。

拇指推印堂至神庭。

一指禅推法自印堂依次至阳白、睛明、四白、迎香、下关、颊车、地仓、人中等穴,往返推1～2次,力度以患者微感酸胀为度。

推百会穴1 min,并从百会穴横向推到耳郭上方发际,往返数次,范围要广,强度渐大,以患者微感酸胀痛为度。

用掌根揉瘫痪一侧的面颊部,并重点揉风池穴。

以扫散法施于头颞部(重点在少阳经)。

擦面部。口眼喎斜者,先自患侧地仓抹至颊车、下关,然后按揉地仓、颊车、下关、牵正、迎香等穴。

2. 上肢部　患者取仰卧位,术者位于患侧。

先施㨰法在患侧肩关节周围,再从肩到腕依次操作上肢的后侧、外侧与前侧,往返2～3次,同时配合肩、肘、腕关节诸方向被动活动。

用拿法从患侧肩部拿至腕部,往返3～4次,重点是肩关节和肘关节,拿三角肌时嘱患者尽力做肩外展动作,拿肱三头肌时嘱患者尽力伸肘。

按揉肩髃、臂臑、尺泽、曲池、手三里、合谷,力度可逐渐加大,每穴操作 1～2 min。

轻摇肩关节、肘关节及腕关节,配合做指间关节、腕关节和肘关节的伸展以及肩关节的外展。

自肩部搓至腕部 2～3 次,拔伸患侧指间关节、捻患侧各手指。

3. 腰背部及下肢后侧 患者俯卧位,术者位于患侧。

先推督脉与膀胱经(用八字推法)至骶尾部,自上而下 2～3 次。

按揉天宗、肝俞、胆俞、膈俞、肾俞。

用滚法沿脊柱两侧向下至臀部、大腿后部、小腿后部,操作 2～3 次,约 5 min。

按揉患侧八髎、环跳、承扶、委中、承山及跟腱部,要逐渐加大力度,每穴操作 1～2 min,在按揉环跳穴时让患者尽力做下肢的内旋、内收、屈曲动作。

轻拍腰骶部及背部。

4. 下肢前、外侧 首先,患者健侧卧位,术者位于患侧。

用滚法从患侧臀部沿大腿外侧经膝部至小腿外侧,重点部位是髋关节和膝关节,约 5 min。

然后,患者仰卧位,术者位于患侧。

用滚法自患侧下肢髂前上棘向下沿大腿前面至踝关节及足背部 2～3 次,约 5 min,同时配合髋、膝、踝关节的被动运动。

按揉患侧髀关、伏兔、风市、膝眼、阳陵泉、足三里、解溪等穴,每穴操作 1 min。

拿患侧下肢 5 次,重点治疗部位是大腿内侧中部及膝关节周围。

轻摇髋关节、膝关节和踝关节,同时配合做髋关节的外展和踝关节的背屈。

搓下肢,捻五趾。

5. 手法加减 口眼歪斜者,先用抹法自患侧地仓穴抹至颊车、下关 3～5 min,然后重点按揉地仓、颊车、下关、牵正、迎香等穴。

吞咽困难者,按揉廉泉、天突、承浆、风池、完骨、翳风、天突等穴,每穴操作 1～2 min。

言语障碍者,推百会穴 1 min,并从百会穴横向推到耳郭上方发际,往返数次,范围要广,强度渐大,以患者微感酸胀痛为度;按揉天突、廉泉、承浆等穴,每穴操作 1～2 min;按揉心俞、风府、通里、合谷穴,每穴操作 1～2 min。

头痛头昏者,按揉风池、风府、角孙、百会、太阳、太冲等穴 1～2 min;用五指拿法从前额拿至后项(颈根处)3～5 遍,约 2 min。

足下垂者,按揉解溪、冲阳、丘墟等穴,每穴操作 1～2 min。

足内翻者,按揉光明、昆仑、绝骨、丘墟等穴,并摇踝关节 5～6 遍,应尽量向外摇。

(二)针灸治疗

治以疏通经络、调畅气血、醒脑开窍,常用毫针刺法或头针法。

1. 毫针刺法 选取手足阳明经脉腧穴为主,辅以手足太阳经脉、手足少阳经脉腧穴。

(1)主穴 上肢取肩髃、曲池、手三里、外关、合谷等;下肢取环跳、阳陵泉、足三里、解溪、昆仑等;口角歪斜取地仓、颊车、合谷、内庭、太冲等。

(2)配穴 上肢可轮换取肩髎、臂臑、天井、阳池、后溪等穴,下肢轮换取承扶、髀关、伏兔、风市、阴市、梁丘、悬钟等穴,也可取患侧肢体的井穴点刺出血。

(3)操作 新病、实证用泻法;久病、虚证用补法;虚实错杂或虚实不明显者用平补平泻法。每日针刺 1 次,留针 30 min。一般 30 次为 1 个疗程,疗程间休息 5～7 天。

2. 头针法 选择焦氏头针法,按临床体征选瘫痪对侧的刺激区。

（1）定位　运动功能障碍选运动区，感觉障碍选感觉区，下肢感觉运动功能障碍选足运感区，肌张力障碍选舞蹈震颤控制区，运动性失语选言语一区，命名性失语选言语二区，感觉性失语选言语三区，完全性失语取言语一区至三区，失用症选运用区，小脑性平衡障碍选平衡区。

（2）操作　局部及针具消毒，针与头皮成30°斜刺，快速刺入头皮下推进至帽状腱膜下层，待指下感到不松不紧而有吸针感时，可行持续快速捻转2～3 min，留针30 min或数小时，期间捻转2～3次。行针及留针时嘱患者活动患侧肢体（重症患者可做被动活动）有助于提高疗效。急性期每日1次，10次为1个疗程，恢复期和后遗症期每日或隔日1次，5～7次为1个疗程，中间休息5～7日再进行下一疗程。

不管是毫针刺法还是头针治疗，均可加用电针以提高疗效，但须注意选择电针参数。一般软瘫可选断续波，电流刺激后以肌肉出现规律性收缩为度。痉挛期选密波，电流强度以患者能耐受且肢体有细微颤动为度。通电时间面部10～20 min，其他部位以20～30 min为宜。

（三）传统运动疗法

中风先兆或症状较轻者，可选择练习八段锦、易筋经、五禽戏等功法。通过躯体活动促进气血的运行，调畅气机，舒缓病后抑郁情绪。运动量可根据各人具体情况而定，一般每次练习20～30 min，每日1～2次，30日为1个疗程。

三、注意事项

（1）软瘫期，应采用兴奋性手法促进随意运动出现；痉挛期，应采用放松性手法降低肌张力。

（2）推拿时力量应由轻到重，强度过大或时间过长的手法有加重肌肉萎缩的危险。在软瘫期，做肩关节活动时，活动幅度不宜过大，手法应柔和，以免发生肩关节半脱位。对于肌张力高的肢体切忌强拉硬扳，以免引起损伤、骨折或骨化性肌炎。

（3）针刺时应注意观察患者肌张力的变化，如果发现肌痉挛加重应调整治疗方法或停止针刺。重要脏器部位针刺要掌握一定的角度，不宜大幅度地提插、捻转和长时间留针。电针时应避免电流回路经过心脏，安装心脏起搏器者禁用电针。

（4）灸法操作时要防止因感觉障碍而造成皮肤烧烫伤。

第二节　脊髓损伤的传统康复

案例引导

患者，男，26岁。因高处坠落致腰骶部疼痛，双下肢不能活动3 h。于2012年9月28日入院，10月13日会诊。检查：腰部正中见长约12 cm纵行手术瘢痕（急诊行L₁椎体切开减压及内固定术后），双下肢肌肉轻度萎缩，双下肢肌张力低，肌力0级，双下肢股部以下触痛觉明显减退。膝踝反射消失，巴氏征（－）。肛周刺激无感觉并且括约肌无收缩。本院X片、CT(2012-9-28)检查示

L$_1$椎体爆裂性骨折、压缩性骨折、继发性椎管狭窄。问题：

  1. 该患者最可能的诊断是什么？

  2. 该患者的康复要点是什么？

  脊髓损伤是由于各种致病因素引起的脊髓结构、功能的损伤，造成损伤平面以下的脊髓神经功能的障碍。脊髓损伤可分为脊髓震荡、脊髓挫伤、椎管内出血和脊髓血肿四种类型。颈脊髓损伤造成的四肢瘫痪称为四肢瘫，胸段以下脊髓损伤造成躯干和下肢瘫痪而未累及上肢时称截瘫。本节介绍外伤性脊髓损伤，属于中医"痿证""痿证""痿躄""体惰"范畴。

一、康复评定

（一）病因病机

  本病多因坠落、摔伤、挤压、车祸、砸伤及战时火器伤，造成督脉损伤，肾阳不足；迁延日久，阳损及阴，使肝肾亏损。脊髓损伤病位在督脉，累及肾、脾、肝、肺。在病理性质方面，以经络瘀阻、阳气不足为主，甚则阳损及阴，导致阴阳两虚。

（二）辨证分型

  1. 督脉受损，瘀血阻络型　伤处局部肿痛或刺痛，痛处固定不移，四肢或双下肢瘫痪，痛痒不知，麻木不用，筋缓不收，大便秘结，小便潴留，常伴腹胀纳差，心烦少寐，舌有瘀斑瘀点，脉沉涩。

  2. 督脉受损，肾阳不足型　四肢或双下肢筋脉弛缓，痿弱不用，患肢发凉，痛痒不知。大便秘结，小便失禁或潴留，兼见面白畏寒，舌淡苔白，脉沉迟。多见于软瘫。

  3. 阳损及阴，虚风内动型　四肢或双下肢筋脉拘急，抽搐而不用，遇寒加重，形寒肢冷，肢体痛痒不知或自觉肢体疼痛，小便艰涩。舌淡苔白或有瘀斑，脉沉紧。多见于硬瘫。

二、康复治疗

（一）推拿治疗

  治以疏通经络、行气活血、补益肝肾。以足阳明胃经和督脉腧穴为主，辅以足少阳胆经、足太阳膀胱经经脉及腧穴。

  推拿手法的轻重可根据患者的体质和瘫痪性质来决定，痉挛性瘫痪患者手法宜轻，时间宜长；弛缓性瘫痪患者手法宜重，时间宜短。对于痉挛性瘫痪患者来说，以捏、拿为主，放松过高的肌张力，并顺其自然缓慢屈伸关节；对于弛缓性瘫痪者则以拍、打、抖、震颤为主。

  1. 仰卧位　患者仰卧位，术者位于患者一侧。

  用㨰法沿上肢自上而下操作2～3遍。

  拿上肢，以手三阳经合谷、阳溪、手三里、曲池、臂臑、肩贞、肩髎等穴为主，每穴操作1～2 min；捻法捻五指。

  用㨰法沿下肢前面自上而下㨰2～3遍，按揉髀关、伏兔、足三里、解溪等穴，每穴操作1～2 min。

  用拿法从大腿根部拿向小腿至足踝部，操作2～3遍，以腓肠肌部位为重点。

2. 俯卧位 患者取俯卧位,术者位于患者一侧。

用擦法沿背部膀胱经、督脉来回擦 5 遍,病变脊椎节段以下手法可稍加重。

自下而上对华佗夹脊穴及督脉施捏脊法;拇指揉法揉腰俞、腰阳关、肾俞、脾俞等穴,每穴按揉 1～2 min;拍打脊背部,以皮肤发红为度。

用拿法拿下肢 2～3 遍后,拇指揉法揉环跳、风市、阳陵泉、委中、承山等穴;施摇法于下肢,结束治疗。

(二)针灸治疗

1. 毫针刺法 治以疏通经络、活血化瘀。临床上一般常用循经取穴、对症取穴、脊髓节段取穴以及华佗夹脊取穴方法。毫针刺法在治疗脊髓损伤中应用广泛。

(1)循经取穴 以足阳明胃经、足太阳膀胱经、足少阳胆经、督脉、任脉为主。

胃经取梁门、天枢、水道、归来、髀关、阴市、足三里、巨虚。

膀胱经取各脏腑背俞穴及膈俞穴。

胆经取京门、环跳、风市、阳陵泉、悬钟、丘墟、足临泣。

督脉取大椎、陶道、身柱、神道、至阳、筋缩、脊中、悬枢、命门、腰阳关。

任脉取中脘、建里、水分、气海、关元、中极。

也可酌选足三阴经穴,如章门、三阴交、地机、血海、涌泉等。

(2)对症取穴 具体包括如下六种。

二便障碍,取八髎、天枢、气海、关元、中极、三阴交。

下肢瘫,下肢前侧取髀关、伏兔、梁丘,下肢外侧取风市、阳陵泉、足三里、绝骨,下肢后侧取承扶、殷门、昆仑。

足下垂,取解溪、商丘、大冲。

足外翻,取照海。

足内翻,取申脉。

上肢瘫,取肩髃、肩髎、臂臑、曲池、手三里、外关透内关、阳溪、合谷。

(3)脊髓节段取穴 具体包括如下七种。

$C_{5～7}$ 节段损伤,取手太阴经或手阳明经的穴位。

$C_8～T_2$ 节段损伤,取手少阴经或手太阳经的穴位。

$T_{4～5}$ 节段损伤,取双乳头连线相平的背部俞穴。

$T_{7～9}$ 节段损伤,取平肋缘或肋缘下方的背部俞穴。

T_{10} 节段损伤,取脐两旁腰部的穴位。

$L_{1～5}$ 节段损伤,取足阳明经和足太阴经的穴位。

$S_{1～3}$ 节段损伤,取足太阳经和足少阳经穴位。

(4)华佗夹脊取穴 选取从受损脊柱两侧上 1～2 椎体至第 5 骶椎夹脊穴为主。

(5)具体操作 各经腧穴轮流交替。常规方法针刺上述穴位,软瘫宜用补法,硬瘫宜用泻法,针感差者常加电刺激。留针 30 min,每日 1 次,隔日或每日 1 次,30 次为 1 个疗程。1 个疗程结束后休息 1 周再进行下 1 个疗程。

2. 头针疗法 选择焦氏头针法,按临床体征选瘫痪对侧的刺激区。截瘫选取双侧运动区上 1/5,感觉区上 1/5;四肢瘫选取双侧运动区上 1/5、中 2/5,感觉区上 1/5、中 2/5 及足运感区。痉挛者加取舞蹈震颤区。采用大幅度捻转手法,每次捻针 15～20 min,隔日 1 次。

3. 电针疗法 选择损伤脊髓平面上下的椎间隙处督脉穴位,选穴时应避开手术

瘢痕。

取督脉穴沿棘突倾斜方向进针,针刺的深度以达硬膜外为止,针刺颈段和上胸段时尤应慎重,不可伤及脊髓。针刺到位后,上下两针的针柄上分别连接直流脉冲电针仪的两个输出电极。弛缓性瘫痪,以疏波为主,输入电极正极在下,负极在上;痉挛性瘫痪以密波为主,输入电极正极在上,负极在下。打开开关,刺激频率为 1～5 Hz,电流强度宜从小到大逐渐加大,以引起肌肉明显收缩,患者能够耐受而无痛苦为度,或者以患者下肢出现酸、麻、胀、轻度触电样感觉为度。对脊髓高位损伤的患者强度不宜过大。每日治疗 1 次,每次 30 min,30 次为 1 个疗程。1 个疗程结束后,可休息 1～2 周再进行下一个疗程的治疗。

三、注意事项

(1) 脊髓损伤初期,推拿手法宜轻柔,不可用强刺激手法;已有肌肉痉挛者,推拿重点应放在其拮抗肌上,以恢复拮抗肌的肌力为主;背部推拿时,应在不影响脊柱稳定性的前提下进行;运用摇法时注意幅度、频率和力度。

(2) 重要脏器部位针刺,要掌握一定的角度,不宜大幅度地提插、捻转和长时间留针;对尿潴留患者小腹部的腧穴,要防止误伤膀胱;体质瘦弱者,针刺手法不宜过强。

(3) 由于脊髓损伤患者存在不同程度的感觉障碍,施灸法时要注意患者的皮肤温度和颜色,避免造成烫伤。

(4) 电针的电流调节应逐渐从小到大,不可突然增强,以免造成弯针、折针、晕针等情况。应避免电针电流回路经过心脏。安装心脏起搏器者禁用电针。

(马国红)

第三节　小儿脑瘫的传统康复

数字课件 830

案例引导

患儿,男,3 岁。该患儿系孕 7 个月早产儿,顺产,1 岁不能站立,不能行走,吐词不清楚,脚尖着地,呈剪式步态,双下肢肌张力高。CT 检查:无异常。舌淡苔薄,指纹色淡。问题:

1. 该患儿最可能的诊断是什么?
2. 该患儿的康复要点是什么?

小儿脑性瘫痪,简称脑瘫,是自受孕开始至婴儿期非进行性脑损伤和发育缺陷所导致的综合征,主要表现为运动障碍及姿势异常,是小儿时期常见的中枢神经障碍综合征。

本病在传统医学中属于"五迟""五软""五硬"和"痿证"的范畴。五迟是指立迟、行迟、发迟、齿迟、语迟;五软是指头颈软、口软、手软、脚软、肌肉软;五硬是指头颈硬、口硬、手硬、脚硬、肌肉硬。现代康复临床上按运动功能障碍的特点一般将本病分为痉挛型、不

随意运动型、强直型、共济失调型、肌张力低下型和混合型。按瘫痪部位可将本病分为单瘫、双瘫、三肢瘫、偏瘫和四肢瘫。

一、康复评定

（一）病因病机

1. 先天不足 父母精血亏虚、气血不足或者近亲通婚，致胎儿先天禀赋不足、精血亏虚，不能濡养脑髓；母体在孕期营养匮乏、惊吓或是抑郁悲伤，扰动胎儿，以致胎儿发育不良。先天责之于肝肾不足，胎元失养，致筋骨失养，肌肉萎缩，日久颓废。

2. 后天失养 小儿初生，禀气怯弱，由于护理不当致生大病，伤及脑髓，累及四肢。后天责之于脾，久病伤脾，痰浊内生，筋骨肌肉失于濡养，日渐颓废。脑髓失养，而致空虚。

3. 其他因素 产程中损伤脑髓，或因脑部外伤、瘀血内阻、邪毒侵袭、高热久病、正虚邪盛，营血耗伤，伤及脑髓而生。

（二）辨证分型

1. 肝肾不足型 发育迟缓，智力低下，五迟，面色无华，神志不清，精神呆滞，常伴有龟背、鸡胸，病久则肌肉萎缩，动作无力，舌淡苔薄，指纹色淡。

2. 瘀血阻络型 精神呆滞，神志不清，四肢、颈项及腰背部肌肉僵硬，活动不灵活、协调，舌淡有瘀斑瘀点，苔腻，脉滑。

3. 脾虚气弱型 面色无华，形体消瘦，五软，智力低下，神疲乏力，肌肉萎缩，舌淡，脉细弱。

二、康复治疗

（一）推拿治疗

治以疏通经络、强健筋骨、醒神开窍。

1. 分部操作

（1）上肢功能障碍 在患儿上肢内侧及外侧施以推法，从肩关节至腕关节，反复 3～5 次。

按揉合谷、内关、外关、曲池、小海、肩髃、肩贞、天宗穴 5 min。

拿揉上肢、肩背部 3～5 次，拿揉劳宫穴、极泉穴各 3～5 次。

摇肩关节、肘关节及腕关节 10 次；被动屈伸肘关节及掌指关节各 10 次。

捻手指 5～10 次，搓揉肩部及上肢各 3～5 次。

（2）下肢功能障碍 在患儿下肢前内侧及外侧施以推法，自上而下操作3～5遍。

揉按膝眼、足三里、阳陵泉、环跳、委阳、委中、昆仑、太溪、涌泉穴各 10 min。

拿揉股内收肌群、股后群肌、跟腱各 5 min。

反复被动屈伸髋关节、膝关节、踝关节 3～5 次；擦涌泉穴，以透热为度。

2. 对症操作

（1）智力障碍 开天门 50～100 次，推坎宫 50～100 次，揉太阳 50～100 次，揉百会、迎香、颊车、下关、人中穴各 50 次。

推摩两侧颞部 0.5 min，推大椎穴 50 次；拿风池、五经各 5 次；揉按合谷 50 次，拿肩井穴 5 次。

（2）大小便失禁 在患儿腰背部双侧膀胱经、督脉施以推法，自上而下反复操作3～5遍。

擦肾俞、命门、八髎穴,以透热为度。

按揉中脘、气海、关元、中极、足三里、三阴交穴各 5 min;摩腹 5～10 min,擦涌泉 50 次。

(3)关节挛缩 脑瘫后关节挛缩与早期未进行关节被动活动、失用性萎缩和肌张力增高等因素相关。可取挛缩关节周围的穴位,点按法操作并结合关节活动。动作由轻及重,切忌粗暴,宜循序渐进。

患肢痉挛者,应由轻到重进行掐按。肌肉萎缩、食欲差及体弱者,可在胸腹部拍打、推揉。

上肢屈肌肌张力增高、屈曲者,可轻揉上肢前群肌肉,被动活动上肢,外展外旋肩关节,伸展肘、腕关节,伸展手指,改善肩、肘、腕等关节挛缩。

下肢内收肌肌张力增高、伸展者,拿揉、搓揉大腿内侧肌群,减轻肌痉挛,被动活动下肢,外旋外展髋关节,屈曲膝关节,改善髋、膝关节挛缩。

足尖走路者,被动背伸踝关节,牵拉挛缩肌腱,缓慢用力,避免诱发踝阵挛。

(二)针灸治疗

治以疏经通络、行气活血、益智开窍。遵"治痿独取阳明"之旨,阳明经为多气多血之经,辅以头部穴位。

1. 毫针刺法

(1)主穴 四神聪、百会、夹脊、三阴交、肾俞。

(2)配穴 肝肾不足配太溪、关元、阴陵泉、太冲;瘀血阻络配风池、风府、血海;脾虚气弱配气海;上肢瘫配肩髃、肩贞、曲池、手三里、合谷、外关;下肢瘫配血海、环跳、承山、委中、足三里、阳陵泉、解溪、太冲、足临泣;言语不利配廉泉、哑门、通里;足下垂配昆仑、太溪;颈软配天柱、大椎;腰软配肾俞、腰阳关;斜视配攒竹;流涎配地仓、廉泉、金津、玉液;听力障碍配耳门、听宫、听会、翳风。

(3)操作 选用 28 号毫针针刺。一般每次选 2～3 个主穴,5～6 个配穴,平补平泻。廉泉向舌根方向刺 0.5～1 寸;哑门向下颌方向刺 0.5～0.8 寸,不可深刺,不可提插。每日或隔日 1 次,留针 15 min,15 次为 1 个疗程,停 1 周后,再继续下 1 个疗程。

2. 灸法 选取四神聪、百会、夹脊、足三里、三阴交、命门、肾俞穴。上肢运动障碍配曲池、手三里、合谷、后溪,下肢运动障碍配环跳、足三里、阳陵泉、解溪、悬钟。可使用艾条进行雀啄灸,每日 1 次,皮肤红晕为止;或者艾炷隔姜灸,每次选用 3～5 个穴位,每穴灸 3～10 壮,每日或隔日 1 次,10 天为 1 个疗程。

3. 头针疗法 选择焦氏头针法,按临床体征选瘫痪对侧的刺激区。运动功能障碍,取健侧相应部位的运动区;感觉功能障碍,取健侧相应部位的感觉区;下肢功能运动和感觉功能障碍,配对侧足运感区;平衡功能障碍,配病灶侧或双侧的平衡区。听力障碍取晕听区;言语功能障碍,配言语一、二、三区。运动性失语,选取运动区的下 2/5;命名性失语,选取言语二区;感觉性失语,选取言语三区。一般用 2 寸毫针,头皮常规消毒,沿头皮水平面成 30°角进针,深度达到帽状腱膜之下,再压低针身进针,捻转,平补平泻,3 岁以内患儿不留针,每日 1 次,10 次为 1 个疗程。

(三)日常生活及活动指导

脑瘫的康复是综合、复杂的过程,单靠医者每天有限的时间治疗不可能解决所有的问题,也不可能达到最佳疗效,必须结合家庭的配合治疗。家长可以根据患儿的临床症状采取治疗与教育相结合、与游戏相结合的原则,调动患儿的主动性和积极性,抑制不良

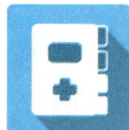

姿势,强化正常动作,以达到最佳的康复效果。

(四)心理治疗

脑瘫患儿常伴有心理和行为方面的异常,如敏感、胆小、情绪不稳、自我控制能力差、孤僻等,医者应根据患儿不同特点进行心理疏导。鼓励参加各种社会活动,注意平时与患儿交流。3岁以上的患儿应考虑送至幼儿园接受学前教育,有利于其心理发育。

三、注意事项

(1)本病一般在新生儿期即可发现,但少数患儿症状不明显,待坐立困难时才发觉,本病严重影响患儿生长发育及生活能力,是儿童致残的主要疾病之一。应引起广大临床医务工作者及家长的高度重视。

(2)对于小儿脑瘫应做到早诊断、早治疗。提倡在出生后3~6个月内确诊,脑瘫一旦确立,康复治疗应立即进行,康复治疗最佳时间不要超过3岁。

(3)推拿手法宜轻柔,力度不宜过大,特别是对挛缩关节的操作,更注意手法的力度和摇动的幅度。

(4)针刺手法以补法和平补平泻为主,头皮针法刺激量不宜太大,灸法注意不要烫伤患儿皮肤,痉挛型脑瘫患儿的痉挛侧不宜用电针治疗。

数字课件840

第四节　周围性面瘫的传统康复

案例引导

患者,男,54岁。主因左侧口眼歪斜5天收入针灸推拿科。患者因沐浴后出汗较多,室外乘凉,入睡前自觉左耳有不适感。次日晨起左耳后跳痛,左口角麻木,漱口流涎,至中午左侧闭目露睛,左侧额纹及鼻唇沟消失,鼓腮漏气,遂来医院就诊。舌淡,苔薄白,脉浮紧。问题:

1. 该患者最可能的诊断是什么?
2. 该患者的康复要点是什么?

面瘫就是以口眼歪斜为主要表现的疾病,又称"口眼歪斜",多为单侧性,偶见双侧。本病多见于现代医学的周围性面神经麻痹。患者常在睡眠醒来时发现一侧面部异常,病程日久若不恢复,常可产生面神经麻痹的后遗症。传统康复技术的针灸、推拿对本病有显著疗效。

一、康复评定

(一)病因病机

面瘫多与情志刺激、劳作过度、外伤、正气不足、风寒或风热乘虚而入等因素有关。本病病位在面部,与太阳、少阳、阳明经筋相关。基本病机是气血痹阻,经筋功能失调。

Note

周围性面瘫包括眼部、鼻部和口颊部三部分的筋肉症状。

（二）辨证分型

1. 风寒证　见于发病初期，面部有受凉史，舌淡，苔薄白，脉浮紧。

2. 风热证　见于发病初期，多继发于感冒发热，舌红，苔薄黄，脉浮数。

3. 肝胆湿热证　见于发病初期，伴有患侧耳后痛、耳郭疱疹、侧头痛、口苦、急躁易怒等，舌红，苔黄腻，脉滑数。

4. 气滞血瘀证　见于发病初期、中期、恢复期，伴有舌紫暗或有瘀点，脉细涩，部分患者有外伤史。

5. 气血不足证　多见于恢复期或病程较长的患者，兼见肢体困倦无力，面色淡白，头晕。

二、康复治疗

（一）推拿治疗

治以舒筋通络、行气活血。

按压印堂 30 s，一指禅推前额 5～10 遍，压三经 5～10 遍，分抹前额 5～10 遍，按压眉弓 3～5 遍。

揉太阳 1～2 min，指揉面部穴位 2～3 遍，推少阳 10～20 遍，勾揉风池 2～5 min，拿揉颈项 5～8 min，擦头侧 1～2 min。

击头 1～2 min，揉耳 1～2 min，梳理头 3～5 遍，结束。

（二）针灸治疗

治以活血通络、舒调经筋。取局部穴位和手足阳明经穴为主。

1. 毫针刺法

（1）主穴　阳白、睛明、太阳、四白、颧髎、颊车、地仓、翳风、合谷。

（2）配穴　风寒配风池；风热配曲池；肝胆湿热配太冲、阳陵泉、阴陵泉；气滞血瘀配太冲、膈俞；气血不足配足三里；抬眉困难配攒竹；鼻唇沟变浅配迎香；人中沟歪斜配水沟；颏唇沟歪斜配承浆；味觉减退配足三里；听觉过敏配阳陵泉；流泪配太冲。

（3）操作　面部穴均行平补平泻法，据辨证可加灸法；在急性期，面部穴位手法不宜过重，肢体远端的腧穴行泻法且手法宜重；在恢复期，合谷行平补平泻法，足三里行补法。

2. 头针疗法　用十字刺头维穴，行抽气法，颞前线由额厌穴进针，沿皮向悬厘穴透刺 1 寸，稍行抽气手法即可；顶颞前斜线下 1/3，沿皮由后上方向前下方透刺 1 寸，行抽气手法，有面部感觉障碍者，从顶颞前斜线下 1/3 处，再加一针，由前向后透刺 1 寸，即前斜线透后斜线，行抽气手法。在行针的同时，嘱患者或其家属抚摩患侧面部，将患侧面肌向耳郭部搓推，手法宜轻柔，使患者感到局部温暖舒适。每日或隔日 1 次，每次操作约 1 h，10 次为 1 个疗程。

三、注意事项

（1）面瘫后，要配合自我锻炼、按摩、理疗。表情动作自我锻炼如抬眉、闭眼、耸鼻、示齿、努嘴鼓腮，每日 2～3 次，每个动作 10～20 次。

（2）避免风寒，必要时应戴口罩、围巾。因患眼闭合不全，障目减少，致角膜闭合不全，从而易发生眼部感染，可用眼罩护眼及每日点眼药水 2～3 次，以预防感染。

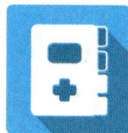

（3）病变初期，取穴宜少，针刺应浅，手法宜轻，留针应短；发展期针刺以泻为主，引邪外出；恢复期多用透刺法，激发经络之气，促进气血运行。

（杨丽莹）

能力检测

单选题

1. 体位性低血压属于（　　）。

A. 虚劳 　　　　B. 骨痿 　　　　C. 癃闭 　　　　D. 淋证 　　　　E. 痿证

2. 截瘫、四肢瘫的推拿治疗一般宜选择（　　）上的腧穴。

A. 足太阴脾经 　　　　　　　　B. 足阳明胃经 　　　　　　　C. 足少阴肾经

D. 手少阳三焦经 　　　　　　　E. 手少阴心经

3. 格林-巴利综合征的特征是（　　）。

A. 偏瘫 　　　　　　　　　　B. 四肢对称性弛缓性瘫痪 　　　　　C. 尿潴留

D. 痉挛 　　　　　　　　　　E. 继发性骨质疏松

4. 患者，男，60 岁。因突发言语不清，口眼歪斜，口角流涎，左侧肢体无力 1 天收住入院。伴吞咽困难、饮水呛咳。有心脏病史，安有心脏起搏器。进行早期康复治疗时应注意的是（　　）。

A. 针刺眼区穴位时宜长时间留针 　　　　　　　B. 腰背部腧穴宜深刺

C. 电针时电流调节应从大到小 　　　　　　　　D. 安装心脏起搏器者禁用电针

E. 痉挛期应采用兴奋性手法促进随意运动出现

5. 通过四诊辨证临床把小儿脑瘫分为哪种类型？（　　）

A. 1 型 　　　　B. 2 型 　　　　C. 3 型 　　　　D. 4 型 　　　　E. 5 型

6. 面瘫的针刺治疗一般宜选择（　　）上的腧穴。

A. 足太阴脾经 　　　　　　　　B. 足阳明胃经 　　　　　　　C. 足少阴肾经

D. 手足阳明经穴 　　　　　　　E. 手少阴心经

第九章　运动系统常见病的传统康复

第一节　肩周炎的传统康复

数字课件910

案例引导

患者,女,54岁。因左肩部疼痛6个月,加重1周来我院就诊。患者半年前无明显诱因下出现左侧肩背部疼痛,肩关节活动受限,热敷后可缓解,天气阴冷及劳累后疼痛明显,休息后稍减轻,曾在外院多次诊治,症状时好时坏,反复发作。1周前因天气变化又出现上述症状,来院求治。症见:患者左侧肩背部疼痛,肩关节活动受限,无明显的上肢放射痛及麻木,无头晕、胸闷,纳可,夜寐差,二便调。查体:左肩部肿胀不明显,肩前外侧压痛(十),肩外侧试验(十),肩关节外展60°,内旋30°。X线片提示:骨质未见异常。问题:

1. 该患者的诊断是什么?
2. 制定该患者的康复治疗方案。

肩关节周围炎简称肩周炎,是指肩关节囊和关节周围软组织损伤、退变而引起的一种慢性无菌性炎症。本病以肩关节疼痛、活动功能障碍、肌肉萎缩为主要临床特征,常发生在单侧肩部,多见于50岁左右的患者,多数无外伤史,少数仅有轻微外伤,可有受风着凉史,属于传统医学的"肩痹"范畴,又有"漏肩风""冻结肩""肩凝症""五十肩"之称。

一、康复评定

(一) 病因病机

五旬之人,肝肾渐虚,正气不足,气血亏虚,筋肉失于濡养,若局部感受风寒湿邪,或

Note

劳累闪挫,或习惯偏侧而卧,筋脉受到长期压迫,致气血阻滞而成肩痹。气血虚弱,血不荣筋为其内因,外伤劳损为其外因。肩痛日久,局部气血运行不畅,气血瘀滞,以致患处肿胀粘连,最终关节僵直,肩臂不能举动。

(二)辨证分型

1. 风寒湿型 肩部束痛,遇风寒痛增,得温痛缓,畏风恶寒,舌质淡,苔薄白或腻,脉弦滑或弦紧。

2. 瘀滞型 肩部肿痛,疼痛拒按,以夜间为甚,舌质暗或有瘀斑,苔白,脉弦或细涩。

3. 气血虚型 肩部酸痛,劳累后疼痛加重,伴头晕目眩,气短懒言,心悸失眠,四肢乏力,舌质淡,脉细弱或沉。

二、康复治疗

(一)推拿治疗

早期治以活血止痛为主,后期以松解粘连、滑利关节为主。

1. 取穴 肩井、肩髃、秉风、天宗、肩贞、肩内陵、曲池、合谷等。

2. 手法

(1)患者坐位,术者站于患侧,用一手握住患者手臂使其微外展,另一手施以㨰法、一指禅推法,重点在肩前部、三角肌部及上臂内侧。在肩前部及三角肌部施以㨰法时,另一手可配合患肢做外展、内旋、外旋活动,以患者能耐受的最大范围为度,注意动作缓和,幅度逐渐增大,切忌粗暴。

(2)依次按揉肩井、秉风、天宗、肩贞、肩髃、肩内陵、曲池、合谷等穴,夜间痛者,重点按揉天宗。

(3)摇肩:一手扶肩,另一手握其腕部或托住肘部,以肩关节为轴心作环转摇动,幅度由小到大。再作患肩的扳法,如内收扳、后伸扳和后伸旋内扳,以改善关节活动范围。

(4)抖搓:术者站在患侧前方,用双手握住患肢手腕部,慢慢向上提起,并同时进行牵拉抖动。提抖时要求患肢充分放松,提抖频率要快,幅度逐渐加大。最后用搓法从肩部到前臂反复上下搓动,以放松肩关节,拿肩内陵、曲池、合谷,结束治疗。

(二)针灸治疗

治以祛风散寒,化湿通络,活血止痛。早期针用泻法或针灸并用,取手三阳经穴为主,局部配合循经远端取穴。

1. 毫针刺法

(1)主穴 肩髃、肩髎、肩贞、肩前、阳陵泉、阿是穴。

(2)配穴 手阳明经证配合谷、条口透承山;少阳经证配手三里、外关;手太阳经证配后溪、大杼、昆仑;手太阴经证配尺泽、阴陵泉、列缺等;肩内廉痛加尺泽;肩前廉痛加合谷、列缺;肩后廉痛加后溪、小海;肩外廉痛加外关等。

(3)操作 肩前、肩贞要把握好针刺角度和方向,切忌向内斜刺、深刺;阳陵泉深刺或透向阴陵泉;条口透承山用强刺激;余穴按常规针刺。凡在远端穴位行针时,可令患者同时活动肩部。

2. 艾灸 取肩髃、肩髎、肩前、天宗、肩中俞、肩外俞、阿是穴等穴施灸,每穴约5 min,以患者皮肤潮红或患者感觉得气为度。特别适用于风寒入络,畏寒肢冷者。也可选用温针灸或热敏灸等方法。

3. 穴位注射 可取大杼、肩中俞、肩外俞、天宗、阿是穴。用药可选丹参、当归、川芎、

红花注射液或用1%普鲁卡因、维生素 B_1、维生素 B_{12} 注射液等。每次选用2～3穴,每穴注射约0.5 mL,隔日一次。或用封闭注射。

4. 电针　取肩髃、肩髎、肩前、天宗、曲池、外关、阿是穴等,每次选2～4穴。早期用密波,后期用疏密波,电刺激以患者耐受为度,每次15～20 min。

5. 耳针　取肩、肩关节、锁骨、神门、对应点等。每次取3～4穴,毫针强刺激,留针30 min;或用王不留行贴压耳穴。

（三）其他疗法

1. 拔罐　可在肩部周围加拔火罐并行走罐,或针后再加拔火罐。对肩部肿胀疼痛明显而瘀阻浅表者可用皮肤针中强度叩刺患部,使其少量出血,再加拔火罐。瘀阻较深者可用三棱针点刺2～3针导致少量出血,再加拔火罐。

2. 功能锻炼　自主锻炼和被动锻炼是配合治疗不可缺少的重要环节,是取得治疗效果的保障。常用锻炼方法有以下几种。

（1）爬墙锻炼　患者面对墙壁用双手或患侧单手沿墙壁缓慢向上摸高爬动,使患肢尽量上举,然后再缓慢向下回到原处,反复进行,循序渐进,不断提高爬墙高度。也可让患者站在单杠下用单手或双手握住单杠对肩关节进行牵拉,以解除粘连。

（2）环转运动　患者站立,单臂或双臂由前向后数次,再由后向前数次,做环转运动。或患者取弓步位,患肩由前向后摇肩数次,再由后向前摇肩数次,以最大限度地活动肩关节。

（3）扭腰甩手　自然站立,通过扭转腰身,来使胳膊自然摆荡。双手利用摆荡的力量,自然地敲打后腰、小腹、胸口、肩膀等。

（4）体后拉手　双手向后背伸,由健手拉住患肢腕部,逐渐向上提拉,反复进行以改善肩关节内旋范围。

（5）靠墙卜臂外旋　背部紧靠墙壁而立,上臂紧贴身体两侧,屈肘90°握拳,做上臂外旋动作,尽量使拳接近墙壁,反复进行。

三、注意事项

（1）注意休息,肩部避风寒,避免过度劳累。

（2）明确诊断,排除肩关节结核、肿瘤、骨折、脱臼等其他疾病,并与颈椎病、内脏病等引起的牵涉痛相区别。肩周炎病程越短,治疗效果越好。

（3）推拿治疗时注意手法缓和,避免拉伤肩关节周围软组织。

（4）功能锻炼是早日恢复肩关节功能的重要手段,应坚持每日锻炼。

第二节　颈椎病的传统康复

案 例 引 导

患者,男,42岁。因颈项部疼痛伴右上肢麻木1个多月收入我院康复科。患者1个月前无明显诱因出现颈项部疼痛伴右上肢麻木,休息后症状未见缓解,口服止痛药后颈项部疼痛有所缓解,但右上肢麻木改善不明显。现见颈椎

数字课件 920

Note

195

活动受限,右侧为甚,右上肢下垂时麻木症状加重,平放时症状减轻,长时间低头及劳累后症状明显加重,休息后稍缓解,上肢肌力无异常,偶见头痛头晕,无下肢踩棉花样感,纳可,眠一般,二便调,舌质红,苔白,脉细数。颈椎 X 线提示:颈椎生理曲度变直,各椎体可见不同程度的骨刺生成,$C_4 \sim C_7$ 椎间隙变窄。

问题:

  1. 该患者的诊断是什么?属哪一种类型?

  2. 该患者的康复评定及康复措施主要有哪些?

颈椎病又称颈椎综合征,是增生性颈椎炎、颈椎间盘脱出以及颈椎间关节、韧带等组织的退行性改变刺激和压迫颈神经根、颈髓、椎动脉和颈部交感神经等而出现的一系列综合症候群。其部分症状属于传统医学的"项强""颈肩痛""头痛""眩晕""颈筋急"范畴。本病多发于中老年人,以 40～60 岁多见。近年来,随着人们生活方式的改变,罹患本病的年龄逐渐年轻化。

目前,国内专家倾向于将颈椎病分为颈型、神经根型、脊髓型、椎动脉型、交感型和混合型。除了病史和临床表现外,可通过叩顶试验、椎间孔挤压试验、臂丛神经牵拉试验、前屈旋颈试验、椎动脉扭曲试验,以及影像学检查结果进行综合判断,确诊不难。

一、康复评定

(一) 病因病机

本病多因年老体衰、肝肾不足、筋骨失养;或久坐耗气、劳损筋肉;或感受外邪、客于筋脉;或扭挫损伤、气血瘀滞、经脉不通所致。慢性劳损为内因,外伤扭挫为外因。

由于颈项部日常活动频繁,活动度较大,易受外伤,因而中年以后颈部常易发生劳损。如从事长期低头伏案工作者,或颈部受过外伤者,或由于肝肾不足而筋骨懈惰者,均可引起椎间盘萎缩变性,弹力减少,向四周膨出,椎间隙变窄,继而出现椎体前后缘与钩椎关节的增生,小关节关系改变,椎体半脱位,椎间孔变窄,黄韧带肥厚、变性及韧带钙化等一系列改变。当此类劳损性改变影响到颈部神经根、颈部脊髓或颈部主要血管时,即可发生一系列相关的症状和体征。

(二) 辨证分型

1. 辨经络

(1) 督脉、足太阳经证 颈项、后枕部疼痛,项部僵紧不舒。

(2) 手太阳经证 颈项部不舒,压痛明显,疼痛可沿前臂尺侧放射,第 4～5 指麻木。

(3) 手阳明经证 颈、肩、上臂的外侧和前臂桡侧发生放射性疼痛、麻木,可伴有拇指、食指和中指麻木。

2. 辨证候

(1) 风寒痹阻型 久卧湿地或夜寐露肩而致项强脊痛,肩臂酸楚,颈部活动受限,甚则手臂麻木冷痛,遇寒加重,舌淡,苔白,脉弦紧。

(2) 劳伤血瘀型 若在外伤后出现颈项、肩臂疼痛,手指麻木,劳累后加重,项部僵直或肿胀,活动不利,肩胛冈上下窝及肩峰有压痛,舌质紫暗有瘀点,脉涩。

(3) 肝肾亏虚型 颈项、肩臂疼痛,四肢麻木乏力,头晕耳鸣,腰膝酸软,遗精或月经不调,舌红,少苔,脉细弱。

二、康复治疗

（一）推拿治疗

治以舒筋活血，理筋整复。

1. 取穴 两侧颈椎夹脊穴、风池、肩井、风府、肩中俞、肩外俞、肩髃、曲池、手三里、外关、内关、合谷、神门等，部位可取斜方肌、冈上肌等。

2. 手法

（1）松解手法 宜在逐步放松的情况下用轻缓柔和的刺激性手法。

患者取坐位，术者位于其背后，用一指禅推、滚、按揉患者的颈肩部、上背部及上肢肌肉；按揉以上腧穴，以"得气"为度，时间约 10 min，手法由轻至重。

（2）调整手法 当患者颈肩背部逐渐放松时，宜在颈椎拔伸状态下小幅度旋转摇颈椎，以调整颈椎微小错移；扳颈以调整颈椎微小错位或微脱位；颈项部拔伸，缓解颈部神经血管受压情况。

（3）整理手法 拿风池、按揉颈椎夹脊、拿揉肩井、拿揉肩背部、拿揉上肢 3～5 次；揉、搓、抖患侧上肢 1～2 遍结束治疗。

椎动脉型颈椎病患者，应重点在头面部与颈项部施术。头面部常采用抹法、分推法、按揉法、扫散发、五指抓拿法；颈项部常采用滚法、揉法、按法、拿法及拔伸法。

（二）针灸治疗

治以舒筋通络，活血止痛，补益肝肾。

1. 主穴 取手足太阳经、足少阳经、华佗夹脊穴为主；局部配合远部取穴或对症取穴，多取颈夹脊、大椎、天柱、风池、阿是穴。

2. 配穴 风寒痹阻者配风门、风府以祛风通络；劳损血瘀者配膈俞、合谷、太冲以活血化瘀、通络止痛；肝肾亏虚配太溪、太冲、肝俞、肾俞以补益肝肾、生血养筋。肩背部疼痛可配肩井、天宗以疏通经气、活络止痛；上肢及手指麻痹配曲池、合谷、外关以疏通经络、调理气血；头晕、头痛、目眩配百会、风府、太阳以祛风醒脑、明目止痛；恶心、呕吐配天突、内关以调理胃肠。

3. 操作

（1）毫针刺法 风池穴向鼻尖方向针刺，其他穴位常规针刺。补虚泻实，每日 1 次，10 天 1 个疗程。

（2）艾灸 取百会、神庭、印堂、风府、风池、肩井、内关等穴施灸，每穴约 5 min，以患者皮肤潮红或患者感觉得气为度。温针灸尤适于挟有风寒湿的患者。热敏灸可用于各型颈椎病。

（3）电针 取颈部夹脊穴、风池、大杼、肩井、肩中俞、天宗。每次选用 2～4 穴，针刺得气后接通电针仪，以连续波或疏密波刺激 20～30 min。

（4）皮肤针 叩刺大椎、大杼、肩中俞、肩外俞，使皮肤潮红或有少量出血。如有风湿热，可加拔火罐。

（5）耳针 取颈椎、神门、肩、颈、交感、肾上腺、皮质下、肝、肾、肩等。每次取 3～4 穴，毫针强刺激，留针 20～30 min；亦可用王不留行贴压，每次取单侧 6～8 个耳穴，贴压 3～7 天，两侧耳交替贴压。

（三）功能锻炼

坚持功能锻炼可改善或维持患者颈椎关节活动度，提高颈肩部肌肉力量，维持康复

治疗效果,无颈椎病者进行锻炼也可起到预防作用。常用锻炼方法有以下几种。

1. 左顾右盼　两脚分开与肩同宽,两臂自然下垂,全身放松,两眼平视,均匀呼吸,站坐均可,头先向左后向右转动,幅度宜大,尽可能活动到最大限度,以自觉酸胀为好,30 次。

2. 前后点头　两脚自然分开,全身放松,两手叉腰,均匀呼吸,站坐均可,头先前再后,前俯时颈项尽量前伸拉长维持 5～10 s,后伸颈项部尽可能最大幅度维持 5～10 s,30 次。

3. 旋肩舒颈　双手置两侧肩部,掌心向下,两臂先由后向前旋转 20～30 次,再由前向后旋转 20～30 次。

4. 摇头晃脑　两脚自然分开,全身放松,两手叉腰,头向左、前、右、后旋转 5 次,再反方向旋转 5 次,动作不宜过快。

5. 头手相抗　两脚自然分开,双手交叉紧贴后颈部,用力顶头颈,头颈则向后用力,互相抵抗 5 次。

6. 双手托天　两脚自然分开,双手上举过头(可双手交叉上举过头),掌心向上,仰视手背 5 s,30 次。

三、注意事项

(1) 注意颈项部自我保护和休息,纠正平时不良习惯姿势,低头工作不宜太久,避免头顶、手持重物,配合相应的功能锻炼。

(2) 注意肩颈部的保暖,睡眠时枕头不宜过高、过低、过硬,最好另用一只小枕头,垫放在颈项部。

(3) 推拿时手法宜轻柔和缓,切忌暴力、蛮力和动作过大,以免发生意外。

(4) 椎动脉型颈椎病患者,不宜做后仰头转颈运动,以免加重眩晕。

(李少娴)

第三节　腰椎间盘突出症的传统康复

案 例 引 导

患者,男,42 岁。因腰痛伴下肢沉痛行走无力 2 天就诊。患者 2 天前因盖房挖土,不慎将腰部扭伤,腰痛呈进行性加重,逐渐至下肢行走无力,左下肢放射性疼痛,由家人送至医院就诊。现症:腰痛拒按,无法弯腰及下蹲,行走无力,左下肢困痛伴左足趾麻木,左下肢直腿抬高试验阳性。舌淡红,苔薄白,脉细涩。腰椎 CT 提示:$L_{3\sim4}$ 和 $L_5\sim S_1$ 腰椎间盘突出,硬膜囊受压。问题:

1. 该患者最可能的诊断是什么?

2. 该患者的传统康复治疗方案应如何制定?

Note

腰椎间盘突出症又称腰椎间盘纤维环破裂症、腰椎间盘纤维环破裂髓核突出症,简称腰突症,属中医学"腰痹""腰痛""腰腿痛"等范畴,是临床上常见的腰腿痛疾病之一。

一、康复评定

(一)病因病机

本病多因肾虚腰府失养,外邪杂至或腰部受损而引起气血痹阻,不通不荣所致。肾虚是发病之关键,感受风寒湿热等邪及跌仆闪挫等是发病之诱因。基本病机是腰部经脉失养,气血瘀滞。疾病早期以邪盛为主,表现为经络痹阻,或气滞血瘀;日久不愈,表现为肾元亏虚,或肝肾亏虚。

(二)辨证分型

1. 寒湿阻络型　腰腿冷痛,酸胀重浊,转侧不利,下肢一侧或双侧麻木疼痛,阴雨天或受潮湿发作或加重,得热痛减,舌质淡,苔白腻,脉沉而迟缓。治以祛湿散寒,理气止痛。

2. 湿热阻络型　腰腿疼痛,痛处伴有热麻感,常于夏季症状较重,口苦,小便黄赤,舌红,苔黄腻,脉濡数或弦数。治以清热利湿,舒筋通络。

3. 瘀血阻络型　腰及下肢一侧或双侧疼痛,痛有定处,日轻夜重,活动、负重疼痛加重,舌质紫暗或有瘀斑,脉涩。治以活血化瘀,通络止痛。

4. 肝肾亏虚型　腰膝痠软疼痛,下肢一侧或双侧隐隐作痛,喜按喜揉,遇劳更甚。偏于阳虚者,则手足不温,舌淡苔白,脉沉细;偏于阴虚者,则手足心热,舌红少苔,脉弦细数。治以滋补肝肾。

二、康复治疗

(一)推拿治疗

推拿对腰椎间盘突出症疗效肯定,应遵循以动为主、动静结合的治疗原则,选择适宜的运动方式,手法力度及活动幅度是取得疗效的关键。

1. 放松方法　患者俯卧位,术者用右手手掌置于患者腰背部,从上向下按揉脊柱两侧竖脊肌、揉腰部、髂嵴最高点、骶髂部、腰骶部、臀及腿部,以循经穴位环跳,患侧承扶、殷门、委中、承山、悬钟穴为重点。

术者两掌相叠,置于患者腰部脊柱正中,沿脊柱的棘突至骶髂关节、双侧环跳,患侧承扶、殷门、委中、承山、悬钟穴,自上而下有节律地垂直向下按压3~5遍。

患者俯卧位,术者以单手或双手拇指指腹部着力于患者腰部从竖脊肌一侧至悬钟,以食、中、无名和小指掌侧着力于另一侧,以指腹呈对合形式拿揉腰腿部肌肉,一松一紧,拿中予揉,揉中予拿,持续操作5~7遍。

患者俯卧位,术者在患者背部沿脊柱两侧竖脊肌施擦法。以上手法均反复操作3~5遍,先轻后重,再由重转轻。

2. 腰腿部疼痛　以舒筋通络,活血化瘀,解痉止痛为原则。推拿选择部位以腰背部的背阔肌、腰方肌、竖脊肌等肌肉为主,并选择循行于腰背部的足太阳膀胱经脉、督脉及其穴位。

患者俯卧位,术者以一手拇指指腹部着力于患者脊柱的棘突间隙进行点按,自上而下,每一棘突间隙均点按3~5遍,经骶髂关节至双侧环跳,特别是有条索状硬结的部位,应在点按的基础上加用指拨手法,反复操作3~5遍。

3. 腰腿部活动功能障碍 以舒筋通络、整复错位、松解粘连、滑利关节为原则。

治疗部位和穴位选择参照腰腿部疼痛的手法。在疼痛减轻后,可用腰及下肢部各关节摇法、扳法和拔伸法以滑利关节。

4. 腰腿部肌力减弱 以疏通经络、行气活血为原则。治疗部位和穴位选择参照腰腿部疼痛的方法。

术者先用按、揉手法在患者脊柱两侧、腿部的膀胱经施术,再用捏脊法自长强至大椎,然后用双手拇指同时点按竖脊肌内侧和外侧、督脉的各穴位、环跳、承扶、委中、悬钟穴,最后用推、擦、摩及拍腰背两侧竖脊肌、腰骶部及腿部,以透热为度,达活血通络之目的。

5. 整理方法 上法结束后,再以大鱼际、小鱼际擦法直擦腰部两侧膀胱经和患侧承扶、殷门、委中、承筋、承山、悬钟穴,横擦至腰骶部,以透热为度。

(二)针灸治疗

治以补肾壮腰、舒筋活血、通络止痛。

1. 毫针刺法

(1)主穴 肾俞、大肠俞、腰阳关、委中、悬钟、阿是穴。

(2)配穴 扭伤引起者配水沟、腰痛穴;脊正中痛配水沟穴;脊柱两侧疼痛配委中、后溪;伴有大腿后侧放射痛者配委中;小腿外侧放射痛者配承山、阳陵泉、悬钟。

(3)操作 寒湿腰痛、瘀血腰痛用泻法;肾虚腰痛用补法。此外,可配合艾灸、电针、拔罐、穴位注射、按摩、外敷等方法。

2. 针刺拔罐 针刺拔罐具有解除局部肌肉痉挛、止疼、消除神经根部血肿和水肿的作用,可减轻椎间隙的压力,改善腰肌及骶棘肌的痉挛。以选取足太阳经脉、足少阳经脉、督脉经穴为主,足太阴经脉穴位为辅。针用泻法并拔火罐。主穴取肾俞、大肠俞、腰阳关、环跳、阳陵泉、委中、阿是穴。血瘀证配血海、膈俞;寒湿证配肾俞、腰阳关;湿热证配阴陵泉、三阴交;肝肾亏虚配太溪、命门、悬钟。

(三)传统功法

传统功法中的五禽戏、易筋经、少林内功、八段锦等对于腰腿痛有一定的防治作用,可针对某些部位进行练习。

(四)其他康复疗法

1. 腰椎牵引 患者仰卧位,平躺于电动多功能牵引床上,用牵引带固定腰部和骨盆处,启动开关,牵引力调至以患者能耐受为度(一般 30~50 kg 为宜)。治疗 1 周后依次递增压力至 55~70 kg,牵引 30 min,将牵引力调为 0,解开固定带,休息 3 min,侧坐起床。30 天为 1 个疗程。

2. 中药热熨 选择具有活血散瘀、祛风除湿、温肾助阳、通络止痛的中药煎液趁热熏蒸或熨贴腰部,既能缓解局部充血水肿引起的疼痛,又能改善局部肌肉痉挛、松解粘连、促进炎性物质的吸收和局部水肿消退。常用方:红花 20 g、威灵仙 30 g、川芎 20 g、艾叶 20 g、制川乌 15 g、制草乌 15 g、桂枝 15 g、鸡血藤 30 g、独活 15 g、木瓜 15 g、伸筋草 30 g、透骨草 30 g、杜仲 30 g、白花蛇 1 条。外用。

(五)日常生活及活动指导

不良的姿势可诱发腰腿痛或使腰腿痛症状加重。故对患者日常生活活动的指导非常重要,如避免搬动、抬重物;避免大幅度屈伸腰部,拾物时以下蹲代替弯腰;腰部用力活

动时,要注意保护腰椎,可使躯体肌肉先作适当收缩,以加强脊柱的稳定性。腰部动作必须平稳有控制,避免用力过猛,避免在腰部侧弯、扭转姿势下用力;携带重物时尽量贴近躯干,减轻腰椎负荷;坐椅不宜过低,靠背应与腰部相平。坐位工作时桌椅的高度须适当,维持腰椎生理前凸,使腰椎负荷的应力分布均匀。

知识链接

腰椎间盘突出症和腰肌劳损的鉴别

1. 活动是否受限　腰背肌劳损的患者,其腰部活动度一般影响不大,通常是早晨起床或久坐起立时,腰背痛诱发加剧,相反,活动开来后可明显缓解。但是腰椎间盘突出症患者往往出现向前、后、左、右等至少一个方向的弯腰困难。

2. 有无腿痛　腰椎间盘突出患者多有坐骨神经痛,或有的从臀部开始,逐渐放射到大腿后外侧、小腿外侧、足背及足底外侧和足趾的腿痛。腰肌劳损通常只有腰痛。

3. 压痛点是中间还是两边　部分腰椎间盘突出患者的压痛点主要位于棘突旁即背部中间。压痛时,可出现沿神经根走行的下肢放射痛。腰肌劳损患者的腰背肌局部有压痛。

4. 影像学检查　利用 X 线、CT 或核磁共振来鉴别。

三、注意事项

(1) 推拿对于缓解腰背部疼痛疗效显著,但每种疾病应根据具体情况灵活运用。腰背部疼痛的急性期慎用推拿手法,可根据患者的具体情况选用药物或制动以消炎止痛;在症状缓解后,可做轻柔的手法以解痉止痛。对于活动功能障碍严重的患者,宜用较轻柔的手法,反之可用较强的刺激的手法。运用拔伸法时切忌暴力拔伸,以免造成损伤,拔伸过程中不可忽松忽紧。

(2) 针灸对腰肌劳损及风湿性腰痛疗效最好,腰椎病变和椎间盘突出引起的腰痛,针灸可明显缓解症状,腰部小关节周围的韧带撕裂引起的腰痛疗效较差,内脏疾病引起的腰痛要以治疗原发病为主,因脊柱结核、肿瘤等引起的腰痛,则不属针灸治疗范围。

(3) 急性疼痛期应绝对卧硬板床休息3~4周,以减少椎间盘承受的压力,避免疼痛加重;注意腰间保暖,避免受凉受寒和贪食生冷之物。加强腰背部保护,腰部须弹力腰围固定,以利于腰椎的恢复;多吃含钙量高的食物,如牛奶、虾皮、海带、芝麻酱、豆制品等以利于钙的补充等。同时注意不要做弯腰用力的动作如拖地板,注意劳动姿势,避免长久弯腰和过度负重,以免加速椎间盘突出的复发。

(4) 腰痛的患者常存在腰背肌和腹肌的减弱,影响了腰椎的稳定性,是腰痛迁延难愈的原因之一,因此在临床上应重视腰背肌和腹肌的锻炼,使腹肌与腰背肌保持适当的平衡,维持良好姿势及保持腰椎的稳定。一般当患者症状初步缓解后,宜尽早开始卧位时的腰背肌和腹肌的锻炼。

第四节　软组织损伤的传统康复

数字课件940

案例引导

患者,女,55岁,因扭伤致腰部疼痛活动受限1h入院。入院1h前患者因下楼梯时,不慎将腰部扭伤,立即出现腰部疼痛剧烈,不能站立及行走,活动明显受限。患者家属将其扶于一旁休息,但症状未见好转,继而出现面色发青,精神萎靡,未出现头晕、头痛、呕心、呕吐。于是前来我科诊治。查体:神志清楚,血压正常,生命体征平稳,腰部肌肉紧张,肿胀,广泛压痛明显,屈伸侧弯,活动受限,右直腿抬高试验(一),加强试验(一)。双膝腱反射正常,跟腱反射正常,双下肢感觉、温度无异常。问题:

1. 该患者最可能的诊断是什么?
2. 该患者的传统康复治疗方案应如何制定?

软组织损伤是指各种急性外伤或慢性劳损以及风寒湿邪侵袭等原因造成人体的皮肤、皮下浅深筋膜、肌腱、腱鞘、韧带、关节囊、滑膜囊、椎间盘、周围神经血管等组织的病理损害,称为软组织损伤。临床表现为疼痛、肿胀、畸形、功能障碍等。急性软组织损伤是因外伤引起皮肤或肌肉损伤,可出现肿胀、疼痛等症状;慢性软组织损伤是因急性软组织损伤后治疗不及时,症状未减轻,仍有肿胀、疼痛。中医学认为软组织损伤属于"筋伤"范畴。

一、康复评定

(一)病因病机

祖国医学认为,急性伤筋多因外来暴力、猛烈撞击、重物挫压、不慎跌仆、强力扭转等引起;慢性伤筋多因慢性劳损,或由急性伤筋转化而来,常与体质、年龄、风寒湿三气侵袭有关,表现为局部肿胀、瘀斑、疼痛、活动受限。其主要病机是气滞血瘀,络脉不通。

(二)辨证分型

1. 瘀滞型　夜间痛甚,痛处固定拒按,舌质暗红,或有瘀斑。治宜活血散瘀,通络止痛。

2. 风寒湿阻证　反复劳损或伤后日久而发,局部筋紧,活动受限,静时痛增,动则痛减,喜按喜揉。治宜祛风散寒,除湿通络。

3. 血不濡筋证　伤后日久未愈,肌萎筋缓,活动欠力。治宜养血壮筋。

4. 瘀热入络证　伤后迁延日久,部位可触及硬块,灼热红肿,活动受限,活动后疼痛,口干不欲饮,舌暗红、苔薄黄。治宜化瘀消肿,清热解毒。

Note

二、康复治疗

(一) 推拿治疗

推拿治疗软组织急慢性损伤疗效肯定,穴位选择、手法力度以及治疗时机的把握是决定疗效的关键。因此临证时应根据具体情况,灵活运用,以便取得更好的疗效。

1. 上肢推拿

(1) 放松方法　患者正坐位,术者首先在患者的三角肌、肱二头肌、肱三头肌上施擦法,其次在肘部的内侧和外侧、腕部实施大鱼际揉法。

在患者的肩井、肩贞、肩髃、臂臑、手三里、曲池、尺泽、小海、少海、内关、太渊、外关、合谷、劳宫及阿是穴实施点按法、揉法。

在肩、肘、腕部周围实施推法。

以上手法均反复操作3～5遍。

(2) 上肢疼痛　治以舒筋通络、活血化瘀、解痉止痛。

肩部以三角肌、肱二头肌、肱三头肌和肩袖为主,选取肩部的手三阳经循行路线,取肩井、肩髃、肩贞、臂臑、手三里、曲池及阿是穴。

肘部以周围的旋前圆肌、桡侧腕屈肌、掌长肌、指浅屈肌、尺侧腕屈肌、肱二头肌、肱三头肌等为主,选取肘部的手三阳经、手三阴经循行路线,取曲池、尺泽、小海、少海、手三里。用按法、揉法、拿法、点法、拨法、抖法、擦法等。

腕部以桡侧副韧带和尺侧副韧带为主,选择腕部手三阴经和手三阳经的循行路线,取内关、太渊、外关、合谷、劳宫及阿是穴。用按法、揉法、点法、推法、理法、拨法、拔伸法、摇法、抖法、擦法、搓法等。

以上手法均反复操作3～5遍。

(3) 上肢关节活动障碍　治以舒筋通络、松解粘连、理筋整复、滑利关节。

患者取坐位或仰卧位,术者在患侧肩、肘、腕部的内、外侧施推法,自上而下,往返3～5次,配合患肢被动外展、外旋活动,重点在肱二头肌长、短头腱处、肱骨内、外上髁。

患者取坐位或仰卧位,被动外展肩关节50°。术者在结节间沟、肩胛内角的内上方、肩胛骨脊柱缘及上臂部位,做与肌纤维或肌腱、韧带成垂直方向的单向或来回拨动,自上而下3～5遍,以患者能耐受为度。

患者取坐位或仰卧位,患侧肘关节屈曲,术者一手按住肩关节上部,另一手托住肘

部,使其前臂放在术者前臂上。然后手臂部协同用力,做肘关节拔伸,再做肘关节的旋转、摇法。

患者取坐位或站立位,肩臂部放松,术者站在其前外侧,慢慢将被抖动的上肢向前外方抬起至 60°左右,然后两前臂微用力做连续的小幅度的上下抖动,使抖动所产生的抖动波似波浪般地传递到肩部。

患者取坐位或仰卧位,术者手法同前。抖动范围可扩及整个上肢,做 3~5 遍,同时配合肩部的外展、内旋、外旋被动活动,幅度由小到大,力度由轻到重。

术者握住患者上臂做肩关节拔伸法。

(4)上肢肌力减弱障碍　治以疏通经络、行气活血。

以三角肌、肱二头肌、肱三头肌和冈上肌、冈下肌、肩胛下肌及小圆肌的肌腱组成的肩袖为主,并选择循行于肩部的手三阳经脉,取肩井、肩髃、手三里、外关、合谷、阿是穴。手法用点法、揉法、擦法、抖法等。反复用拇指行旋转揉动或深沉的点法,使指力透过皮肤而深达穴位深层的肌肉中,产生相应的感应。然后在肘部用拇、食二指沿肱桡肌、旋前圆肌至掌指关节施拿法。操作 3~5 遍。

患者正坐位,术者分别直擦肩关节内外侧、肘关节内外侧、腕关节内外侧。行均匀的上下左右直线往返摩擦移动,自上而下,以透热为度;再以肩部抖法施之,达活血通络之目的。

(5)整理手法　患者正坐位,术者自上而下在肩、肘、腕周围做环形或直线往返摩法。

分别在肩部、肘部、腕部做上下快速往返移动的搓法。

在肩、肘腕关节周围实施擦法,以透热为度。

以上手法均操作 3~5 遍。

2．下肢推拿

(1)放松手法　术者分别用㨰法、揉法、拿法施于患侧下肢,重点部位在足三阴经和足三阳经循行线,力度由轻到重。

以揉法、点按法施于环跳、秩边、血海、阴陵泉、足三里、阳陵泉、昆仑、照海、阿是穴等。

可从上至下掌推或擦患侧下肢足三阴经和足三阳经循行线,以透热为度。

以上手法均可操作 3~5 遍。

(2)下肢疼痛　治以舒筋通络、活血化瘀、消肿散结、解痉止痛。

髋部以臀大肌、臀中肌、髂股韧带为主,选择循行于髋部的足三阳经脉。

膝部以股四头肌、股二头肌、半腱肌、半膜肌、腓肠肌、比目鱼肌、胫骨前肌等为主,选择循行于膝部的足三阴经脉和足三阳经脉。

踝部以跟腱、胫前肌腱、伸肌腱、伸趾长肌腱、第三腓骨肌腱、胫后肌腱、屈肌腱、屈趾长肌腱和腓骨长、短肌腱为主,选择循行于踝部的足三阴经脉、足三阳经脉,取髀关、血海、阳陵泉、阴陵泉、膝眼、足三里、悬钟、解溪、昆仑、委中、承山等穴进行点按,以患者能耐受为度。

以上手法选用㨰法、揉法、点法、按法、推法、拨法、搓法、擦法等,均可操作 3~5 遍。

(3)下肢活动功能障碍　治以舒筋通络、活血祛瘀、消肿止痛、滑利关节。

髋部以臀大肌、臀中肌、髂股韧带为主,选择循行于髋部的足三阳经脉。

膝部以股四头肌、股二头肌、半腱肌、半膜肌、腓肠肌、比目鱼肌、胫骨前肌等为主,选

择循行于膝部的足三阴经脉和足三阳经脉。

踝部以胫前肌腱、伸肌腱、伸趾长肌腱、第三腓骨肌腱、胫后肌腱、屈肌腱、屈趾长肌腱和腓骨长、短肌腱为主，并选择循行于踝部的足三阴经脉和足三阳经脉。选取环跳、秩边、髀关、血海、阴陵泉、阳陵泉、膝眼、足三里、承山、悬钟、解溪、昆仑、丘墟穴进行点按，以患者能耐受为度。

以上手法均可操作 3～5 遍。

（4）下肢肌力减弱　治以疏通经络。治疗部位和取穴同"下肢疼痛"。

患者俯卧位，在环跳、秩边、阿是穴施指推法，使局部产生热感为度。

患者俯卧位，术者站在患侧，用掌根揉法，从臀沟至腘窝至踝尖足三阳经循行路线上施术，使局部产生热感为度。

患者仰卧位，用擦法和搓法从髋关节、股内收肌肌群及下肢至足跟足三阴经和足三阳经的循行路线施术，擦循行的经脉，以透热为度。

以上手法均可操作 3～5 遍。

（5）整理手法　上述诸法结束后，再分别以按法、擦法、搓法在患肢自上而下施术 3～5 遍。

（二）针灸治疗

针灸治疗软组织损伤疗效较好。临证操作时要根据患者年龄的大小、病情的轻重、病程的长短、损伤的部位等选择针刺手法、穴位配伍。治疗原则为舒筋活络，活血化瘀，通络止痛。

1. 上肢软组织损伤

（1）主穴　肩髃、肩贞、曲池、外关、合谷、阿是穴。

（2）配穴　肩部损伤配肩髎、臂臑；肘部损伤配手三里、小海、少海；腕部损伤配太渊、后溪、养老、通里、阿是穴；前臂旋前肌受限者配手三里；前臂旋后肌受限者配尺泽；肘内侧疼痛配少海；肘尖疼痛配小海。

2. 下肢软组织损伤　髋部取环跳、秩边、承扶、风市。膝部取血海、膝眼、阳陵泉、足三里。踝部取丘墟、解溪、昆仑、太溪、阳陵泉。另可根据不同损伤部位配取阿是穴，或在其上下循经取穴。

3. 操作　毫针平补平泻。可点刺放血。肘部、腕部扭伤者，取扭伤部位相应腧穴或阿是穴，先用三棱针点刺，或用皮肤针重叩出血，然后再加拔火罐。适用于新伤局部血肿明显、陈伤瘀血久留、寒邪袭络等证。

（三）传统运动疗法

软组织损伤的急性期过后，应开始各关节的功能锻炼，练习活动量的大小应以不痛为原则，以改善血液循环、恢复关节活动范围及肌力。具体运动功法可选用八段锦、五禽戏、易筋经等，可成套练习，也可单独选取其中适合自己的单节练习。

（四）其他康复疗法

（1）中药外治法　可选用活血化瘀、消肿止痛的中药外治剂型（如膏、散、酊等），对急性和慢性软组织损伤均有疗效，也可应用中药热敷、熏洗等。

（2）刮痧疗法　急、慢性软组织损伤可采用刮痧疗法进行治疗。具体操作可参考刮痧技术章节内容。

Note

三、注意事项

（1）急性期局部肿胀、疼痛剧烈时不宜推拿。

（2）软组织损伤24 h内不可用湿热敷，早期应配合冷敷止血，适当限制扭伤局部的活动，然后予以热敷，以助消散。

（3）刮痧治疗急性软组织损伤，操作时宜轻柔，力度宜小；对慢性软组织损伤手法宜重，力度宜大。

（4）足部按摩治疗急性软组织损伤时，对损伤部位的反射区宜用较大的力度，操作时间宜长；对慢性软组织损伤部位的反射区进行按摩时，可适当减少力度和时间，而相应增加按摩次数。

（刘婷婷）

能力检测

单选题

1. 肩周炎常见病位不包括以下哪条经？（　　　）

A. 手太阳经　　　B. 手少阳经　　　C. 手阳明经　　　D. 手太阴经　　　E. 手少阴经

2. 肩周炎功能评定内容不包括下列哪项？（　　　）

A. 肌力　　　　　　　　　B. 关节活动度　　　　　　　C. Harris 评分标准

D. Constant-Murley 标准　　　E. BMI 指数

3. 臂丛神经牵拉试验阳性提示（　　　）。

A. 颈型颈椎病　　　　　　B. 神经根型颈椎病　　　　　C. 脊髓型颈椎病

D. 交感型颈椎病　　　　　E. 椎动脉型颈椎病

4. 治疗颈椎病的主穴不包括（　　　）。

A. 颈夹脊　　　B. 风池　　　C. 百会　　　D. 天柱　　　E. 阿是穴

5. 颈椎病推拿治疗方法主要为（　　　）。

A. 松解、调整、整理　　　　B. 放松肌肉　　　　　C. 松解粘连、调整关节

D. 活动关节、缓解疼痛　　　E. 放松、整复

6. 最容易引起腰椎间盘突出症的部位是（　　　）。

A. $L_1 \sim L_2$　　　　　　　B. $L_4 \sim L_5$　　　　　　　C. $L_2 \sim L_3$

D. 以上都是　　　　　　　E. 以上都不是

7. $L_4 \sim L_5$ 椎间盘突出症，下列哪项呈阳性？（　　　）

A. 直腿抬高试验　　　　　B. 股神经牵拉试验　　　　　C. "4"字试验

D. 椎间孔挤压试验　　　　E. 床边试验

8. 腰椎间盘突出症的主要原因是（　　　）。

A. 腰椎不稳　　　　　　　B. 腰椎骨质疏松　　　　　C. 腰背肌无力

D. 椎间盘退变　　　　　　E. 纤维破裂

9. 腰椎间盘突出症患者的跟腱反射减弱或消失提示受压的神经根最可能是（　　　）。

A. S_1　　　　B. L_5　　　　C. L_4　　　　D. L_3　　　　E. L_2

10. 造成慢性伤筋最常见的原因是（　　　）。

A. 直接暴力　　　　　　　B. 间接暴力　　　　　　　C. 持续劳损

D.肌肉强烈收缩　　　　　　　　　E.挫压

11. 肘关节扭挫伤引起的肘部血肿极易出现的并发症是(　　)。

A.创伤性关节炎　　　　　　B.骨化性肌炎　　　　　　C.肱骨头坏死

D.关节内游离体　　　　　　E.网球肘

12. 膝关节侧副韧带损伤可出现(　　)。

A.抽屉试验阳性　　　　　　B.侧方挤压试验阳性　　　　　C."4"字试验阳性

D.回旋挤压试验阳性　　　　E.研磨试验阳性

全书参考答案

参 考 文 献

CANKAOWENXIAN

[1] 王永炎.中医内科学[M].上海:上海科学技术出版社,2014.
[2] 石学敏.针灸推拿学[M].北京:中国中医药出版社,2003.
[3] 周信文.足部保健按摩[M].北京:中国劳动社会保障出版社,2004.
[4] 甄德江.针灸推拿学[M].北京:中国中医药出版社,2006.
[5] 周世民.中医传统康复疗法[M].北京:中国中医药出版社,2006.
[6] 陆寿康.刺法灸法学[M].2版.北京:中国中医药出版社,2007.
[7] 伦新.实用针灸推拿治疗[M].北京:人民卫生出版社,2007.
[8] 刘冰,马国红.中医护理学[M].3版.西安:第四军医大学出版社,2015.
[9] 严隽陶.推拿学[M].2版.北京:中国中医药出版社,2009.
[10] 王启才.针灸治疗学[M].2版.北京:中国中医药出版社,2007.
[11] 罗才贵.推拿治疗学[M].北京:人民卫生出版社,2006.
[12] 徐恒泽.针灸学[M].北京:人民卫生出版社,2002.
[13] 柴铁劬.康复医学[M].上海:上海科学技术出版社,2008.
[14] 陈健尔,甄德江.中国传统康复技术[M].北京:人民卫生出版社,2010.
[15] 金远林.中医特色疗法活用全典[M].北京:人民军医出版社,2012.
[16] 范秀英,许智,黄岩松.中医康复技术[M].武汉:华中科技大学出版社,2013.
[17] 张登山,叶新强,肖宗苗.康复推拿技术[M].武汉:华中科技大学出版社,2013.
[18] 张俊鹏.电针治疗仪在针灸治疗中的常规操作及使用范围[J].按摩与康复医学.2013(4):67-68.
[19] 陈健尔,甄德江.中国传统康复技术[M].2版.北京:人民卫生出版社,2014.
[20] 人力资源和社会保障部教材办公室.保健按摩师(五级)[M].3版.北京:中国劳动社会保障出版社,2014.
[21] 胡鸿雁,曾晓英.中医学基础(临床案例版)[M].武汉:华中科技大学出版社,2016.
[22] 高树中,杨骏.针灸治疗学[M].北京:中国中医药出版社,2016.
[23] 佘建华.小儿推拿[M].3版.北京:人民卫生出版社,2014.
[24] 张卫华,黄毅,张光宇.康复针灸技术[M].武汉:华中科技大学出版社,2012.